U0508846

 集人文社科之思 刊专业学术之声

集 刊 名：长安学术

主办单位：陕西师范大学文学院

主　　编：苏仲乐

第十八辑

集刊序列号：PIJ-2019-380

中国集刊网：www.jikan.com.cn

集刊投约稿平台：www.iedol.cn

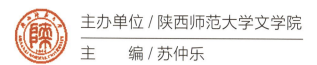

主办单位／陕西师范大学文学院

主　　编／苏仲乐

长安学术

第十八辑

社会科学文献出版社

SOCIAL SCIENCES ACADEMIC PRESS (CHINA)

目 录

古代文学

文艺学

现当代文学

外国文学

文献学

书评

稼轩词风雄奇论

魏耕原

（陕西师范大学文学院）

摘　要　稼轩词取法庄子以大为美的审美境界，与陶渊明、屈原傲岸高洁的人格，具有俯视天下的雄奇气势，他对庄、屈、陶的推崇，是对雄奇审美观念的选择。他的山水词，展现出一片雄奇瑰异的风格，驰骋的青山与人格化的青松，是他英雄气质的展现和北伐愿望的表达，他对山水的描写，是胸中雄奇之气的喷发。稼轩词长于议论，议论中充满英雄气和豪迈不可一世之气，是血性男儿雄心豪情的迸发。

关键词　稼轩词　雄奇　豪放

　　稼轩词的主体风格豪放雄迈，而且在雄豪之中，充满抑迫沉郁的悲愤，主要体现在北伐、登高、咏怀词中。这和他的政治处境与理想的冲突矛盾有关。稼轩词的风格是多样的，他在描写大自然的高山大水、风雨飞雪，以及皓月当空的景象时，则把现实中受到抑迫的豪放悲抑，一变而为雄壮奇崛、奔放激荡，再加上他对《庄子》以大为美的汲取，所以雄奇的审美趋向便成为稼轩词风的一个重要方面。

　　近些年对辛弃疾词整体风格的研究主要集中在豪放悲壮、沉郁顿挫、以文为词等几个方面，如《辛弃疾"以文为词"词风的理论思考》① 从

---

① 孙虹：《辛弃疾"以文为词"词风的理论思考》，辛弃疾国际研讨会会议论文，2004，第266～283页。

"以文为词"之质实、"以诗为词"之清空两大层面对辛弃疾词风进行了理论探讨；《辛弃疾"沉郁顿挫"词风生成机制考论》① 认为稼轩词豪情中怀有深沉，雄放处孕育悲凉，真正继承了唐代杜甫以来"沉郁顿挫"的情感艺术特质；《稼轩词豪放沉郁词风的修辞学解读》② 从修辞学角度对辛弃疾词风中的主导风格——豪放沉郁的词风进行解读；《论辛弃疾刚柔并济的词风》③ 认为辛词兼采婉约、豪放两派之长，创造了刚柔并济的词风，悲壮而婉转、豪雄中有缠绵、含蓄深婉中有刚劲。其他如《辛弃疾悲壮词风的成因》④《辛弃疾豪放词风形成缘故考》⑤，则从时势、家世、身世等几个方面探究其词风的形成原因。笔者通过对稼轩词风格研究动态的梳理，还未见有对其词雄奇风格进行深入探究的论文，所以本文的探究就具有一定的意义了。

一　俯视天下的雄奇气势

稼轩对陶渊明其人其作的崇仰，主要出于人格完美的自身修养，或者作为对愤然不平的降温"清凉剂"；而对于《庄子》《楚辞》极感兴趣，则是出于对奇崛傲岸、昂首高视的以大为美审美境界的向往和陶与庄对世俗的鄙视，陶与屈人格的高洁与创作方法有接近的一面⑥，三者的互通性成为稼轩词取法的前提与基础。在屈、庄与陶三者之中，稼轩与陶渊明似乎更为亲近，因为他们都处于偏安一隅的朝代，陶本有用世之心，五官三休的经历，亦与辛的三仕三休已有些接近。陶与庄孤洁傲岸之人格吻合，对中国士人具有极大而深远的影响，陶诗的平淡对辛词倒没有发生

---

① 沈文凡、徐婉琦：《辛弃疾"沉郁顿挫"词风生成机制考论》，《湖南大学学报》（社会科学版）2020 年第 4 期。

② 石增华：《稼轩词豪放沉郁词风的修辞学解读》，硕士学位论文，重庆师范大学，2007。

③ 黄炬：《论辛弃疾刚柔并济的词风》，《河南科技学院学报》2019 年第 11 期。

④ 楚刃：《辛弃疾悲壮词风的成因》，《晋阳学刊》1983 年第 4 期。

⑤ 刘子宁：《辛弃疾豪放词风形成缘故考》，《周口师范学院学报》2020 年第 3 期。

⑥ 魏耕原：《陶渊明与屈原及〈楚辞〉之关系》，《陕西师范大学学报》2009 年第 4 期；后收入氏著《陶渊明论》，北京大学出版社，2011。

太大的作用，然而陶诗的"对话"形式与淡而实绮的审美趋向①，以及散文化的风格②，对辛词产生了潜移默化的作用。相较而言，《庄子》以大为美对辛词的影响更带有显明的具象性，特别是九万里大鹏常常飞翔在稼轩词中。

庄子哲学的核心是"齐物论"，好听而不好做，尤其是像辛弃疾这样"映照一世之豪""是以荷载四国之重"（陈亮《辛稼轩画赞》语）的人物，敢为天下之先，勇于提得起，却不愿意放得下，是不会忘我忘掉北伐的。而《孟子》的"物之不齐也，物之情也"，则让他心悦诚服，用他的话来说就是"出处从来自不齐"，他看到"后车方载大公归"，更看到"谁知寂寞空山里，却有高人赋《采薇》"。再用他的话来说，就是"蜂儿辛苦多官府，蝴蝶花间自在飞"（均见《鹧鸪天》"出处从来"）。让他去"寂寞空山"，他是不愿意的，"自在飞"不过是罢官闲居的自我抚慰。他乐意的是置于用武之地，去做他的英雄事业。他以"气吞如虎"的气质，以"欲平治天下，舍我其谁也"的胸襟抱负，总想着龙腾虎跃，大展北伐宏图，以恢复失土、统一祖国为己任。所以大美、壮美、奇美就成了他审美追求的极境，固之《庄子》开篇《逍遥游》的大鹏，就极适合。"鹏之大，不知其几千里也"，其背亦"不知其几千里也"，"怒而飞，其翼若垂天之云"，"抟扶摇而上者九万里""其视下也"，又是何等景象！这是《庄子》依据自然界的雄鹰创制的神话大鸟，给李白那样天马行空的"谪仙人"带来很大的刺激和兴奋。辛弃疾不想成仙，也不相信人能成仙，他想的只是做事，要做大事，自然就和"大鹏"一拍即合。

稼轩曾说："盖必有非常之人，乃可当不次之举。惟枢机运动之地，须帷幄谋画之才。精神折千里之冲，文武为万邦之宪。"③ 此虽然是在嘉泰四年（1204）祝贺他人升任同知枢密院事，实际上也是65岁的作者在"分北顾之忧"知镇江府的兴奋与雄心，或者干脆看作他的夫子自道。这

---

① 魏耕原：《外淡而内奇：陶诗的审美追求》，《陕西师范大学学报》2007年第4期。
② 魏耕原：《陶渊明诗的散文美》，《文学遗产》2008年第6期。
③ 《辛稼轩诗文笺注》，邓广铭辑校审订、辛更儒注，上海古籍出版社，1995，第132页。

也还是《史记·司马相如列传》里所说的"盖世必有非常之人，然后有非常之事；有非常之事，然后有非常之功"。稼轩正是以"非常之人"自视。他归南宋不久，约在 25 岁，就向孝宗奏进《美芹十论》，详细分析敌我形势，陈述恢复大计。又在孝宗乾道六年（1170）向执政虞允文进上《九议》，陈恢复要略，并在进上的札子里说："某谨条具其所以规律之说，以备采择焉。苟从其说而不胜，与不从其说而胜，其请就诛殛，以谢天下妄言者。"① 可见他胸有成竹，又是多么自信，这等于为他的"报告"立了"军令状"。孝宗是南宋皇帝中唯一有作为者，虞允文又是南宋抗金唯一取得胜利（采石矶大捷）的临时总指挥，然而允文在朝受人挤压，越明年即再宣抚四川，在蜀一年病卒，所以辛之《九议》也就落了空，所以稼轩就把在政治上不能实现的愿望，发之于词。

在进《九议》之后两年，稼轩任建康通判，与知建康史正志结识，史为他的上级，曾以《满江红》呈其人。上片说："鹏翼垂空，笑人世苍然无物"，"袖里珍奇光五色，他年要补天西北。"这是他在词里第一次使用《庄子》大鹏意象，与其说是称美对方，倒不如说是自己理想的表达，带有浓郁的英雄色彩，显示出雄奇的审美趋向。大约作于退居鹅湖期间的同调："莫信蓬莱风浪隔，垂天自有扶摇力。"这是告诉探病的友人，任何阻力都不会使他前进的雄心受挫，自信会像其翼如垂天之云的大鹏，一旦有扶摇之风就会飞向九万里高空。这是对友人"万事莫侵闲鬓发，百年正要佳眠食"嘱咐的回答。他以大鹏自许，所以许人者亦是自家想法。即使在一般应酬的寿词里，他也想到奇异的大鹏。《水调歌头·庆韩南涧尚书七十》："看去垂天云翼，九万里风在下，与造物同游。君欲计岁月，尝试问庄周。"韩南涧即韩元吉，原为稼轩通判建康府时之僚友，先于稼轩寓居上饶信江之南涧，与叶梦得、陆游、张潜及作者相唱和，政事文章有名于朝。稼轩对他有三首寿词，第一首《太常引》称他"今代又尊韩，道吏部文章泰山"，用韩愈称美其人。此番又喻其人为异鸟大鹏，乘风直上万里，"上与造物同游，而下与外生死无始终为友"（《庄子·天下》），以歇后语

---

① 《辛稼轩诗文笺注》，邓广铭辑校审订、辛更儒注，上海古籍出版社，1995，第 70 页。

性质，意谓会永驻人间，以示祝寿，祝寿的方式就显得很奇特，而且带有节日喜庆式的幽默。又有《感皇恩》（露染武夷秋）为闽中僚友祝寿，下片说："青琐步趋，紫微标致。凤翼看看九千里。"是说其人有京官仪态，前程肯定远大。宋玉《对楚王问》："鸟有凤而鱼有鲲，凤凰上击九千里，绝云霓，负晴天，足乱浮云，翱翔乎青冥之上。"以此谓人中之凤，会飞到九万里，将来前景看好。虽是好听话应酬话，但也显得奇异不凡。

稼轩说："案上数编书，非《庄》即《老》。会说忘言始知道；万语千句，不自能忘堪笑。"（《感皇恩》）《庄子·外物》："言所以在意，得意而忘言；吾安得夫忘言之人而与言哉？"忘言之人就是无己无我之人，而"不自能忘"就是不能忘自，那么不能忘自的人又怎能忘言，怎能了解庄子的大道呢？所以这样的人"堪笑"，就值得一笑了。他在退居时，尽量以《庄子·齐物论》使自己超脱起来。他甚至在嘉泰三年（1203）64 岁时所作《汉宫春》上片中说："达则青云，便玉堂金马；穷则茅庐。逍遥小大自适，鹏鷃何殊。"认为小大无别，穷则也可逍遥，与庄子思想颇为接近。在《哨遍》甚至发觉到庄子本人并未达道："蜗角斗争，左触右蛮，一战连千里。君试思，方寸此心微。总虚空并包无际。喻此理，何言泰山毫末？从来天地一稊米。嗟大小相形，鸠鹏自乐，之二虫又何知？"《庄子·齐物论》既然说"天下莫大于秋毫之末，而泰山为小"，那么《逍遥游》中的蜩与学鸠为何讥笑大鹏横空高飞？因为大小相等，蜩与学鸠以及大鹏都应是逍遥的。而在现实中，"贵贱随时，连城才换一羊皮，谁与万物齐？"所以，要和庄子讨论万物齐与不齐的道理："庄周吾梦见之。正商略遗篇。"又在同调"一壑自专"中说："但教河伯休惭海若，大小均为水耳。"亦是对《庄子·秋水》的质疑。正因如此，"我常与我周旋久。宁作我，一杯酒"，是说他做不到忘我，宁愿我还是我。辛弃疾正因为"宁作我"，所以他对庄子的神鸟大鹏极感兴趣，反复横飞于他的词中，增加了不少奇异雄壮的气势与色彩！

他又由庄子想象的大鹏所体现的以大为美，想到现实自然的雕鹗之类猛禽大鸟，它们也在他的词里展现雄姿，也同样雄奇。这主要集中在庆元六年（1200）前后的退居铅山瓢泉时期。《贺新郎》（曾与东山约）叙写游他人庄院，却有异样感觉：

> 山头怪石蹲秋鹗。俯人间、尘埃野马，孤撑高攫。拄杖危亭扶未
> 到，已觉云生两脚。

如果九万里横空的大鹏，是借庄子寓言神话大鸟表达他自己的理想，隐含寄托飞过淮河、黄河，表达"虏人凭陵中夏，臣子思酬国耻，普天率土，此心未尝一日忘"（《美芹十论》进奏札子）的恢复失土统一国家的理念，以及"夷狄之强暴不可以久安于华夏"（《九议》其九）的必胜信念，同时也显示词人追求雄大奇异的审美趣向，那么，清空高攫的秋鹗则彰显了悍挚果毅的个性，也展示了奇崛的审美的个性。看到"山头怪石"，就好像竖蹲秋鹗俯视，鄙视人间的"尘埃野马"，把庄子幻想的大鹏一变而为现实的猛鹗，又把庄子的"野马也，尘埃也"视作世间细物，即主和派中阻梗北伐的执政者，可以赴下一攫，这些想法不是他这样的"归正人"所能说，就用秋鹗高攫隐曲表达心中愤然的意志。

我们再看同时所作同题（挂杖重来约）之词，即可知以上说法不是空穴来风：

> 劝君且作横空鹗。便休论、人间腥腐，纷纷乌攫。九万里风斯在
> 下，翻覆云头雨脚。更直上、昆仑濯发。好卧长虹陂十里，是谁言、
> 听取双黄鹤。推翠影，浸云壑。

同样是游友人庄园，也同样借积翠岩发抒心中志愿，即借山喻人，劝友人和他一样"且作横空鹗"，对于那些贪权固禄的"人间腥腐"，应当愤然猛击，然后在时局大变动中实现自己理想，使像"昆仑濯发""卧长虹陂十里"的抱负得以实现。或谓此为单纯的山水词，那为何用了这么多疾言厉色的措辞？同调（听我三章约）上片说："有谈功谈名者舞，谈经深酌。作赋相如亲涤器，识字子云投阁。算枉把精神费却。"全为愤慨之言。下片则言：

> 当年众鸟看孤鹗。意飘然、横空直把，曹吞刘攫。老我山中谁来

伴，须信穷愁有脚。似剪尽、还生僧发。自断此生天休问，倩何人、说与乘轩鹤。吾有志，在沟壑。

此亦与上两词作于同时，而且三词都用的是同调《贺新郎》，上两词以山似鹗，借山喻人。此词则直截以鹗自喻。鹗为大雕猛禽。孔融《荐祢衡表》："鸷鸟累百，不如一鹗；使衡立朝，必有可观。"过片以孤鹗自喻，这三句说当年孤身一人追杀叛逃僧人义端，又率五十骑于五万敌营中生擒张安国，意气风发，气吞山河，如雕鹗疾击猛攫，英风烈气，不可一世。而今只"老我山中"，英雄无用武之地。至于转告那些"乘轩鹤"即执政者的吾志在山中，只不过是愤激之语。或谓"曹吞刘攫"指祢衡辱骂曹操及侮慢刘表事，所言固然有因，然言祢衡还是说自己；或者因了义端、张安国不值得比作曹、刘那样的人物，但看此言当年北方义兵起事，与汉末反对董卓专权的各地起兵，也有一定的相似性。

还应一提的是，《庄子·秋水》里像凤凰一类的大鸟鹓雏，由南海飞往北海，"非梧桐不止，非练实（竹实，竹米）不食，非醴泉不饮"。而"鸱得腐鼠，鹓雏过之"，惊怕鹓雏抢吃它的腐鼠，庄子用来讽刺已做了梁国之相的朋友惠施，怕庄子抢夺他在梁国的相位，显示庄子轻蔑权贵而傲岸的人格。辛词也将此典用入词中：

记当年，吓腐鼠，叹冥鸿。衣冠神武门外，惊倒几儿童。休说须弥芥子，看取鹍鹏斥鷃，小大若为同？

这是《水调歌头》（万事几时足）的下片，作于首次罢官的第十个年头，愤慨十年前被罢职，便以志在高远的鹓雏冥鸿自喻，讽刺那些排阻者视权位如腐鼠，气势豪迈伟奇，并表示小大不同，对庄子的"齐物论"采用有取有舍。大鹏、大鹗、凤凰、鹓雏这些高空大鸟也给辛词带来了"俯视"世间的角度，《庄子·逍遥游》中的"野马、尘埃"便常常出现在他的词中：

万里须臾耳，野马骤空埃。（《水调歌头》"千古老蟾口"）
斜日透虚隙，一线万飞埃。（《水调歌头》"君莫赋《幽愤》"）

细看斜阳隙中尘，始觉人间何处不纷。（《南歌子》"玄入《参同契》"）

野马尘埃，扶摇下视，苍然如许。（《水龙吟》"断崖千丈"）

回头落日，苍茫万里，尘埃野马。（《水龙吟》"被公惊倒"）

这和上文已及的《贺新郎》（曾与东山约）"俯人间尘埃野马"，都带有"下视"俯瞰的视角，这和辛弃疾强悍的英雄观念是很吻合的，也给他豪放的词风平添了不少雄奇伟岸的色彩。苏辛并称，都取法庄子与陶渊明，苏轼之人生旷达最能取法庄陶，稼轩是提得起放不下的事功型，所取法除了独立不群之人格，还取法庄子以大为美、傲岸与批判精神，更有禀性与审美追求，使雄豪的风格多了些奇光异彩。陈廷焯说："稼轩负奇郁之气而值国运颠沛之时，发而为词，正如惊雷怒涛，骇人耳目，其实一片血泪。"[1] 时代使稼轩的壮志遭遇挫折，又促使其词增添了骇人耳目的雄奇特色，如此悖论，正说明其词是不幸时代中的大鹏横空。

二　驰骋的青山与人格化的青松

稼轩词并不以描山摹水见长，也无意于对山水刻画。他本从苍凉的北方飞渡过江，江南的山清水秀亦无例外地使他感到新鲜，但从北方带来的兵火味，似乎从来也没有消退，他始终把北伐大业作为人生的终极目的。所以秀丽的江南山水，并没引发特别的兴趣，他笔下的山水，不仅与柳永、周邦彦异样，就是和与之相近的苏轼也有很大的区别。

大鹏大鹗俯视的雄奇也进入他的山水词，加上他英雄的气质，而使之呈现异样的风光，所以静止的山在他的眼中变成了"叠嶂西驰，万马回旋，众山欲东"（《沁园春》），而"小桥横截，缺月初弓"，小桥成了射箭的弓，那回旋的"万马"，都是战马了，这当然又是军人的眼光了。或者把这远山遥岑，都看作"玉簪螺髻"，而且又都能"献愁供恨"（《南歌

---

① 陈廷焯：《白雨斋词话足本校注》，屈兴国校注，齐鲁书社，1983，第304页。

子》），这又是壮怀激烈时看到的山。而"青山欲共高人语，联翩万马来无数"（《菩萨蛮》），却又是雅士高人情怀，甚而至于视山为知己。

> 争先见面重重。看爽气朝来三数峰。似谢家子弟，衣冠磊落；相如庭户，车骑雍容。我觉其间，雄深雅健，如对文章太史公。（《沁园春》）

前面先把山看作"万马回旋"，这里又看成不同人的风采与气度，又把它当作一部大书，味之不尽。山成了知己与伴侣，正如"雄深雅健"是说山还是说他自己，还是山与人合而为一，无法分辨清楚。用他的话来说："我见青山多妩媚，料青山看我应如是。情与貌，略相似。"（《贺新郎》甚矣吾衰矣）女性可说"妩媚"，男士亦未尝不"妩媚"。魏徵直谏对唐太宗不假余地，太宗却说："人言徵举动疏慢，我但见其妩媚耳。"（《新唐书·魏徵传》）太宗此言或许是说给别人听听，稼轩却把青山当作人生知己。又说："青山意气峥嵘，似为我归来妩媚生。"（《沁园春》一水西来）还说："尘土人言宁可用？顾青山，与我何如耳。"（《贺新郎》鸟倦飞还矣）青山简直成了他的朋友，默契无间。再用他的话来说："无心云自来还去，元共青山相尔汝。"（《玉楼春》）如此写山，把青山人格化，但又非通常的拟人手法，自然别开生面，显得既亲切而又奇特。

有时用嬉戏笔墨和青山逗乐，就像朋友间的说笑。《玉楼春》说："何人半夜推山去？四面浮云猜是汝。常时相对三两峰，走遍溪头无觅处。西风瞥起云横渡，忽见东南天一柱。老僧拍手笑相夸，且喜青山依旧住。"似乎青山须臾不可离开，然云来山失、云散山出，不管风云如何变化，青山是永恒的，不管云起云飞处境如何变，我心如山屹立不动。或者看似就山描写，实则别有意味："一柱中擎远碧，两峰旁耸高寒。横陈削就短长山，莫把一分增减。"写得淡雅高低分明，没有任何缺憾的美，显示了对完美事物的追求，同样带有准拟人化性质。甚至赋予山之高洁人格："万事纷纷一笑中，渊明把酒对秋风。细看爽气今犹在，惟有南山一似翁。"（《鹧鸪天》）山似人，人又似山，人与山在他笔下水乳交融，不可分辨。"过眼溪山，怪都似旧时曾识。"（《满江红》起拍）这是把行旅中的山当作老友看待，好像"他乡遇故知"一样亲切兴奋。而《蝶恋花》发端说："何物能令公怒喜？山要人来，人要山无意。"似乎山与人喜怨如一。有时还可以对山生气："青山招不来，偃蹇谁怜汝？"（《生查子》起拍）似乎对高傲很有些不满。苏轼《越州张中舍寿乐堂》："青山偃蹇如高人，常时不肯入官府。"辛词拟人化似乎缩短了苏轼比喻的距离。《满江红》起首："落日苍茫，风栊片帆无力。还记得眉来眼去，水光山色。"北宋王观《卜算子》："水是眼波横，山是眉峰聚。欲问行人去那也，眉眼盈盈处。"二者相较，稼轩似更精悍生动。《临江仙》（钟鼎山林）的"问谁千里伴君行？晓山眉样翠，秋水镜般明"，以晓山翠绿、秋水如镜告慰行者寂寞。《浣溪沙》起拍"台倚崩崖玉灭瘢，青山却作捧心颦"，言溪台通体如玉，青山羡慕得不得了。《洞仙歌》起首"婆娑欲舞，怪青山欢喜。分得清溪半篙水"，似乎青山的一颦一笑都在关注之中。《水调歌头》（渊明最爱菊）"却怪青山能巧，政尔横看成岭，转面已成峰"，不说游山的移步换形，却诧异山之聪慧巧变，喜悦之情自见。《沁园春》（老子平生）"却怕青山，也妨贤路，休斗尊前现在身"，这是以青山自喻，连退居也怕于人有碍，酒杯亦不敢过问。《好事近》（和泪唱《阳关》）"却笑远山无数，被行云低损"，是说羡慕远山被行云遮住，意谓看不到行者，或许能减少些伤别。

以上对青山的描写，大都是辛弃疾在退居期间的无奈情思，故都出以奇异之笔。《定风波》上片说："莫望中州叹《黍离》，元和圣德要君诗。老去不堪谁似我？归卧，青山活计费寻思。"从中也可看出他心中的苦闷。《鹧鸪天·不寐》上片"老病那堪岁月侵，霎时光景值千金。一生不负溪山债，百药难治书史淫"，也都能看出他"弓刀事业"无望，只能以青山为伴的无奈。

他苦闷中的伴侣，除了青山还有树木。松树是山水画家的宠物，也是辛词的一道绿色风景线。他同样用军人的眼光观赏松树："老合投闲，天教多事，检校长身十万松。"（《沁园春》叠嶂西驰）就像在"沙场秋点兵"一样，检阅他的十万大兵。《贺新郎》（逸气轩眉宇）："但笑指吾庐何许。门外苍官千百辈，尽堂堂八尺须髯古。"这是把门外松树，都看作伟岸的大丈夫。在寿词里，也以松喻人："松枝虽瘦，偏耐雪寒霜晚。"言人老瘦如松能耐风霜，精神健朗。《念奴娇》起拍："看公风骨，似长松磊落，多生奇节。"言人气度不凡，奇伟可敬。《清平乐·检校山园书所见》起拍"连云松竹，万事从今足"，有松竹为伴，未尝不是一种安慰，其中也隐含一种人格自喻。《水龙吟》起拍"断崖千丈高松，桂冠更在松高处"，称人辞官获允而从人格境界着眼。《沁园春》（我试评君）"相君高节崔嵬，是此处耕岩与钓溪"，"青山留得，松盖云旗"，以松与云烘托其风范。《永遇乐》起拍"投老空山，万松手种，政尔堪叹"，这和"却将万字平戎策，换得东家种树书"（《鹧鸪天》壮岁旌旗）属同一意味。而《乌夜啼》（人言我不如公）下片："千尺蔓，云叶乱，系长松，却笑一身缠绕似衰翁。"这是把自己比作藤蔓缠绕的不老松，这使我们想到赵之谦以篆隶与草书法所画《墨松图》，老干参天，枝叶扶疏，枯枝杈桠，苍然耸立，而有壮怀激烈气象。辛词之松蔓长叶乱如老翁之龙钟，然长松千尺，英气不减！

三　雄奇瑰异的山水词

以上山与松就其一枝一叶言之，若再看他的山水词，就会展现出一片雄奇的异样世界。他初到江南，描写江南明珠般的西湖，既不是"水光潋滟晴方好"的明丽，亦非"山色空蒙雨亦奇"的静谧，而是一片喧腾跳荡：

> 晚风吹雨，战新荷，声乱明珠苍璧。谁把香奁收宝镜，云锦周遭红碧。飞鸟翻空，游鱼吹浪，惯趁笙歌席。

一会儿晚风急雨，雨打新荷，犹如明镜撞击玉璧，满湖声响遍入耳；一会儿雨过天晴，似乎把明亮如镜的西湖收去，晚霞倒映湖中，碧叶锦霞形成红与绿的世界；飞鸟盘旋，追逐游船，游鱼浮上水面，随波吹浪。如此忽雨忽晴的动荡景观，很有些异样，与杜甫《渼陂行》变幻不定的情景颇有些相似。他是中州壮士，自然带有一种豪气。还有钱塘江观潮，都是北人未曾见过，所以更多了若许豪情：

> 望飞来半空鸥鹭，须臾动地鼙鼓。截江组练驱山去，鏖战未收貔
> 虎。朝又暮。悄惯得吴儿不怕蛟龙怒。风波平步。看红旆惊飞，跳鱼
> 直上，蹙踏浪花舞。（《摸鱼儿·观潮上叶丞相》）

这又是用军人的眼光，观赏惊天动地的"水战"：震天动地如战鼓之涛声。
又如三军陈列的海潮排山倒海，犹如激烈"鏖战"，踏波健儿如行平地，
红旗在海风中惊飘，跳鱼迸空，一切都处于动荡颠簸之中。景观之雄奇，
震撼人心。等到"滔天力倦知何事，白马素车东去"，他却想到"堪恨处：
人道是属镂怨愤终千古"，伍员虽遭吴王逼死，尚且能为父兄报仇雪恨，
虽死却化作江潮，以发千古怒愤言外之意，南宋政府却对半片江山沦落人
手，而无动于衷。只是新到江南，这些话不能明说罢了。

稼轩山水词不仅充满动态，而且大气包裹，强悍之力气充斥其中。对
于杭州灵隐寺飞来峰下的冷泉亭，就写得气势逼人眉宇：

> 直节堂堂，看夹道冠缨拱立。渐翠谷群仙东下，佩环声急。谁信
> 天峰飞堕地，傍湖千丈开青壁。是当年玉斧削方壶，无人识。《满江
> 红·题冷泉亭》

白居易《冷泉亭记》说："亭在山下，水中央，寺西南隅。高不倍寻，广不
累丈，而撮奇得要，地搜胜概，物无遁形。……山树为盖，岩石为屏，云从
栋生，水与阶平。"如与辛词相较，写实与夸张犁然分明，风格平静与气势
飞扬迥别。"一泓极为清泚，流出飞来峰下，过九里松而入西湖。"（《钱塘遗
事》卷一《冷泉亭》）辛词把通向其亭的九里长松比作"冠缨拱立"的官
员，夹道恭迎。又把飞来峰流下的泉声比作群仙的环佩泠然，又把飞来峰比
作从天飞降，傍竖湖旁，如千丈展开的绿色巨壁，又如仙人玉斧削就的仙
山。一连串的夸张，又是一连串的比喻，把冷泉亭的山水写得神奇俊伟，雄
壮而极具气势，好像与白乐天的描绘相比另成一种别样世界。辛词写山乐用
"削"字，如"木末翠楼出，诗眼巧安排。天公一夜，削出四面玉崔嵬"
（《水调歌头》起拍），再如上文已及的"横陈削就短长山"均取法李白"庐

山东南五老峰，青天削出金芙蓉"(《望庐山五老峰》)。

信州永丰县西博山隈有雨岩，辛词写有相关的好几首词。其中《水龙吟》词序说："岩类今所画观音补陀。岩中有泉飞出，如风雨声。"其词曰：

> 补陀大士虚空，翠岩谁记飞来处？蜂房万点，似穿如碍，玲珑窗户。石髓千年，已垂未落，嶙峋冰柱。有怒涛声远，落花香在，人疑是，桃源路。　又说春雷鼻息，是卧龙弯环如许。不然应是：洞庭张乐，湘灵来去。我意长松，倒生阴壑，细吟风雨，竟茫茫未晓，只应白发，是开山祖。

所谓"雨岩"，盖山石凹处甚多，如雨点销蚀；其形修长竖立，故以"补陀大士"即观音菩萨为喻。"虚空"犹言凌空，故接以不知何处飞来的疑问。两句虚起比喻奇特，又化静为动，使人向往。以下说岩石凹处极多如"蜂房万点"，深浅不一，又像许多"玲珑窗户"面朝游人。这是远看，以下再写进入溶洞。有千年石乳倒悬其上，又有许多峻拔的冰柱竖立其下，还能听到水声喷涌流向远方，水面上还飘来桃花香气，恍然进入桃源世界。下片"又说"转入听觉：那像春雷轰鸣者就是飞泉奔涌之声，它又像巨龙卧盘的鼻息鼾声。如其不然，那就是天帝在洞庭之野弹奏的仙乐，或是湘水之神鼓瑟的乐声。究竟像什么，也说不清楚。大概只能是白发开山祖师留下的奇观——只有他才能清楚。山形、山貌以及溶洞的石乳、冰柱或喻或实写，特别是洞中水声，从听觉写出奇幻的各种比喻，最后还未得出真谛，渲染奇异迷幻的气象。这大概是最早描写溶洞的词，也展示了词人好以神话传说刻画山水，追求神奇瑰丽审美风格。

另首《山鬼谣》索性以《楚辞·九歌·山鬼》命名，以《摸鱼儿》调赋之。词写雨岩之怪石，以喝问领起："问何年此山来此？西风落日无语。看君直似羲皇上，直作太初名汝。"这里说怪石来历可能是大荒太古，因其"状怪甚"，故有此推想。下片说："昨夜龙湫风雨。门前石浪掀舞。四更山鬼吹灯啸，惊刹世间儿女。"所谓"石浪"，就是自注所说的"长三十余丈"的怪石，上片以石为友："举我醉呼君，崔嵬未起，山鸟覆杯去。"下片又说怪石"还问我：清游杖履公良苦"。一块巨石既能呼风唤雨，又能在风雨中飞动“掀舞”而成“石浪”，还能为山鬼吹灯，惊倒世人。屈原式的幻想风格显著，可谓使山水词别开生面。他又用奇幻的手法描写铅山县西的积翠岩：

> 我笑共工缘底怒，触断峨峨天一柱。补天又笑女娲忙，却将此石投闲处。野烟荒草路。先生拄杖来看汝。倚苍苔，摩挲试问：千古几风雨？

先用两个关于山与石的神话，来揣测友人居所的石山来历，如此夸张意在说明此山大有来历，然而女娲忙中错乱，把它投在“野烟荒草”之处，然后把它当作远来之友，问它有多少年头。这座大有来历名胜之山却也有它的甘苦与不幸：“长被儿童敲火苦，时有牛羊磨角去。”长时遭此种种不堪，不受人重视。然而其山有异：“霍然千丈翠岩屏，锵然一滴甘泉乳。”既有此天然灵质，那么于此“结亭三四五”，必然产生“会想暖热携歌舞”，引起参观的轰动效应，由此进一步“细心量，古来寒士，不遇有时遇”。这是把柳宗元山水游记美景处于荒地无人过问，移位于京郊则价值连城，而转折一层：希望对弃掷的人才能够予以起用，暗示友人会有机会，同时也包涵着自己的希望。

稼轩词里山水树石，不是飞动的，便是有感情的，或者是带有神幻式的，或者融物我为一体，作者把自己融入大自然中，达到了“一松一竹真朋友，山鸟山花好弟兄”（《鹧鸪天・博山寺作》）。他又把屈原式的想象注入山水之中，以神话传说赋予山水以奇异的境界与瑰丽的色彩，给雄奇又增加了别样的奇异风采。他不大愿意作客观的静止刻画，也不乐意作具体如实的描写，就是偶然的模山范水，也是笔墨饱酣，而有特异的浓烈感觉，如“云岫如簪，野涨挼蓝，向春阑绿醒红酣”（行香子・云岩道中），颜色词浓厚耀眼，甚至带有刺激意味。他喜欢用粗笔，重笔挥抹，如“满眼不堪三月暮，举头已觉千山绿”（《满江红》敲碎离愁），颜色是单体的，但又力透纸背。像“夕阳依旧倚窗尘。叶红苔郁碧，深院断无人”（《临江仙》小靥人怜），只能出现在他的婉约词中，而且也不经见；即便刻画景物，也是出以快爽疏朗之笔：“风卷梗梧，黄叶坠、心凉如洗”

（《满江红》起拍）；即便细微，也是"敲醉离愁，纱窗外风摇翠竹"（《满江红》起拍），而施之警醒之笔。他建园开山，得之大石，名曰"苍壁"，传闻有奇岩之胜，客有来观，不过是突兀一石，大笑而去。他却说："莫笑吾家苍壁小，棱层势欲摩空。相知惟有主人翁。"（《临江仙》发端）并由此推出他的审美观点："有心雄泰华，无意巧玲珑。"宣示以雄奇为美，而不措意于小巧精细，就是景物中的小，也要看出写出大来，见出雄奇的异彩，这正是稼轩词审美的追求目标。

四　雄奇卓异的议论

前人谓稼轩词为"词论"，即以议论为词。他的议论没有酸腐气，有的是英雄气、豪迈不可一世之气。他对山水的描写，不过是一发胸中雄奇之气，至于发为议论，更是血性男儿雄心豪情的迸发。他对庄子、屈原辞赋的喜爱，也是出于雄奇审美观念的选择。他对陶渊明的推崇，与陶诗外在的平淡无缘，而是看中内在孤洁人格与凛凛生气。自南渡以后，他就定位在不可放手大用的"归正人"。他敢于做事，勇于倡言恢复北伐，这在以和谈为国策的南宋，是不会受执政者欢迎的。就是在稍有作为的孝宗初期，他所进呈的《美芹十论》也没引起任何反响，说明朝廷对他的北伐主张或本人，都有所顾忌。上给执政虞允文的《九议》亦属同样结果，虽然此后其人不久离开台辅，然此前尚有两年多，恐怕亦出于不便。直至南渡17年前的淳熙六年（1179），他还感到政治处境"孤危一身久矣"，"生平刚才出自信，年来不为终人所容，顾恐言未脱口而祸不旋踵"。他又敢于做事，勇于做大事，凡"事有可为，杀身不顾"。[①] 因而在二十多年的仕宦中"三仕三已"，大多年月都处于废置不用状态。像他这样"果毅之资，刚大之气，真一世之雄也"（黄榦《与辛稼轩侍郎书》），带有传奇而又悲剧性的人物，不能没有悲慨，"从总体性质上说，乃是英雄失志的悲慨，处处显出悲中有豪的军事强人的个性特色，他的感伤也具有力度和强度的

---

① 《辛稼轩诗文笺注》，邓广铭校辑审定、辛更儒注，上海古籍出版社，1995，第108页。

爆发性，是外铄式的"。① 同时也应当是内在而深刻的，是由上层排他性带来压抑的反弹，而在表达方式上也有一定的自控，感情的迸发则是显而易见的，所以风格不仅雄放，而且奇特。这主要体现在两个方面，首先是力言恢复，其次就是对进退行藏的思考。

首先看关于北伐恢复的议论，此类豪言壮语，最能见出其词议论雄放的本色。稼轩南渡以后，在与上级和僚友交往时，借助应酬极显的寿词，以恭祝性的贺词，希望对方在北伐上能与其达成共识，凡所给予官场者的寿词，都会有相同的祝愿：

> 闻道清都帝所，要挽银河仙浪，西北洗胡沙。回首日边去，云里认飞车。（《水调歌头·寿赵漕介庵》千里渥洼种）

此用夸张手法，借助以水洗去污垢，说是要用"银河仙浪"的巨流，冲刷掉国耻。想象恢弘，气势雄壮，风格雄起。或者用对比，从和、战对比中，发以壮言：

> 渡江天马南来，几人真是经纶手？长安父老，新亭风景，可怜依旧。夷甫诸人，神州沉陆，几曾回首！算平戎万里，功名本是，真儒事，公知否。（《水龙吟·甲辰岁寿韩南涧尚书》）

情感虽然平静，但在对比中表现了极大的遗憾，希望对方包括自己在内，都勇于担当"平戎万里"的大任。寿词一半讲了国事，下片称美其人"文章山斗"，又以韩愈之文才，裴度、李德裕、谢安文武兼备之相才比况，最后说："待他年整顿，乾坤事了，为先生寿。"几乎句句规励，与寻常寿词显然不同，风格沉雄，发端以喝问领起，豪迈之气冲面而来。

或者大多是祝贺语，末尾画龙点睛，挑明北伐主意。《洞仙歌·寿叶丞相》（父老江头）满篇吉庆，临到末了，突出一句："好都取山河献君王"，然后以"看父子貂蝉，玉京迎驾"结束，虽然仅见一句，但放置在显要位置，北伐用意还是显明的。

---

① 王水照：《走马塘集》，复旦大学出版社，2016，第40页。

　　寿词在官场，原本是政治交际的工具，辛词却以之作为鼓舞对方积极北伐的利器，带有鼓动宣传的鲜明作用。因为用于祝贺场合，所以充满期待与自信，措辞雄迈或豪奇也是顺理成章的事。

　　其次体现辛词雄放本色的关于北伐恢复的豪言壮语也用于另一交际场合，那就是酬和、投赠以及离别等。《满江红》（汉水东流）送别赴任前线职守的友人：

> 汉水东流，都洗尽，髭胡膏血。人尽说，君家飞将，旧时英烈。破敌金城雷过耳，谈兵玉帐冰生颊。想王郎，结发赋从戎，传遗业。

别者大概为李姓，所以用了李广"飞将"鼓励，希望建立功勋，继承抗敌"遗业"。下片言别离亦出于壮语："腰间剑，聊弹铗。尊中酒，堪为别。"再勉励："况故人新拥，汉坛旌节。马革裹尸当自誓，蛾眉伐性休重说。"像这样的词，与其说是送别词，还不如说是鼓动对方在前线大显身手的誓词。所以笔力豪健，风格遒壮雄奇，与一般惜别的感伤词迥然有别。《水调歌头·送杨民瞻》（日月如磨蚁）中，所送者为作者门生，用师长语气说："长剑倚天谁问，夷甫诸人堪笑，西北有神州。此事君自了，千古一扁舟。"以布置功课语，要他恢复西北神州，功成以后才能想到身退。长剑谁问则是以无人用己，故把希望寄托在弟子身上。并特别指出那些"夷甫诸人"——身居显位和执政者，是靠不住的，以作反面激励。《木兰花慢·席上送张仲固帅兴元》是送别同僚：

> 汉中开汉业，问此地，是耶非？想剑指三秦，君王得意，一战东归。追亡事今不见，但山川满目泪沾衣。落日胡尘未断，西风塞马空肥。

借人过汉中（即兴元）赴任，以刘邦偏居其地以兴汉业，暗示南宋偏居江南，不思雪洗国仇，言语间充斥悲愤之情。过片则以"一编书是帝王师。小试去征西"，汉中是南宋西北边境，故以此鼓励对方。稼轩北伐词或悲愤激昂，或雄奇豪迈，或气吞山河，卓异不凡，诸如：

　　袖里珍奇光五色，他年要补天西北。（《满江红》鹏翼垂空）

　　此老自当兵十万，长安正在天西北。（《满江红》湖海平生）

　　举头西北浮云，倚天万里须长剑。（《水龙吟》起拍）

　　了却君王天下事，赢得生前身后名。（《破阵子》醉里挑灯）

稼轩此类雄奇壮语的议论甚多，不用多举，人人都会感知到的。他在南宋九次被谗阻而罢官，英年闲居，最为苦闷，然而雄心未减，时刻等待东山再起。然前后二十年朝廷对他却"冷处理"，他心中有怨恨，也有自我抚慰，大量议论随机而发，显示了英雄沉郁而又雄奇的本色。

　　写于瓢泉退居的《兰陵王》（一丘壑）充满了郁闷，然亦不乏期待。词分三片，下片说："遇合，事难托。莫击磬门前，荷蒉人过，仰天大笑冠簪落。"这是借孔子不遇以发自己的沉愤，风采雄奇，想见其人之悍挚。《贺新郎》是对下第友人的安慰，起首却言："逸气轩眉宇。似王郎轻车熟路，骅骝欲舞。我觉君非池中物，咫尺蛟龙云雨。"这是预料必中，议论昂昂气象，不作低下人语。说到自己，更是这样："昂昂千里，泛泛不作水中凫。"（《水调歌头》我亦卜居者）就是徜徉于山水之间，亦言："芳草春深，佳人日暮，濯发沧浪独浩歌。徘徊久，问'人间谁似，老子婆娑？'"（《沁园春》有酒忘杯）不傲不群，倜傥奇姿凸显纸上。《蓦山溪》则充斥沉郁之气：

　　饭蔬饮水，客莫嘲吾拙。高处看浮云，一丘壑、中间甚乐。功名妙手，壮也不如人，今老矣，尚何堪？堪钓前溪月。

看似一隐者之语，其实郁愤之气充斥腹中，像他这样以《美芹十论》《九议》全方位思考抗击金人的"军事强人"，老蹲在家门前溪钓鱼，能甘心吗？在其背后，浸润着英雄不老的斗士气。亦如他自己所言："旧时楼上客，爱把酒、向南山。笑白发如今，天教放浪，来往其间。登楼更谁念我，却回头、西北望层栏。"（《木兰花慢》上片）是呀！"西北"在他心目中的分量，何一日也不能忘之。飞将军李广经常奔驰在他的词中，《卜算子》上片说："千古李将军，夺得胡儿马。李蔡为人在下中，却是封侯者。"这不正是一幅"自画像"吗？因而发出沉痛之语："万一朝家举力田，舍我其谁也。"即就是痛心疾首中，也不失英雄奇崛之壮采。尤其在和陈亮酬和词里，两奇人交谈北伐大事的豪情壮语，奇姿壮采，悲愤抑郁的英雄悲叹，益为感人："我病君来高歌饮，惊散楼头飞雪。笑富贵千钧如发。硬语盘空谁来听？记当时只有西窗月。"下片又说："事无两样人心别。问渠侬神州毕竟，几番离合？汗血盐车无人顾，千里空收骏骨。正目断关河路绝。我最怜君中宵舞，道'男儿'，到死心如铁。看试手，补天裂。"除却过片一句，似乎为这次会面朱熹爽约而言，其他均就恢复事畅论，就当时气氛而言，悲愤难耐中，英气逼人。同调（细把君诗说）又说：

> 起望衣冠神州路，白日消残战骨。叹夷甫诸人清绝！夜半狂歌悲风起，听铮铮阵马檐间铁。南共北，正分裂。

辛弃疾词主体风格豪放雄迈，他处于偏安一隅的南宋王朝，纵有满腔热血却不受重用，所以在雄豪之中充抑沉郁的悲愤。庄子以大为美的审美境界与陶、屈傲岸高洁的人格对他有重要影响，使其词具有俯视天下的雄奇气势，他对庄、屈、陶的推崇，是雄奇审美观念的选择。辛弃疾从北方渡江南归，江南的山清水秀亦进入他的词中，但他始终把北伐大业作为人生的终极目的，所以他笔下的山水展现出一片雄奇瑰异的风格；驰骋的青山与人格化的青松，是他英雄气质的展现和北伐愿望的表达，是胸中雄奇之气的喷发。稼轩长于以议论为词，议论中充满英雄气和豪迈不可一世之气，关于北伐恢复的议论，最能见出其词议论雄放的本色，是血性男儿雄心豪情的迸发。

论曾巩对扬雄的评价的深层意味

常毓晗

（澳门大学中文系）

摘　要　扬雄是汉代著名的文学家、经学家，但因其"仕莽"而饱受争议，评论者多以儒家伦理道德为出发点鄙薄扬雄的人品。北宋散文家曾巩对扬雄极为尊崇，认为他是继承孔孟儒家学说的唯一传人，对扬雄仕莽、作《剧秦美新》、投阁三件事进行了美化，从而引发诸多学者的批评与不解。曾巩对扬雄的高度评价一方面源于扬雄对儒道的坚守；另一方面在深层次上则与其自身的人生经历及其心理机制有关。

关键词　扬雄　曾巩　儒家　心理机制

一

在曾巩眼中，扬雄是在孟子死后能继承儒家学说的唯一一人，他尊称扬雄为"子"，将之抬到与孔孟并列的圣贤之列。其《新序目录序》云："自斯以来，天下学者知折衷于圣人，而能纯于道德之美者，扬雄氏而止耳。"[①] 他在《王容季文集序》中又说："世既衰，能言者益少。承孔子者，孟子而已。承孟子者，扬子而已。扬子之称孟子曰：知言之要，知德

---

①　（宋）曾巩：《新序目录序》，《曾巩集》卷十一，陈杏珍、晁继周点校，中华书局，1984，177页。

之奥。若扬子则亦足以几乎此矣。"① 此外，曾巩在诗歌中也对其多有赞扬。如：

> 扬雄纂言准仲尼，颜氏为身慕虞舜。（《杨颜》）
>
> 射羿未应今独有，嘲雄何必史能评。（《雪后》）
>
> 天禄阁非真学士，玉麟符是假诸侯。（《人情》）
>
> 子云无由归，俯首天禄阁。君平独西南，抗颜观寥廓。……用心岂心殊，拘肆事终各。（《咏史二首》）

在对历史人物的品评中，曾巩对扬雄的赞赏引起很多人的不解和诟病。扬雄是汉代著名的文学家、经学家，但因其"仕莽"而饱受争议。在宋代，讥评扬雄的有苏氏兄弟、欧阳修、常秩、黄震等人，例如苏轼从立身守道方面鄙薄扬雄："无其实而窃其名者无后，扬雄是也。"② 而司马光、王安石、曾巩却对其评价甚高。其中，曾巩对扬雄的评价尤其引起后人的不满和诟病。黄震云："南丰大贤，而议论若此，所未谕也。"③ 茅坤云："此书所议甚舛"，又云："以仕莽拟箕子之囚奴，抑已过矣，况《美新》乎！以子固而尤为附会其说甚矣。君子之权衡天下，出处必至圣人，而后折衷也。余独谓扬雄当不逮楚之两龚也。"④ 魏禧则更为尖锐："介甫、子固论扬雄，……既皆有害生平。"⑤ 让我们再读读曾巩的《答王深父论扬雄书》：

> ……雄遭王莽之际，有所不得去，又不必死，辱于仕莽而就之，固所谓明夷也。然雄之言著于书，行著于史者，可得而考。不去非怀

---

① （宋）曾巩：《王容季文集序》，《曾巩集》卷十二，陈杏珍、晁继周点校，中华书局，1984，第 199 页。

② （宋）苏轼：《晁君成诗集叙》，《苏轼全集》卷十，上海古籍出版社，2000，第 854 页。

③ （宋）黄震：《黄氏日钞》卷六十三，《文渊阁四库全书》第 708 册，（台湾）商务印书馆，1983，第 557 页。

④ （明）茅坤：《唐宋八大家文钞·南丰文钞》，见高海夫《唐宋八大家文钞校注集评》，三秦出版社，2001，第 3776 页。

⑤ （明）魏禧：《魏叔子文集》卷八《八家文钞选序》，引自高海夫《唐宋八大家文钞校注集评》，三秦出版社，2001，第 3777 页。

禄也，不死非畏死也，辱于仕莽而就之，非无耻也。在我者亦彼之所
不能易也，故吾以谓与箕子合。吾之所谓与箕子合者如此，非谓合其
事纣之初也。

……则于《美新》，安知其不为？而为之亦岂有累哉？不曰坚乎，
磨而不磷；不曰白乎，涅而不淄。顾在我者如何耳。若此者，孔子所
不能免。……此《法言》所谓诎身所以伸道者也。……又谓以《美
新》考之，则投阁之事，不可谓之无也。夫孔子所谓无不可者，则孟
子所谓圣之时也。①

应该说曾巩对扬雄仕莽、作《剧秦美新》、投阁三件事所进行的小心翼翼
的辩解有一种刻意美化甚至罔顾事实刻意回护的倾向。

首先，曾巩把扬雄仕莽说成合于"箕子之明夷"，并反复强调扬雄做
出这种选择的不易。他说："不去，非怀禄也；不死，非畏死也；辱于因
奴而就之，非无耻也。在我者，固彼之所不能易也。"认为扬雄的种种行
为是"诎身所以伸道"。这样的思辨逻辑，刻意将扬雄的行为与圣人的行
为等同起来，不考虑扬雄在当时做出选择的实际情况，确有美化之嫌。

其次，对扬雄作《剧秦美新》的行为，曾巩更是直接以孔子的行为为
参照曲为维护。他强调说，扬雄并不是不知道美新之文不可为，之所以为
是"诎身所以伸道"。为了强化这个观点，曾巩还以孔子对佛肸、南子、
阳虎的态度为例，借用孔子之言"不曰坚乎，磨而不磷；不曰白乎，涅而
不淄"，强调持身守正者即使处于污浊之境也不会改变自己的志节。以孔
子的行为类比，从而认定美新之文即使写了也无损扬雄的美德，而且写
《剧秦美新》是为了用另一种方式来"伸道"。

最后，至于投阁之事，曾巩以扬雄《太玄赋》中"荡然肆志，不拘挛
兮"这一表达处世态度的话来证明扬雄不会投阁，他还认定扬雄学孔子
"无可无不可"的人生态度，因而不会发生投阁之事，从而将扬雄认定为
圣之时者。这样的说法当然在理由上还不够充分，因而曾巩又借用孟子否

① （宋）曾巩：《答王深父论扬雄书》，《曾巩集》卷十六，陈杏珍、晁继周点校，中华书
局，1984，第265~266页。

定"伊尹以割烹要汤，孔子主痈疽瘠环"之事的论断，来进一步推断投阁之事不会发生。不仅如此，曾巩还再次引用王安石的话加以强调："介甫以谓世传其投阁者妄，岂不亦犹孟子之意哉。"在文章的最后，曾巩又再次强调说："于雄之事有所不通，必且求其意。"本质上，曾巩也认为"雄之事有所不通"，对扬雄的举动感到疑惑，但他解决"不通"的办法是"求其意"，以意会的方式来判断事情的有无、正误，无疑有着很大的主观性，而曾巩正是根据自己的主观意念对扬雄的三件事做了符合自己意愿的倾向性评价与判断。

从以上三点中可见曾巩对扬雄在人品节操上的努力回护。曾巩的逻辑理路是将扬雄的种种行为与圣贤的行为进行类比、附会，从而使扬雄的种种行为符合圣人的行事标准。花如此多的笔墨，郑重其事、小心翼翼地一条一条进行辩解，着实让人疑窦丛生。这在本质上与曾巩对他自己安守退避行为进行的辩解方式有关。只要再细读曾巩的诗文，就会发现，曾巩在诗文中一直在缜密地建构符合其自身行为逻辑的理论基础。对儒道的解读是曾巩立身行事的依据，他反复强调孔孟的"守道以俟"，努力把孔孟等圣贤打造成忍耐等待的形象，实质上是为自己在现实中的退避寻找一个高尚的理由。正如陈晓芬教授所言："曾巩力求自己和孔子等先儒在行为上有一致性，确认自己所为是在心有所守的前提下，以更有效的方式伸道。"① 在认同扬雄这一点上，王安石倒是与曾巩的观点基本相同，他为此提出"禄隐"，说：

> 圣贤之言行，有所同，而有所不必同，不可以一端求也。同者，道也，不同者，迹也……饿显之高，禄隐之下，皆迹矣，岂足以求圣贤哉？……使扬子宁不至于耽禄于弊时哉？盖于时为不可去，必去，则扬子之所知亦已小矣。……扬子曰："途虽曲而通诸夏，则由诸；川虽曲而通诸海，则由诸。"盖言事虽曲而通诸道，则亦君子所当同也。②

① 陈晓芬：《曾巩的心理机制及其对散文的影响》，《抚州师专学报》1988 年第 4 期。
② （宋）王安石：《禄隐》，《王安石全集》卷十六，上海古籍出版社，1999，第 265 页。

王安石从道与迹的不同立论，认为"圣贤之道，皆出于一"，圣贤"或出或处，或默或语"都是因权时之变而显现的"迹"，为此，王安石还特意指出，"圣者，知权之大者也；贤者，知权之小者也"是因为圣人能够做到"无系累于迹"，从这个角度而言，"高饿显，下禄隐"是偏颇的，是对道的理解并不深入的表现。王安石同样认同扬雄，但表现出不一样的思考路径，王安石反复强调权时之变，他引用扬雄的话语强调的是"事虽曲而通诸道，则亦君子所当同"，更多体现出主体自主选择的倾向。而且，王安石只就扬雄仕莽进行了探讨，对于美新、投阁之事并未曲为辩解。

骆啸声先生认为曾巩对扬雄推崇的主要原因是"扬雄站在维护孔孟正宗儒学的立场，批判当时各家学说，痛斥'申韩之术，不仁之至矣'和'人砥则秦尚'（《法言问道》）的残暴，这就理所当然地要受到曾巩的高度赞扬"。[①] 然而，这种看法只是从曾巩作为一名醇儒继承儒家思想的这个方面着眼。对扬雄坚守儒道的行为，曾巩的确很敬仰，但对扬雄的尊崇还有隐微的原因。黄震、茅坤、魏禧等人对曾巩推崇扬雄的大惑不解实质上源于他们以儒家伦理道德为出发点鄙薄扬雄的人品，但他们都没有联系曾巩人生经历及其心理机制来考虑这个问题。

二

那么，不喜欢好奇立异的曾巩在扬雄评价的问题上为什么如此与众不同？为什么是扬雄？将曾巩的人生经历、心理气质与其行为选择联系起来分析，就可以看到他们二人其实非常相似。

其一是相似的人生经历。《汉书》本传说扬雄"为郎给事黄门"，则知扬雄当时任黄门侍郎。在汉代，郎官这个职位有大量机会与皇帝直接接触，经由"郎选"可以获得具有实权的官职。然而，扬雄虽为郎官，却没有经由这个良好的基础青云直上，与众多由此升迁的官员相反，扬雄的仕

---

① 骆啸声：《曾巩论"先王之道"》，《中国历史文献研究集刊》第三集，岳麓书社，1983，第 45 页。

途堰塞停滞，他自 43 岁为黄门侍郎，直至 71 岁逝世，在京城为官近 30 年，除了在王莽初年转官一次，竟然有 20 年时间未徙官。① 这样的人生际遇与曾巩其实非常相似，曾巩的青壮年时期辗转科场 21 年，从 39 岁到 65 岁去世的为官时间中，经历十年清贫的校书生活，十二年辗转七州任地方官，只到晚年才回到京城任职。可见，他们二人在仕途上都比较平淡，基本上都是长期不遇。相似的人生际遇自然会对对方的处境更容易产生同情之理解，有着类似生活经历的人会对其中的滋味有着与他人不一般的共感，这就像看风景有平视、俯视、仰视一样，不同的人看待扬雄的"仕莽"是不一样的。将苏轼《贾谊论》与曾巩《读贾谊传》比较可见，二人对贾谊的体认与评价是不同的。苏轼批评贾谊不善处穷："一不见用，则忧伤病沮，不能复振"②，强调在不遇的情况下，忍而待之，则终有所成。而曾巩在《读贾谊传》中对贾谊处逆境的幽怨却能同情共感，他对欧阳詹不遇人生中不合于道的行为能宽容看待，这与其长期不遇的人生际遇是有一定关联的。

其二是人生态度上的相似。扬雄寓于京师的 30 年可分成两段：在成帝朝为文学侍从，因擅长作文赋而闻名；在哀帝时转而潜心学术，作《太玄》。据班固《汉书》载，扬雄"默而好深湛之思，清静亡为，少耆欲，不汲汲于富贵，不戚戚于贫贱，不修廉隅以徼名当世"。③ 有学者将扬雄的人生经历、心理基调与行为选择联系起来分析，认为"扬雄独特的社会认识与人生体悟，必然造成他对个人前途命运的悲观基调，并进而造成他消极的人生追求"。④ 曾巩生活在崇儒的北宋时期，文人在社会地位、经济状况上都比宋以前任何一个朝代好得多，时代赋予他们对自己人生前途的充分自信，因而在生活中曾巩不会像扬雄那么消极，在面对人生的不顺境遇时更倾向于采取"泊如"的态度。宋代崇儒的文化背景给文人提供了更多

---

① （汉）班固：《汉书》卷八十七，中州古籍出版社，1997，第 1019～1030 页。
② （宋）苏轼：《贾谊论》，《苏轼全集》卷四，上海古籍出版社，2000，第 716 页。
③ （宋）班固：《汉书》卷八十七，中州古籍出版社，1997，第 1019 页。
④ 孙少华：《扬雄的文学追求与文学观念之迁变》，《清华大学学报》（哲学社会科学版）2012 年第 1 期。

进身的机会，但是士人们在承担更多的社会责任之时也面临着更多的考验。两宋党争给文人士大夫带来的毁谤、中伤、株连、猜忌、贬谪、外补、失官、丧身等倾轧未必比前朝前代少。在这种情况下，宋代士人更注重追求主体人格的自我完善，他们也对屈原骚怨精神的政治与社会价值产生自觉认同。欧阳修在《薛简肃公文集序》①中认为君子之学的价值获得体现在两个方面，：一是遭时之士施之事业；二是失志之人见于文章。这一价值判断，在扬雄那里表现得尤为突出。时人嘲笑他作《太玄》，说《太玄》经虽然高深幽邈，却难以凭借此"历金门，上玉堂"，最终"位不过侍郎，擢才给事黄门"。对此，扬雄作《解嘲》予以回应："炎炎者灭，隆隆者绝；……攫挐者亡，默默者存；位极者宗危，自守者身全；是故知玄守默，守道之极。……世异事变，人道不殊，彼我异时，未知何如。……子徒笑我玄之尚白，吾亦笑子之病甚。"②扬雄看到了世道的变迁，当权者的盛衰不定，借用老子"物极必反"的道理来回答问难之人，从中可以看出其淡泊自守的态度，而这种态度中又有保守退让的成分。曾巩亦作《赠黎安二生序》一文来解嘲，他虽然自命为"迂"："知信乎古，而不知合乎世；知志乎道，而不知同乎俗。此余所以困于今而不自知也。"③但是坚持己志的思想是没有动摇的。曾巩把扬雄仕莽说成合于"箕子之明夷"，并反复强调扬雄做出这种选择的不易，从而将扬雄的行为提升到圣人君子的高度。在某种意义上，曾巩也是为自己长期不遇寻找一种心理上的平衡，他自己长期困于科场仕途，却一直苦苦坚持，没有放弃对仕途的追求，而是强调像孔子那样"待时"。至于对扬雄作《剧秦美新》的回护，对扬雄投阁一事的否认则更见出其心理状态。扬雄作有《解嘲》来回答他人的质问，曾巩作有《赠黎安二生序》同样自道其"迂"以自我解嘲。这篇文章投射的正是曾巩在长期不遇的人生情境中对自己做出忍耐

---

① （宋）欧阳修：《薛简肃公文集序》，李逸安点校，《欧阳修全集》卷四十三，中华书局，2001，第618页。
② （汉）班固：《汉书》卷八十七，中州古籍出版社，1996，第1027页。
③ （宋）曾巩：《赠黎安二生序》，《曾巩集》卷十三，陈杏珍、晁继周点校，中华书局，1984，第217~218页。

退守选择的一种解嘲式的解释。总之，曾巩长期不遇的人生经历不能不使他对扬雄的行为产生同情之理解，这使他对扬雄人生经历的评价与众不同。

三

曾巩对扬雄的回护与其自身的人生体验和个性气质有关，他对扬雄的辩护实际上是自己特殊而复杂心态的曲折展现。与其说他对扬雄的遭遇表示同情，毋宁说他也是在扬雄的人生命运中看到了自己的影像，从而将自己与扬雄进行潜意识的类比；与其说他在为扬雄辩护，毋宁说他也在为自己俯从现状的人生方式作辩解。这样说来，曾巩的人生态度其实是有一些悲情因素在里面的，他总是用儒家道德修养来规范自己的情感，使之中正平和。曾巩虽然怀有"扶衰救缺之心"，但深谙历史的他也在历史事实中看到圣贤君子往往有"得时"与"不得时"之分："是则人生于文、武之前者，率五百余年而遇治世；生于文、武之后者，千有余年而未遇极治之时也。非独民之生于是时者之不幸也。士之生于文、武之后，千有余年，虽孔子之圣、孟轲之贤而不遇。"曾巩看到，连孔孟这样的圣人都没有得时，可见贤人君子"不得时"的概率要大于"得时"。不仅如此，曾巩还提出"生于时者之不幸"："虽太宗之为君而未可以必得志于其时也，是亦士民之生于是时者之不幸也。……士之有志于道而欲仕于上者可以鉴矣。"① 曾巩当然希望自己生逢盛世，得遇明主，从而在事功上有所作为，但是现实总是不如人意，个人的自我期许与现实人生总是龃龉。曾巩对扬雄的议论，其实是基于对现实的清醒认识做出的无奈的自圆其说。曾巩这种认识并不专为扬雄而发，对于欧阳詹，曾巩同样表现了一种同情之理解，其《书唐欧阳詹集》云："又观其《陶器铭》《弩骥》诗等，则悲生之志焉。"② 欧阳詹的某些行为并不符合儒家修道守正的要求，而曾巩因其

---

① （宋）曾巩：《唐论》，《曾巩集》卷九，陈杏珍、晁继周点校，中华书局，1984，第 141 页。
② （宋）曾巩：《书唐欧阳詹集》，《曾巩集》辑佚，陈杏珍、晁继周点校，中华书局，1984，第 735 页。

不遇的人生进而深表同情，这实质上正是由曾巩与之有着相似的人生际遇所引发的。同样，曾巩对贾谊的人生际遇也充满同情与理解，他说："余悲贾生之不遇。……故予之穷饿，足以知人之穷者，亦必若此。"① 正因为如此，他对扬雄的曲意回护实际上也体现着他对自己命运和行为选择上的一种辩解。

对于曾巩而言，他示人的往往是平和理智、冷静通达，他对东汉党人的慷慨赴死表达了一定程度上的不认同；对自己的屡试不第，他在与欧阳修的书信中也表示了一种豁达与冷静，并表达了自勉自强的人生态度。但是，其潜意识深处的敏感、自卑还是存在的。其对贾谊、欧阳詹之不遇的同情共感更多地昭示着他对自己不遇人生的喟叹和不平。他对自己的期许很高："常斐然有扶衰救缺之心。"② 不过，在对历史发展的总述中，曾巩不自觉地就将历史分为"乱世""治世"，圣贤君子则相应地有"得时"与"不得时"之分。在宋代，对命运的解释人各不同。范仲淹提出了"不以物喜，不以己悲"的超越观念；欧阳修则不言天命，更强调人的主观努力；王安石不信天命，有"三不畏"之说；苏轼也强调以道德持守超越现实的不如意。这种超越的思想观念有其特定的社会思想基础，在宋代重文轻武的国策之下，文人受到前所未有的重视，他们经由科举取士这一路径获得了进身机会，在社会地位以及经济地位上都得到较大的改善。范仲淹、欧阳修等人以振起卑弱的士风为己任，范仲淹写《岳阳楼记》强调士人们不管社会如何变迁都应该保有自己的道德情操，而欧阳修更是注重培养士人们的节操，鼓励士人们从得失荣辱中超脱出来，保持精神的独立。总之，对命运的认识，在曾巩生活的时代发生着潜移默化的变化。与扬雄处于乱世而产生"贤才不遇"的悲观思想不同，在曾巩生活的时代，"贤才不遇"的思想虽说仍然存在，但毕竟不会像扬雄那样悲观消极，文人们并没有被宿命论的阴影完全笼罩。生活在这样的社会心理环境之中，再加

---

① （宋）曾巩：《读贾谊传》，《曾巩集》卷五十一，陈杏珍、晁继周点校，中华书局，1984，第701页。
② （宋）曾巩：《上欧阳学士第一书》，《曾巩集》卷十五，陈杏珍、晁继周点校，中华书局，1984，第232页。

上其个人性格特点，曾巩自然不会像扬雄那样悲观消极。因此，尽管在生活中长期不遇，其思想中也有"不遇"的阴影，但曾巩与前代士人在对待人生命运上有所不同。

此外，还有对传统儒家思想中积极因素的继承。《论语》中孔子对颜渊所说的"用之则行，舍之则藏"之言，其实还是包含着用世的渴望，他为此周游列国，执着地阐述自己的政治主张："苟有用我者，期月而已可也，三年有成。"① 孟子希望能借助用世以实现治平天下的理想："王如用予，则岂徒齐民安，天下之民举安。王庶几改之，予日望之。"② 孔孟的人生哲学深深地影响着曾巩。在谈到对人生行为的选择时，曾巩基本上是以孔孟的行藏为参照来解说自己的人生选择。既然孔孟这些圣人都倒霉过，那么一般人又何必执着于自己的不幸。儒家哲学本身就具有多重生命向度和价值取向，它倡导自强不息、刚健有为、积极入世的事功境界，也不反对超越事功道德的追求精神怡乐的自得境界。因而曾巩内心虽然有"不遇"的阴影，但并没有到不能自拔的程度。

《宋史》本传称曾巩命运"颇偃蹇不偶"，但又称其处之"泊如"，他亦称"盖古之圣贤非不欲有为也，然而曰'求之有道，得之有命'"（《新序目录序》）。读一读曾巩的诗歌就可以看到，他很早就对贫富穷达有独到的理解与感悟。这一点我们还可以在其散文中找到证据。曾巩在《厄台记》中对"遇不遇"的认识很有特点。在这段话中，曾巩的思维方式是反向的，他认为，逆境更能彰显士人的人生价值："泰而不否，岂见圣人之志乎？明而不晦，岂见圣人之道乎？"（《厄台记》）他还说："夫天地欲泰而先否，日月欲明而先晦。"③ 无论现实处境如何糟糕，但前途是可以转化的。这段话在强调否泰晦明时自然引出了一种应对方式——"守"。其实，在谈到天命与人力的关系时，就可以看出曾巩对命运的俯从状态，这种俯从状态就体现在"守"上。曾巩强调在"不遇"的环境中，只要"笃于

---

① 《论语·子路》，《四书章句集注》，中华书局，2005，第142页。
② 《孟子·公孙丑下》，《四书章句集注》，中华书局，2005，第245页。
③ （宋）曾巩：《厄台记》，《曾巩集》卷五十二，陈杏珍、晁继周点校，中华书局，1984，第717页。

自守"，则就会与在"遇"的环境中建功立业者有同样的人生价值和意义，这种反向的认知角度，必然影响着他对人生前途保持一种守常的基调，并进而形成他在现实中因强调"待时"而保守退让的人生追求。故宫博物院藏稿本《故中书舍人南丰先生曾公谥议》评价曾巩谥号"文定"中的"定"为"践行不爽之定"："至其自小官以及登朝，挺立无所阿附。编校九年，力求补外；转徙六州，恬不介意。远迹权贵，既不与用事者苟合；虑患防微，又不为小人之所中伤，斯不谓之定乎？"① 如此，可见曾巩之"定"多体现于内在的德性修养，他以自身的道德持守应对外在的世界，在面对外部世界的纷繁变化时，不像欧、苏、王等人那样采取主动进取的姿态，而是更多地采取守势。

由此看来，曾巩人生道路的选择，与其人格特点及平淡不遇的人生有关。读曾巩的作品可见，他在诗文中对孔子、扬雄等人的人生不厌其烦地反复书写，写孔子，孔子有困于陈蔡之厄；写贾谊，贾谊有贬谪之难；写扬雄，扬雄有投阁之祸。他还在《厄台记》中写尧，说他有洪水之灾；写舜，说他有井廪之苦；写禹，说他有殛鲧之祸；写汤，说他有大旱之厄；写文王，说他有羑里之困；写武王，说他有夷齐之讥；写周公，说他有管蔡之谤。曾巩还对贾谊、扬雄的人生际遇进行了深刻的思考。曾巩对这些圣贤的反复书写，表现了对他们人生命运的同情之理解。而他自己，人生虽然没有悲剧到这种程度，但是其人生不遇的漫长程度使其不免会产生一定保守心理。

---

① （宋）刘汉弼：《故中书舍人南丰先生曾公谥议》，故宫博物院藏稿本。

白居易长安日常生活研究

任 洁

（中国社会科学院大学文学院）

摘 要 白居易是唐代留存诗文最多的诗人。贞元十五年（799）冬至大和三年（829）春，白居易约有十九年在长安为官、生活。白居易长安时期的诗歌数量较多、描摹细致，记录了其衣、食、住、行等日常生活，具有个人史及社会史的意义。白居易兼具文人和官员双重身份，在有关衣食住行的诗歌中，有意或无意地展现了公与私、朝廷与个人在日常生活中的关联与差别。

关键词 白居易 长安 日常生活 朝廷 个人

白居易是中唐时期的代表诗人，也是现存诗文数量最多的唐代诗人。他历任数职，宦游长安、江州、忠州、杭州、苏州、洛阳等地，在长安、洛阳生活的时间较长。白居易与洛阳的研究一直是白居易研究的热点，而白居易与长安的研究呈现出零散化的特点，仍有一定的研究空间。

白居易生前自编《白氏文集》七十五卷，存诗文三千八百四十首。白诗中对日常生活的细致记录，是了解中唐社会、文人生活的重要文献。根据现有材料，可确信考证出白居易在长安生活的时段是：贞元十五年（799）冬至贞元十六年（800）春，贞元十八年（802）冬至元和十年（815）秋，元和十五年（820）夏、秋至长庆二年（822）七月，大和元年（827）三月至大和三年（829）春。长安时期，白居易曾归家省亲、数次出游或外放，在长安的时间大约为十九年。

白居易在长安生活的约十九年时间里，其诗歌较为忠实地记录了日常生活中的点滴，这些诗歌不仅反映了白居易在长安的日常生活，也反映了中唐的社会生活，以下将分为衣、食、住、行四大部分进行讨论。

一 衣

（一）白居易与官常服

根据隋制，"衣裳有常服、公服、朝服、祭服四等之制"。① 中唐时期，常服成为唐人最普遍的选择，《旧唐书·舆服志》云："宴服，盖古之亵服也，今亦谓之常服……虽谒见君上，出入省寺，若非元正大会，一切通用。"② 据纳春英《唐代服饰时尚》、黄正建《唐代衣食住行研究》等研究成果，常服又分官常服与民常服，官员们日常官事所用即官常服，平民们日常所穿即民常服。唐代已有服色制度，官员所穿的服色，由散官官职而定。《旧唐书·高宗纪》云："敕文武官三品已上，服紫，金玉带；四品深绯，五品浅绯，并金带；六品深绿，七品浅绿，并银带；八品深青，九品浅青，鍮石带；庶人服黄，铜铁带。"③

初入长安，白居易曾任校书郎、盩厔县尉等职。据《旧唐书·职官志》④，校书郎属于正第九品上阶职事官，着青袍。京兆、河南、太原府诸县尉为正第九品下阶职事官，盩厔属于京兆府管辖，白居易任盩厔县尉亦是正第九品下阶职事官，着青袍。白居易有诗句曰：

> 靖安客舍花枝下，共脱青衫典浊醪。⑤（白居易任校书郎时）
> 惆怅青袍袖，芸香无半残。⑥（白居易任盩厔县尉时）

---

① 《旧唐书》卷四十五《舆服志》，中华书局，1975，第1930页。
② 《旧唐书》卷四十五《舆服志》，中华书局，1975，第1951页。
③ 《旧唐书》卷五《高宗纪》，中华书局，1975，第99页。
④ 《旧唐书》卷四十二《职官志》，中华书局，1975，第1801~1802页。
⑤ （唐）白居易：《醉送李二十常侍赴镇浙东》，《白居易诗集校注》，谢思炜校注，中华书局，2006，第2378页。
⑥ （唐）白居易：《酬李少府曹长官舍见赠》，《白居易诗集校注》，谢思炜校注，中华书局，2006，第767页。

前两句诗描述的是，白居易任校书郎时与李二十常侍在靖安坊的客舍中，脱青袍以典酒的豪壮之举。后两句诗中，白居易以"青袍"代指任盩厔县尉一职，以"芸香"代指曾任秘书省校书郎一职，"惆怅青袍袖，芸香无半残"表达了他离京后的惆怅，以及对任盩厔县尉一职的不满。

元和十五年（820），白居易由忠州回到长安，先后任司门员外郎、主客郎中、知制诰等职。《旧唐书·穆宗纪》云："（元和十五年）十二月……丙申，以司门员外郎白居易为主客郎中、知制诰。"① 依据《旧唐书·职官志》② 的记载，司门员外郎为从六品上的职事官，主客郎中为从五品上的职事官。而知制诰与翰林学士一样，均为差遣名。此时，白居易所着的服色与散官职，可考而得知。白居易长庆元年（821）正月四日上《中书省朝议郎权知尚书兵部郎中骑都尉杨嗣复》，由"长庆元年正月四日，新授朝议郎、守尚书主客郎中、知制诰臣白居易状奏"③ 可知，白居易此时的散官职是朝议郎。据《旧唐书·职官志》，朝议郎是正六品上的散官，着深绿袍，因而白居易在《朝回和元少尹绝句》中云：

> 朝客朝回回望好，尽纡朱紫佩金银。此时独与君为伴，马上青袍唯两人。④

白居易二十七岁即中进士，十年间三次登第，任翰林学士、左拾遗等天子近职，颇受皇帝的重视。如今被贬回京，环视曾经同阶甚至低阶的同僚，如今已经着绯或着紫，而自己和元宗简仍穿着绿袍，心中难免失落。

这种令人失落的情况并没有持续很久，《旧唐书·白居易传》云："明年，转主客郎中、知制诰，加朝散大夫，始着绯。"⑤ 白居易长庆元年（821）授朝散大夫，始着绯。唐时五品及以上的高级官员在婚嫁时可以享受特别的待遇。《新唐书·车服志》曰："五品以上及节度使册拜、婚会，

---

① 《旧唐书》卷十六《穆宗纪》，中华书局，1975，第 484 页。

② 《旧唐书》卷四十二《职官志》，中华书局，1975，第 1795、1796～1797 页。

③ （唐）白居易：《白居易文集校注》，谢思炜校注，中华书局，2011，第 1289 页。

④ （唐）白居易：《白居易诗集校注》，谢思炜校注，中华书局，2006，第 1511 页。

⑤ 《旧唐书》卷一百六十六《白居易传》，中华书局，1975，第 4353 页。

则车有幰。"① 因此，白居易在寄给元宗简的诗中，谦逊地说："五品足为婚嫁主，绯袍着了好归田。"② 白居易着绯之后，在《初着绯戏赠元九》中打趣元稹道："我朱君紫绶，犹未得差肩。"③ 流露出欣羡之意。据朱金城《白居易年谱》④、蹇长春《白居易评传》⑤ 考证，白居易着绯后，不久即转视正二品的勋阶上柱国。同时，妻子杨氏被封弘农郡君，白居易作诗《妻初授邑号告身》云：

> 弘农旧县受新封，钿轴金泥告一通。我转官阶常自愧，君加邑号有何功。花笺印了排窠湿，锦幖装来耀手红。倚得身名便慵堕，日高犹睡绿窗中。⑥

妻子杨氏获封后，获赐镶嵌着金银等宝物的卷轴，轴内印有册封的金泥，精美的花笺上还留有湿润的印纹。卷轴外鲜艳的锦缎，在手上反射出美丽的红光。白居易在诗中劝谏妻子："我转官阶常自愧，君加邑号有何功。"以示自谦。然而，通过白居易对花笺、锦幖等物品的细致刻画，可以看出他的喜悦之情。

大和元年（827），白居易被授为从三品的秘书监，赐紫、用金腰带。《旧唐书·白居易传》曰："文宗即位，征拜秘书监，赐金紫。"⑦ 白居易在《初授秘监并赐金紫闲吟小酌偶写所怀》中云："紫袍新秘监，白首旧书生。鬓雪人间寿，腰金世上荣。"⑧ 回首二十多年前，自己只是九品下的青袍秘书郎，如今年岁渐长、身体安康，被拜为从三品的秘书监并赐紫，着金腰带，可谓名利与长寿双收，白居易对此十分自得。

宝历元年（825），弟弟白行简时年五十，授主客郎中，始着绯衣，白

---

① 《新唐书》卷二十四《车服志》，中华书局，1975，第532页。
② （唐）白居易：《酬元郎中同制加朝散大夫书怀见赠》，《白居易诗集校注》，谢思炜校注，中华书局，2006，第1525~1526页。
③ （唐）白居易：《白居易诗集校注》，谢思炜校注，中华书局，2006，第1526页。
④ 朱金城：《白居易年谱》，上海古籍出版社，1982，第117页。
⑤ 蹇长春：《白居易评传》，南京大学出版社，2002，第182~183页。
⑥ （唐）白居易：《白居易诗集校注》，谢思炜校注，中华书局，2006，第1532~1533页。
⑦ 《旧唐书》卷一百六十六《白居易传》，中华书局，1975，第4353页。
⑧ （唐）白居易：《白居易诗集校注》，谢思炜校注，中华书局，2006，第1962页。

居易高兴地写下《闻行简恩赐章服喜成长句寄之》。

> 吾年五十加朝散，尔亦今年赐服章。齿发恰同知命岁，官衔俱是客曹郎。荣传锦帐花联萼，彩动绫袍雁趁行。大抵着绯宜老大，莫嫌秋鬓数茎霜。①

白居易在诗内注曰："予与行简俱年五十始着绯，皆是主客郎官。""绯多以雁衔瑞莎为之也。"《旧唐书·白行简传》云："十五年，居易入朝为尚书郎，行简亦授左拾遗。累迁司门员外郎、主客郎中。"② 史书中对白行简何时为主客郎中记载不详。由白居易的注释"予与行简俱年五十始着绯，皆是主客郎官"可知，出生于大历十一年（776）的白行简，在宝历元年（825）赐章服。章服制度即按照底色和花纹区别身份等级。《旧唐书·舆服志》曰："自后恩制赐赏绯紫，例兼鱼袋，谓之章服，因之佩鱼袋、服朱紫者众矣。"③ 白居易诗句"荣传锦帐花联萼，彩动绫袍雁趁行"描绘出白行简的绯袍由华丽、带有光泽的锦制成，锦袍上绣着雁衔瑞草、花枝联萼的图案，在光线的照射下，彩雁与花萼色彩斑斓，鲜艳美丽。

白居易在长安为官时期，任校书郎、盩厔县尉时着青袍，任主客郎中、知制诰时着深绿袍，授朝散大夫时始着绯，授秘书监时赐紫、用金腰带，服色的变化反映了白居易官阶的变动，与白居易的政治处境息息相关。

（二）白居易与民常服

除了官常服外，白居易诗中还有许多有关日常衣服的描写，体现出服饰的季节性。

四月初春时节，白居易外出闲游时换上轻便的单衣，诗云："四月天

---

① （唐）白居易：《白居易诗集校注》，谢思炜校注，中华书局，2006，第 1889~1890 页。
② 《旧唐书》卷一百六十六《白行简传》，中华书局，1975，第 4358 页。
③ 《旧唐书》卷四十五《舆服志》，中华书局，1975，第 1954 页。

气和且清，绿槐阴合沙堤平。独骑善马衔镫稳，初着单衣支体轻。"① 此时天气清和，路边的槐树绿意盎然，白居易脱下沉重的冬衣，换上轻便的单衣，骑着马儿稳步健行，他行动矫健、心情愉悦。

唐代夏季炎热，流行穿着罗、縠等制成的生衣。元稹被贬通州时，白居易从长安寄生衣一套，诗曰：

> 浅色縠衫轻似雾，纺花纱袴薄于云。莫嫌轻薄但知著，犹恐通州热杀君。②

生衣即夏衣。縠衫，指有绉感的薄纱单衣。纺花纱袴是有花纹的薄纱裤子，裤子穿于袍衫内，因而裤多与衫对举。白居易寄给元稹的这套浅色生衣，材质轻如云、薄似雾，薄纱裤子上还有精美的花纹。白居易担心元稹在通州任职时，夏季酷热，于是特意从长安寄去精美、轻薄的生衣一套，体现了白居易与元稹情谊的深厚。罗、纱、縠制成的生衣在夏季最受人欢迎，这几种材质都较为稀疏、有空隙感，穿上后透风凉爽。白居易诗句中对此有所描述：

> 缥缈楚风罗绮薄，铮摐越调管弦高。③

江州原属楚国，妓女们身穿由罗、绮制成，色彩艳丽、花纹繁复、轻薄透肉的衣服，在江风的吹拂下衣带飘飘、香肌若隐若现。

唐代冬季最为保暖的衣服便是裘衣，唐时有谚语曰："止寒莫若重裘，止谤莫若自修。"④ 这些产于北方的贵重毛褐，是唐代制作冬衣的重要原料，因其产量少但保暖性极强而闻名。长安冬季寒冷时，白居易穿着裘衣、厚絮袍，诗云：

---

① （唐）白居易：《七言十二句赠驾部吴郎中七兄》，《白居易诗集校注》，谢思炜校注，中华书局，2006，第1562页。

② （唐）白居易：《寄生衣与元微之因题封上》，《白居易诗集校注》，谢思炜校注，中华书局，2006，第1199页。

③ （唐）白居易：《江楼宴别》，《白居易诗集校注》，谢思炜校注，中华书局，2006，第1267页。

④ 《旧唐书》卷一百七十六《魏謩传》，中华书局，1975，第4568页。

空腹尝新酒，偶成卯时醉。醉来拥褐裘，直至斋时睡。①

缩水浓和酒，加绵厚絮袍。可怜冬计毕，暖卧醉陶陶。②

第一首诗中，卯时指日出的时候。斋时为佛教用语，指正午用斋的时候。白居易晨起空腹饮酒而不胜酒力，醉后，他裹着温暖的褐裘酣然入睡，一觉醒来已经到了正午，生活得悠闲自在。第二首诗中，白居易所饮的美酒水少而味浓，几杯下肚，人已微醺。虽值隆冬时节，白居易穿着加厚的棉袍，无冻馁之苦，酒酣人醉、身心舒适。

除了棉与裘外，白居易会着桂布以抵御严寒。白居易《新制布裘》云：

桂布白似雪，吴绵软于云。布重绵且厚，为裘有余温。

朝拥坐至暮，夜覆眠达晨。谁知严冬月，支体暖如春。③

桂布是出产自广西桂林一带、质地厚而保暖性强的布料，《太平广记》载："夏侯孜为左拾遗，尝着绿桂管布衫朝谒。开成中，文宗无忌讳，好文。问孜衫何太粗涩，具以桂布为对。此布厚，可以欺寒。"④ 可见桂布在中唐时较为流行。白居易将洁白、厚重的桂布作为裘衣的外服，将柔软、舒适、产于吴郡的丝绵作为裘衣的内里，使保暖与舒适完美结合。他对新制成的布裘十分满意，"朝拥坐至暮，夜覆眠达晨。谁知严冬月，支体暖如春。"可见以桂布、吴绵、裘衣制成的布裘保暖性强、舒适度高。

帽在唐代非常流行并且种类繁多，不仅有冬夏之分，各个地域流行的帽的形制与材料也不尽相同。北方流行用毡制成席帽，冬日里可以避寒保暖。南方流行由丝织成的席帽，平日佩戴时凉爽透气。白居易与元稹同为

---

① （唐）白居易：《和尝新酒》，《白居易诗集校注》，谢思炜校注，中华书局，2006，第1761页。

② （唐）白居易：《晚寒》，《白居易诗集校注》，谢思炜校注，中华书局，2006，第1974页。

③ （唐）白居易：《白居易诗集校注》，谢思炜校注，中华书局，2006，第122页。

④ 《太平广记》卷一百六十五，中华书局，1961，第1205页。

校书郎时，春日到曲江携妓宴饮，结束后醉骑在马上"酡颜乌帽侧"①，可想两人因醉酒而面色潮红、乌帽斜戴。夏日天气炎热，白居易将冬日厚重的毡帽换成纱制头巾，将冬日的布枕换成用角制成或以角为装饰的角枕，如白诗曰："纱巾角枕病眠翁。"② 酷暑时节，白居易还会用上"清冷白石枕"③ 以降温。白居易另一首有关"乌帽"的诗作于冬天，诗云："妻教卸乌帽，婢与展青毡。"④ 此乌帽应为毡帽或其他有保暖功能的帽子。

二　食

（一）敕赐樱桃与廊下餐

1. 白居易与敕赐樱桃

樱桃是唐代的上等水果，形态圆润、味美而甘，深受唐人的喜爱，他们常将珍宝红靺鞨与樱桃相比："七曰红靺鞨，大如巨栗，赤如樱桃。"⑤樱桃还在唐代的政治生活中扮演了重要角色，如荐新、新科进士樱桃宴、皇帝赏赐臣子等，都曾有樱桃的身影。樱桃在唐人的心中，具有特殊的政治寓意。

白居易长安时期的诗歌中，唯——首精细刻画食物形态、香气，对食物大加赞美的诗，便是《与沈杨二舍人阁老同食敕赐樱桃玩物感恩因成十四韵》：

清晓趋丹禁，红樱降紫宸。驱禽养得熟，和叶摘来新。圆转盘倾玉，鲜明笼透银。内园题两字，西掖赐三臣。荧惑晶华赤，醍醐气味

---

① （唐）白居易：《代书诗一百韵寄微之》，《白居易诗集校注》，谢思炜校注，中华书局，2006，第 978 页。
② （唐）白居易：《新昌闲居招杨郎中兄弟》，《白居易诗集校注》，谢思炜校注，中华书局，2006，第 1962 页。
③ （唐）白居易：《新构亭台示诸弟侄》，《白居易诗集校注》，谢思炜校注，中华书局，2006，第 548 页。
④ （唐）白居易：《偶眠》，《白居易诗集校注》，谢思炜校注，中华书局，2006，第 1975 页。
⑤ 《旧唐书》卷十《肃宗纪》，中华书局，1975，第 263 页。

真。如珠未穿孔，似火不烧人。杏俗难为对，桃顽讵可伦。肉嫌卢橘厚，皮笑荔枝皱。琼液酸甜足，金丸大小匀。偷须防曼倩，惜莫掷安仁。手擘才离核，匙抄半是津。甘为舌上露，暖作腹中春。已惧长尸禄，仍惊数食珍。最惭恩未报，饱喂不才身。①

由诗歌题目可考证出此诗的创作时间。沈舍人即沈传师。《旧唐书·沈传师传》云："传师，擢进士，登制科乙第，授太子校书郎、鄠县尉，直史馆，转左拾遗、左补阙，并兼史职。迁司门员外郎、知制诰，召充翰林学士。历司勋、兵部郎中，迁中书舍人。"②《旧唐书》对沈传师何时任中书舍人记载不详。杨舍人即杨嗣复。《旧唐书·杨嗣复传》云："长庆元年十月，以库部郎中知制诰，正拜中书舍人。"③白居易与杨嗣复同时拜中书舍人，《旧唐书·白居易传》云："（长庆元年）十月，转中书舍人……（长庆二年）七月除杭州刺史。"④杨嗣复与白居易均是长庆元年（821）任中书舍人，而白居易长庆二年（822）七月任杭州刺史，可以得知，穆宗敕赐樱桃给白居易等人，是长庆二年（822）夏的事情。

白居易在诗中对樱桃的外形、色泽、香气、口感、味道进行细致入微的描写。新鲜的樱桃从内园里摘下，碧绿的新叶衬着颜色如火的樱桃分外可爱。"圆转盘倾玉，鲜明笼透银。"表明这些樱桃放在透孔的银笼中，用玉盘端来，凸显了皇家器具之精美。银笼中的樱桃好似一颗颗光泽明亮的红宝珠，颜色似火、大小均匀、气味怡人、酸甜适宜，远远不是杏、桃、卢橘、荔枝这些普通水果能相比的。白居易在诗中用"曼倩偷桃""潘安掷果"的典故再次说明樱桃的珍贵。御赐樱桃的食用方法十分讲究，樱桃被分成两半以去核，盛在精美的容器中，用匙舀起食用，甘美异常。诗末，呈现出敕赐诗的普遍特点，感念皇恩浩荡，对自己尸位素餐表示惭愧。白居易《与沈杨二舍人阁老同食敕赐樱桃玩物感恩因成十四韵》一诗，笔法细腻、联想丰

---

① （唐）白居易：《白居易诗集校注》，谢思炜校注，中华书局，2006，第1558～1559页。
② 《旧唐书》卷一百四十九《沈传师传》，中华书局，1975，第4037页。
③ 《旧唐书》卷一百七十六《杨嗣复传》，中华书局，1975，第4556页。
④ 《旧唐书》卷一百六十六《白居易传》，中华书局，1975，第4353页。

富，灵巧地化用典故，遣词造句典雅而精美，是敕赐诗中较好的作品。笔者查询《全唐诗》后，并未发现沈传师、杨嗣复二人留存下有关敕赐樱桃的诗歌。樱桃在唐代具有特殊政治地位，白居易有感于敕赐樱桃所带来的无上荣耀，于是写下他在长安期间唯一一首对食物细致描绘的诗。

2. 白居易与廊下餐

白居易在元和二年（807）至元和六年（811）间任翰林学士，作为常参官，每日需食"廊下餐"。"凡朝会宴享，九品已上并供其膳食。凡供奉祭祀致斋之官，则视其品秩为之差降。"①

白居易诗中，仅提到"廊下餐"一次。《朝归书事寄元八》云"进入阁前拜，退就廊下餐"，② 未涉及"廊下餐"的具体内容。而在同时代其他诗人的诗歌中，也未找到廊下餐的相关记载。我们可以从白居易任翰林学士时，所享受的待遇一窥"廊下餐"的内容。白居易任翰林学士时颇受宪宗皇帝恩宠。《旧唐书·白居易传》云："章武皇帝纳谏思理，渴闻谠言，二年十一月，召入翰林为学士。三年五月，拜左拾遗……五年，当改官，上谓崔群曰：'居易官卑俸薄，拘于资地，不能超等，其官可听自便奏来。'"③ 宪宗赏识白居易的才情，先后拔擢他为翰林学士、左拾遗。元和五年（810）白居易任满时，还允许他自行选官。白居易后来回忆，其任翰林学士时的生活是：

> 厩马骄初跨，天厨味始尝。朝晡颁饼饵，寒暑赐衣裳。对秉鹅毛笔，俱含鸡舌香。④

由于翰林学士是天子近臣，朝廷为白居易专门配备了健壮的好马，白居易还有机会品尝到御厨烹调的美味佳肴。"朝晡"指朝时（辰时）至晡时（申时）或指一日两餐之食，饼饵是饼类食物的总称，此处则代指食

---

① 《旧唐书》卷四十四《职官志三》，中华书局，1975，第1878页。
② （唐）白居易：《白居易诗集校注》，谢思炜校注，中华书局，2006，第577页。
③ 《旧唐书》卷一百六十六《白居易传》，中华书局，1975，第4340～4341、4344页。
④ （唐）白居易：《渭村退居寄礼部崔侍郎翰林钱舍人诗一百韵》，《白居易诗集校注》，谢思炜校注，中华书局，2006，第1150页。

物，"朝晡颁饼饵，寒暑赐衣裳"是指白居易任翰林学士时，享受一日两顿"廊下餐"，还赏赐四时的衣服，平日用鹅毛笔书写谏书、制诏等。西北大学李芳民教授特别指出，此处的"鸡舌香"为用典，是白居易在朝为官、面君议政的象征。足以看出，白居易任翰林学士时的衣、食、住、行都非比寻常。

白居易诗中虽然没有对廊下餐的细致描摹，但可以从《唐会要》有关廊下餐的记载中窥见一二。"每日常参官职事五品以上，及员外郎，供一百盘，羊三口。余赐中书门下供奉官，及监察御史、太常博士。百官每日常供具三羊，六参日节日加羊一口。冬月，量造汤饼及黍臛，夏月冷淘粉粥，其栗黄文桃梨榴湿柿等。"[①] 官员们廊下餐的等级规格，根据官阶有所差别，翰林学士作为天子近臣，廊下餐必定十分丰盛。

（二）茶与酒的选择

1. 白居易诗中的酒

唐代造酒业较为发达，酒的种类繁多。《唐国史补》记载："酒则有郢州之富水，乌程之若下，荥阳之土窟春，富平之石冻春，剑南之烧春，河东之乾和蒲萄，岭南之灵溪、博罗，宜城之九酝，浔阳之溢水，京城之西市腔，虾蟆陵郎官清、阿婆清。又有三勒浆类酒，法出波斯。三勒者谓庵摩勒、毗梨勒、诃梨勒。"[②]

"酒"是白居易诗中常客，仿佛无酒不能尽兴、无酒则诗意全无。长安城的各个坊内有酒肆、酒坊卖酒，极大地方便了唐人饮酒，或者说唐人饮酒的巨大需求促成了各类酒坊的繁荣。白居易在长安时，常去酒肆、酒坊沽酒，与此相关的诗句有"窗前有竹玩，门外有酒沽"[③]"题墙书命笔，

---

① （宋）王溥：《唐会要》，中华书局，1960，第 1137 页。
② （唐）李肇：《唐国史补》，上海古籍出版社，1957，第 60 页。
③ （唐）白居易：《常乐里闲居偶题十六韵兼寄刘十五公與王十一起吕二炅吕四颖崔十八玄亮元九積刘三十二敦质张十五仲方时为校书郎》，《白居易诗集校注》，谢思炜校注，中华书局，2006，第 447 页。

沽酒率分钱"① "为君沽酒张灯火"② 等。此外，白居易诗中还记录了不少酒家：

　　仇家酒——软美仇家酒，幽闲葛氏姝。③
　　鄠县酒——瓶中鄠县酒，墙上终南山。④
　　黄䓤酒——共赊黄䓤酒，同上莫愁楼。⑤
　　金氏村村酒——金氏陂中遇，村酒两三杯。⑥

　　可见白居易爱酒、好酒。此外，"以物换酒"的行为凸显了唐人的浪漫，前有贺知章金龟典酒，后有白居易卖马、典朝衣以买酒。"卖我所乘马，典我旧朝衣，尽将沽酒饮。"⑦

　　除了去酒坊、酒肆买酒，白居易还会自己酿酒。退居渭村时，他种黍三十亩，以此作为酿酒的原料，"望黍作冬酒"。⑧白居易愁苦时，常饮自酿酒以解忧，"会家酝新熟，雨中独饮，往往酣醉，终日不醒"。⑨更有白居易《咏家酝十韵》细谈造酒之妙法。白居易乐时饮酒、愁时亦饮酒，甚至"酒瓮在床头"⑩，可谓诗与酒并存，酒与白并存。白居易谈论诗与酒的

① （唐）白居易：《新昌新居书事四十韵因寄元郎中张博士》，《白居易诗集校注》，谢思炜校注，中华书局，2006，第1543页。
② （唐）白居易：《送张山人归嵩阳》，《白居易诗集校注》，谢思炜校注，中华书局，2006，第907页。
③ （唐）白居易：《东南行一百韵寄通州元九侍御澧州李十一舍人果州崔二十二使君开州韦大员外庚三十二补阙杜十四拾遗李二十助教员外窦七校书》，《白居易诗集校注》，谢思炜校注，中华书局，2006，第1246页。
④ （唐）白居易：《朝归书事寄元八》，《白居易诗集校注》，谢思炜校注，中华书局，2006，第577页。
⑤ （唐）白居易：《待人赠王员外》，《白居易诗集校注》，谢思炜校注，中华书局，2006，第1554页。
⑥ （唐）白居易：《村中留李三顾言宿》，《白居易诗集校注》，谢思炜校注，中华书局，2006，第556页。
⑦ （唐）白居易：《晚春沽酒》，《白居易诗集校注》，谢思炜校注，中华书局，2006，第532页。
⑧ （唐）白居易：《村居卧病三首》，《白居易诗集校注》，谢思炜校注，中华书局，2006，第804页。
⑨ （唐）白居易：《效陶潜体诗十六首（并序）》，《白居易诗集校注》，谢思炜校注，中华书局，2006，第498页。
⑩ （唐）白居易：《赠吴丹》，《白居易诗集校注》，谢思炜校注，中华书局，2006，第474页。

关系是："但遇诗与酒，便忘寝与餐。高声发一吟，似得诗中仙。引满饮一盏，尽忘身外缘。"① 酒后神经放松、心无一事，醉酒后的白居易或是"酒后高歌且放狂，门前闲事莫思量"②；或是"醉中狂言，醒辄自哂"③地作《效陶潜体诗十六首（并序）》；又或是灵感迸发，写下《醉后走笔酬刘五主簿长句之赠兼简张大贾二十四先辈昆季》等诗篇。

酒的功能不仅限于自娱、消愁，也是待客佳品。白居易元和五年（810）授户曹参军时，曾办置酒席款待亲朋，"置酒延贺客，客容亦欢欣"。④ 李建曾用新酿的春酒和园中的葵菜招待白居易，"家酝及春熟，园葵乘露烹"。⑤ 白居易与朋友交游时也需要饮酒助兴，诗云："花下鞍马游，雪中杯酒欢。"⑥"置酒西廊下，待月杯行迟。"⑦ 甚至白居易在长安至洛阳的途中，寻得一处花树繁茂的地方，在花下饮酒作乐、恣意享受，"觅得花千树，携来酒一壶"。⑧

妓与乐是酒席上不可缺少的元素。白居易《代书诗一百韵寄微之》云：

> 寒销直城路，春到曲江池。树暖枝条弱，山晴彩翠奇。峰攒石绿点，柳宛鹅尘丝。岸草烟铺地，园花雪压枝。早光红照耀，新溜碧逶迤。帷幕侵堤布，盘筵占地施。征伶皆绝艺，选妓悉名姬。铅黛凝春态，金钿耀水嬉。风流夸坠髻，时世斗啼眉。密坐随欢促，华樽逐胜移。香飘歌袂动，翠落舞钗遗。筹插红螺碗，觥飞白玉卮。打嫌调笑

① （唐）白居易：《自咏》，《白居易诗集校注》，谢思炜校注，中华书局，2006，第 711 页。
② （唐）白居易：《醉后》，《白居易诗集校注》，谢思炜校注，中华书局，2006，第 1513 页。
③ （唐）白居易：《效陶潜体诗十六首（并序）》，《白居易诗集校注》，谢思炜校注，中华书局，2006，第 498 页。
④ （唐）白居易：《初除户曹喜而言志》，《白居易诗集校注》，谢思炜校注，中华书局，2006，第 476 页。
⑤ （唐）白居易：《寄李十一》，《白居易诗集校注》，谢思炜校注，中华书局，2006，第 483 页。
⑥ （唐）白居易：《赠元稹》，《白居易诗集校注》，谢思炜校注，中华书局，2006，第 37 页。
⑦ （唐）白居易：《首夏同诸校正游开元观因宿玩月》，《白居易诗集校注》，谢思炜校注，中华书局，2006，第 454 页。
⑧ （唐）白居易：《宿杜曲花下》，《白居易诗集校注》，谢思炜校注，中华书局，2006，第 2015 页。

易，饮讶卷波迟。残席喧哗散，归鞍酩酊骑。酡颜乌帽侧，醉袖玉鞭垂。紫陌传钟鼓，红尘塞路歧。几时曾暂别，何处不相随。①

春日曲江池边，天气晴好、柳枝新发、繁花如雪，白居易与元稹等友人在岸边的草地上，置宴铺席。此次宴游，相携的妓女皆是才艺与美貌兼备，她们肤白如雪、面色含春，化着最为流行的斗啼眉，挽着坠马髻，仪态风流无比，发间的金钗在水光的折射下耀人眼目。女妓们且歌且舞，衣袂飘动、香汗淋漓，以至于头上的金钗等饰物遗落在地。席间，席纠掌控气氛，利用酒令行酒，众人觥筹交错、推杯换盏，好不热闹。美女、友人、诗、酒、乐、舞是唐代宴席的重要元素。

过度饮酒损害了白居易的身体健康，身体本就赢弱的他，随着年龄的渐长，出现了健康问题，白居易有诗云："况我今四十，本来形貌赢。书魔昏两眼，酒病沉四肢。"②"肺病不饮酒，眼昏不读书。"③ 为了健康，白居易不得不决心戒酒，"平生好诗酒，今亦将舍弃。酒唯下药饮，无复曾欢醉。"④ 可见，酒贯穿了白居易一生，在他的文学创作中占有重要的地位。

2. 白居易与茶

除了酒以外，白居易在诗中亦常提起茶：

> 或吟诗一章，或饮茶一瓯。⑤
> 食罢一觉睡，起来两瓯茶。⑥

白居易对比茶与酒，云："茶能散闷为功浅，萱纵忘忧得力迟。不似

---

① （唐）白居易：《白居易诗集校注》，谢思炜校注，中华书局，2006，第 977 ~ 978 页。
② （唐）白居易：《白发》，《白居易诗集校注》，谢思炜校注，中华书局，2006，第 754 页。
③ （唐）白居易：《闲居》，《白居易诗集校注》，谢思炜校注，中华书局，2006，第 643 页。
④ （唐）白居易：《衰病无趣因吟所怀》，《白居易诗集校注》，谢思炜校注，中华书局，2006，第 897 页。
⑤ （唐）白居易：《咏意》，《白居易诗集校注》，谢思炜校注，中华书局，2006，第 615 页。
⑥ （唐）白居易：《食后》，《白居易诗集校注》，谢思炜校注，中华书局，2006，第 639 页。

杜康神用速，十分一盏便开眉。"① 认为酒比茶更能迅速地使人忘忧、消愁。白居易又有诗曰："老去齿衰嫌橘醋，病来肺渴觉茶香。"② 认为茶比酒更能解渴、更为健康，有利于养病。

唐时，蜀茶被认为是珍品，因而萧员外特意寄来蜀茶，请白居易品尝。白居易《萧员外寄新蜀茶》云："蜀茶寄到但惊新，渭水煎来始觉珍。满瓯似乳堪持玩，况是春深酒渴人。"③ 白居易收到蜀地寄来的新茶后，用渭河水以煎茶，或许是加了牛乳，煎好的新茶呈乳白色，使他爱不释手。茶亦作为文人士大夫消遣、会客的健康饮品，如白居易诗句云："呼童遣移竹，留客伴尝茶。"④ 可见白居易除了邀请客人赏竹，还特意煎茶待客。

除了茶叶之外，唐人对饮茶的水也有许多讲究，唐人张又新的《煎茶水记》细论水的高下，白居易也曾用不同的水煎茶，如雪水，有句曰"闲尝雪水茶"；⑤ 渭水，有句曰"渭水煎来始觉珍"；⑥ 山泉水，有句曰"坐酌泠泠水，看煎瑟瑟尘"；⑦ 等等。

三　住

白居易以诗谒顾况的故事流传已久，虽然此故事众说纷纭，但"米价方贵，居亦弗易"⑧ 是长安生存不易的体现。白居易在长安时，曾多次典房而居。这一情况，直到长庆元年（821）才得到改变。

---

① 白居易：《镜换杯》，《白居易诗集校注》，谢思炜校注，中华书局，2006，第2044～2045页。
② 白居易：《东院》，《白居易诗集校注》，谢思炜校注，中华书局，2006，第1600页。
③ （唐）白居易：《白居易诗集校注》，谢思炜校注，中华书局，2006，第1114页。
④ （唐）白居易：《新居早春二首》，《白居易诗集校注》，谢思炜校注，中华书局，2006，第1542页。
⑤ （唐）白居易：《吟元郎中白须诗兼饮雪水茶因题壁上》，《白居易诗集校注》，谢思炜校注，中华书局，2006，第1501页。
⑥ （唐）白居易：《萧员外寄新蜀茶》，《白居易诗集校注》，谢思炜校注，中华书局，2006，第1114页。
⑦ （唐）白居易：《山泉煎茶有怀》，《白居易诗集校注》，谢思炜校注，中华书局，2006，第1588页。
⑧ （唐）张固：《幽闲鼓吹》，中华书局，1958，第26页。

（一）常乐里

常乐里，位于道政坊以南，靖恭坊以北，"曲中出美酒，京都称之"。①（唐）白居易《养竹记》云："贞元十九年春，居易以拔萃选及第，授校书郎，始于长安求假居处，得常乐里故关相国私第之东亭而处之。"② 贞元十九年（803）春，白居易授校书郎后，便居住在常乐里关播私第之东亭，白居易多简称其为常乐里。

常乐里东亭环境清幽，白居易《养竹记》云："履及于亭之东南隅，见丛竹于斯，枝叶殄瘁，无声无色……乃芟蘙荟，除粪壤，疏其间，封其下，不终日而毕。于是日出有清阴，风来有清声，依依然，欣欣然，若有情于感遇也。"③ 白居易素来爱竹，看见东亭附近有丛竹生长，形色枯萎、枝叶殄瘁，于是将丛竹移植在居所附近悉心照料，享受竹的清阴与清声。白居易在常乐里的生活闲适且富足，其作《常乐里闲居偶题十六韵兼寄刘十五公舆王十一起吕二炅吕四颖崔十八玄亮元九稹刘三十二敦质张十五仲方时为校书郎》云："小才难大用，典校在秘书。三旬两入省，因得养顽疏。茅屋四五间，一马二仆夫。俸钱万六千，月给亦有余……谁能雠校间，解带卧吾庐。窗前有竹玩，门外有酒沽。何以待君子，数竿对一壶。"④ 可知白居易居住在常乐里时，有"茅屋四五间，一马二仆夫"。生活清闲且较为富足，与元稹、刘敦质等秘书省同僚们时常往来。

白居易搬离常乐里的时间即搬入永崇里华阳观的时间。白居易搬入华阳观的时间，可考而得知。白居易《策林序》云："元和初，予罢校书郎，与元微之将应制举，退居于上都华阳观，闭户累月，揣摩当代之事，构成策目七十五门。"⑤ 由《策林序》中的记载可知，白居易至迟在元和元年（806）搬入华阳观居住。《重到华阳观旧居》对此记叙更细："忆昔初年三

---

① （清）徐松撰，（清）张穆校补《唐两京城坊考》，方严点校，中华书局，1985，第84页。
② （唐）白居易：《白居易文集校注》，谢思炜校注，中华书局，2011，第263页。
③ （唐）白居易：《白居易文集校注》，谢思炜校注，中华书局，2011，第263～264页。
④ （唐）白居易：《白居易诗集校注》，谢思炜校注，中华书局，2006，第447页。
⑤ （唐）白居易：《白居易文集校注》，谢思炜校注，中华书局，2011，第1351页。

十二，当时秋思已难堪。"① 白居易三十二岁，秋季时搬入华阳观居住。白居易出生于大历七年（772），贞元二十年（804）时正当三十二岁，可知白居易是在贞元二十年（804）秋搬入华阳观居住，即贞元二十年（804）秋搬离常乐里。

综上可知，白居易贞元十九年（803）春搬入常乐里关播私第之东亭，贞元二十年（804）秋搬离常乐里，大约居住了一年半时间。

（二）永崇里

永崇里内华阳观，又名宗道观。"宗道观，本兴信公主宅，卖与剑南节度使郭英乂。其后入官，大历十二年为华阳公主追福，立为观。按观为华阳公主立，故亦曰华阳观。"②

白居易在贞元二十年（804）秋搬入永崇里华阳观居住。白居易从常乐里搬至华阳观的原因，可从《春中与卢四周谅华阳观同居》的诗句中得知："杏坛住僻虽宜病，芸阁官微不救贫。"③ "杏林"借用三国吴董奉修道一事，指道观。"芸阁"即指秘书省。仅仅一年多，白居易为何由"俸钱万六千，月给亦有余"④ 变为"芸阁官微不救贫"呢？贞元二十年（804）春，白居易任职校书郎后，将家人从洛阳迁徙至下邽，原本充足的俸禄需要养家，因而变贫。白居易年老后作诗《酬寄牛相公同宿话旧劝酒见赠》曰："每来故事堂中宿，共忆华阳观里时。日暮独归愁米尽，泥深同出借驴骑。"⑤ 白居易曾与牛僧孺共居在华阳观内，缺米、借驴说明二人此时生活较为贫困。

华阳观地处偏僻、环境幽静。"永崇里巷静，华阳观院幽。轩车不到

---

① （唐）白居易：《白居易诗集校注》，谢思炜校注，中华书局，2006，第1194页。
② （清）徐松撰，（清）张穆校补《唐两京城坊考》，方严点校，中华书局，1985，第65页。
③ （唐）白居易：《白居易诗集校注》，谢思炜校注，中华书局，2006，第1017页。
④ （唐）白居易：《常乐里闲居偶题十六韵兼寄刘十五公舆王十一起吕二昆吕四颖崔十八玄亮元九稹刘三十二敦质张十五仲方时为校书郎》，《白居易诗集校注》，谢思炜校注，中华书局，2006，第447页。
⑤ （唐）白居易：《白居易诗集校注》，谢思炜校注，中华书局，2006，第2795页。

处，满地槐花秋。"① 在这样清静的环境中，白居易与元稹开始准备应制举。白居易与元稹很可能在贞元二十一年（805）初就开始关注、准备制举了，直到元和元年（806）初，两人才罢校书郎、专心准备制举。"元和初，予罢校书郎，与元微之将应制举，退居于上都华阳观，闭户累月，揣摩当代之事，构成策目七十五门。"② 永崇里紧邻靖安坊，与靖安北街的元稹宅第相近，有利于元稹、白居易二人时时见面、互相督促。

白居易在闲暇之时，曾邀请友人来华阳观赏花、玩月、同宿，作诗《华阳观桃花时招李六拾遗饮》《华阳观中八月十五日夜招友玩月》《春中与卢四周谅华阳观同居》等。白居易离开华阳观，是在中制举之后。《旧唐书·白居易传》云："元和元年四月，宪宗策试制举人，（白居易）应才识兼茂明于体用科，策入第四等，授盩厔县尉、集贤校理。"③ 则白居易元和元年（806）四月左右离开华阳观。

白居易在贞元二十年（804）秋搬入华阳观居住，元和元年（806）四月左右离开华阳观，大约居住了一年半时间。

（三）新昌里与宣平里

白居易从盩厔回到长安后，在新昌里典房而居。白居易元和二年（807）十一月四日之前，已经由盩厔回到长安任职。白居易《醉后走笔酬刘五主簿长句之赠兼简张大贾二十四先辈昆季》云："身贱每惊随内宴，才微常愧草天书。晚松寒竹新昌第，职居密近门多闭。"④ 可知白居易任翰林学士时，在新昌坊居住，住处附近有松、竹生长。同一时期的诗作《早朝贺雪寄陈山人》，亦云"将赴银台门，始出新昌里"。⑤ 可知，白居易任翰林学士时，曾在新昌里居住过一段时间，其居住新昌里的时间与搬入宣平里的时间相关。

---

① （唐）白居易：《永崇里观居》，《白居易诗集校注》，谢思炜校注，中华书局，2006，第456页。
② （唐）白居易：《策林序》，《白居易文集校注》，谢思炜校注，中华书局，2011，第1351页。
③ 《旧唐书》卷一百六十六《白居易传》，中华书局，1975，第4340页。
④ （唐）白居易：《白居易诗集校注》，谢思炜校注，中华书局，2006，第910页。
⑤ （唐）白居易：《白居易诗集校注》，谢思炜校注，中华书局，2006，第747页。

白居易诗文中有关"宣平里"的记载仅一条，白文《襄州别驾府君事状》云："元和六年四月三日，（母亲陈氏）殁于长安宣平里第，享年五十七。"① 母亲逝世后，白居易与家人回下邽丁忧，在元和六年（811）四月后搬离宣平里。白居易搬入宣平里的时间，已不可考，但可以推测得知。《旧唐书·白居易传》云："（元和）五年，当改官，上谓崔群曰：'居易官卑俸薄，拘于资地，不能超等，其官可听自便奏来。'居易奏曰：'臣闻姜公辅为内职，求为京府判司，为奉亲也。臣有老母，家贫养薄，乞如公辅例。'于是，除京兆府户曹参军。"② 白居易授户曹参军后，向宪宗皇帝上《谢官状》，并在状后注曰"元和五年五月六日进"③，可知白居易元和五年（810）五月六日已除户曹参军。白居易除户曹参军时，十分欣喜，作诗《初除户曹喜而言志》曰："诏授户曹掾，捧认感君恩。感恩非为己，禄养及吾亲……俸钱四五万，月可奉晨昏。廪禄二百石，岁可盈仓囷。喧喧车马来，贺客满我门。"④ 白居易因为家贫难以很好地侍养母亲，于是请授利禄丰厚的京兆府户曹参军，使家境得到了极大的改观。此时，白居易有经济能力租赁更好的房屋。据此，推测元和五年（810）五月白居易授京兆府户曹参军后，搬至宣平里居住。

综上，白居易元和二年（807）十一月前至元和五年（810）五月居住在新昌里中，居住时间为两年半；元和五年（810）五月至元和六年（811）四月，居住在宣平里中，居住时间大约为一年。

（四）昭国坊

元和九年（814）冬，白居易丁忧结束回到长安后，住在昭国坊。昭国坊位于长安城东南处，距离大明宫较远，但是近邻曲江。冬日风雪交加，坊里遥远，早起上朝颇为艰辛，白居易在《初授赞善大夫早朝寄李二十助教》中向好友李绅抱怨道："寂寞曹司非熟地，萧条风雪是寒天。远

---

① （唐）白居易：《白居易文集校注》，谢思炜校注，中华书局，2011，第404页。
② 《旧唐书》卷一百六十六《白居易传》，中华书局，1975，第4344页。
③ （唐）白居易：《白居易文集校注》，谢思炜校注，中华书局，2011，第1266页。
④ （唐）白居易：《白居易诗集校注》，谢思炜校注，中华书局，2006，第476页。

坊早起常侵鼓，瘦马行迟苦费鞭。一种共君官职冷，不如犹得日高眠。"①
昭国坊近邻曲江，因而白居易在诗中自称居住在曲江滨："怜君将病眼，
为我犯埃尘。远从延康里，来访曲江滨。"②

白居易离开昭国坊的时间与白居易被贬江州的时间密切相关。白居易
在元和十年（815）秋离开长安，当在此时搬离昭国坊。则白居易元和九
年（814）冬至元和十年（815）秋在昭国坊居住，居住时间不满一年。

（五）新昌坊

长庆元年（821）二月，白居易在新昌坊内买下了一处宅第，结束了
近二十年的长安租房生活。白居易《竹窗》有诗句云："今春二月初，卜
居在新昌。未暇作厩库，且先营一堂。"③ 此诗中仅说"今春二月初"，具
体的今春指何年可考而得知。《白氏长庆集》中诗文有大致按照创作时间
排序的特点，《竹窗》之前的第二首诗是《西掖早秋直夜书意》，白居易在
题目下注曰"自此后中书舍人时作"。④ 白居易长庆元年（821）十月授中
书舍人，则《竹窗》一诗作于长庆元年（821），白居易长庆元年（821）
春二月购置新昌宅。又白居易《新昌新居书事四十韵因寄元郎中张博士》
云："冒宠已三迁，归朝始二年。囊中贮余俸，园外买闲田……虚润冰销
地，晴和日出天。苔行滑如簟，莎坐软于绵。帘每当山卷，帷多带月
褰。"⑤ 由"冒宠已三迁，归朝始二年"可知，白居易的官职发生了三次变
化，已经归朝两年。《旧唐书·白居易传》云："（元和十五）其年冬，召
还京师，拜司门员外郎。明年，转主客郎中、知制诰，加朝散大夫，始着
绯。"⑥《旧唐书·穆宗纪》记录更详："（元和十五年）十二月……丙申，

---

① （唐）白居易：《白居易诗集校注》，谢思炜校注，中华书局，2006，第1171页。
② （唐）白居易：《酬张十八访宿见赠》，《白居易诗集校注》，谢思炜校注，中华书局，
　　2006，第575页。
③ （唐）白居易：《白居易诗集校注》，谢思炜校注，中华书局，2006，第890页。
④ （唐）白居易：《白居易诗集校注》，谢思炜校注，中华书局，2006，第887页。
⑤ （唐）白居易：《白居易诗集校注》，谢思炜校注，中华书局，2006，第1543页。
⑥ 《旧唐书》卷一百六十六《白居易传》，中华书局，1975，第4353页。

以司门员外郎白居易为主客郎中、知制诰。"① 白居易在长庆元年（821）时，已经历任司门员外郎、主客郎中、知制诰等职。而"归朝始二年"是指白居易元和十五年（820）夏、秋回朝至长庆元年（821）为两年。诗句"虚润冰销地，晴和日出天……帘每当山卷，帷多带月褰"表明此诗作于初春时节，更可印证白居易长庆元年（821）春，购置了新昌里宅第。

新昌宅第位于丹凤楼、青龙寺附近，地处偏僻，较为狭小。白居易有诗句曰："丹凤楼当后，青龙寺在前。市街尘不到，宫树影相连。省吏嫌坊远，豪家笑地偏"②；"地偏坊远巷仍斜，最近东头是白家"③；"宅小人烦闷，泥深马钝顽"④；等等。这并不影响白居易对新昌宅的喜爱，白居易《卜居》云："且求容立锥头地，免似漂流木偶人。但道吾庐心便足，敢辞湫隘与嚣尘。"⑤ 虽然新昌宅有诸多不足，但它是白居易在长安的第一处宅第。因此，白居易精心布置，在新昌宅的北窗外种竹，"清风北窗卧，可以傲羲皇"。⑥ 在不甚宽敞的庭院内种植松树，"新昌七株松，依仁万茎竹"。⑦ 甚至专门开辟出一块园地，种植红紫花、红樱树等以备观赏。白居易闲时还邀请杨汝士等好友来南园饮酒赏乐，《南园试小乐》云："小园斑驳花初发，新乐铮摐教欲成。红萼紫房皆手植，苍头碧玉尽家生。"⑧

白居易离开新昌宅的时间，清晰可证。《旧唐书·白居易传》云："（大和）三年，称病东归，求为分司官，寻除太子宾客……开成元年，除同州刺史，辞疾不拜。"⑨ 可知，白居易大和三年（829）离开长安后，定

---

① 《旧唐书》卷十六《穆宗纪》，中华书局，1975，第484页。

② （唐）白居易：《新昌新居书事四十韵因寄元郎中张博士》，《白居易诗集校注》，谢思炜校注，中华书局，2006，第1543页。

③ （唐）白居易：《自题新昌居止因招杨郎中小饮》，《白居易诗集校注》，谢思炜校注，中华书局，2006，第2061页。

④ （唐）白居易：《题新昌所居》，《白居易诗集校注》，谢思炜校注，中华书局，2006，第1523页。

⑤ （唐）白居易：《卜居》，《白居易诗集校注》，谢思炜校注，中华书局，2006，第1518页。

⑥ （唐）白居易：《竹窗》，《白居易诗集校注》，谢思炜校注，中华书局，2006，第890页。

⑦ （唐）白居易：《闻崔十八宿于新昌弊宅时予亦宿崔家依仁新亭一宵偶同两兴暗合因而成咏聊以写怀》，《白居易诗集校注》，谢思炜校注，中华书局，2006，第1775页。

⑧ （唐）白居易：《白居易诗集校注》，谢思炜校注，中华书局，2006，第2061页。

⑨ 《旧唐书》卷一百六十六《白居易传》，中华书局，1975，第4355页。

居洛阳。《诏授同州刺史病不赴任因咏所怀》云："野心惟怕闹，家口莫愁饥。卖却新昌宅，聊充送老资。"① 可知白居易或在大和九年（835）卖掉了长安新昌坊的宅第，换取养老钱。

白居易在长安的十九年里，先后居住在常乐里、永崇里、新昌里、宣平里、昭国坊、新昌宅，这六处居所都在长安城东中部或东南部，白居易的宅第选择与其官员身份相关。张永帅《唐长安住宅研究》② 认为，长安城以朱雀大街为界，住宅的东西分布呈现出明显的不对称性，具有"东贵西富、南虚北实"的分布特点。近邻皇城、兴庆宫等地的宅院，价格昂贵，因此白居易长期典房而居。这并不是白居易个人无能的体现，韩愈来京三十年才买得房产，"辛勤三十年，以有此屋庐"。③ 东郡人张籍来到长安求取功名，深受韩愈赏识，"愈不避寒暑，称荐于公卿间"④，亦是典房而居。白居易诗中对张籍住处也有提及，云："病眼街西住，无人行到门"⑤；"远从延康里，来访曲江滨"⑥；"同病者张生，贫僻住延康"⑦。可得知张籍居住在朱雀大街以西的延康里，经济状况为"贫"，地理位置为"僻"，可见长安购宅的困难。

四 行

（一）白居易的上朝情况

白居易在十九年长安为官生涯中，官职几经变化，以任职秘书省、翰林院、中书省时期，创作的相关诗歌最多。

---

① （唐）白居易：《白居易诗集校注》，谢思炜校注，中华书局，2006，第2479页。
② 张永帅：《唐长安住宅研究》，陕西师范大学硕士学位论文，2006。
③ （唐）韩愈：《示儿》，见（清）方世举撰，郝润华、丁俊丽整理《韩昌黎诗集编年笺注》，中华书局，2012，第499页。
④ 《旧唐书》卷一百六十《韩愈传》，中华书局，1975，第4203页。
⑤ （唐）白居易：《读张籍古乐府》，《白居易诗集校注》，谢思炜校注，中华书局，2006，第9页。
⑥ （唐）白居易：《酬张十八访宿见赠》，《白居易诗集校注》，谢思炜校注，中华书局，2006，第575页。
⑦ （唐）白居易：《寄张十八》，《白居易诗集校注》，谢思炜校注，中华书局，2006，第586页。

秘书省亦称兰台、芸香阁，白居易任校书郎时有句："犹喜兰台非傲吏，归时应免动移文。"① "一作芸香吏，三见牡丹开。"② 多年后，他再经过秘书省旧房，作《重过秘书旧房因题长句》云："阁前下马思徘徊，第二房门手自开。昔为白面书郎去，今作苍须赞善来。吏人不识多新补，松竹相亲是旧栽。应有题墙名姓在，试将衫袖拂尘埃。"③ 昔日的白面书生已变成苍髯老吏，当年亲手种下的松竹郁郁葱葱，往日题诗的痕迹还在，但任职的官员已完全不同。过去与现在形成了强烈的对比，令白居易感慨时间的流逝与世事的变化。大和元年（827），白居易授从三品秘书监、赐金紫，作诗《初授秘监并赐金紫闲吟小酌偶写所怀》慨叹道："紫袍新秘监，白首旧书生。"④ 白居易曾经是秘书监的九品校书郎，二十余年后，已是敕赐金紫的秘书监，身份高贵，诗句中的喜悦与自豪之情溢于言表。

翰林院位于银台门内麟德殿西重廊之后，一般由右银台门入内，白居易任翰林学士时，由新昌坊出发，前往银台门，诗云："将赴银台门，始出新昌里。"⑤ 翰林学士需要在宫中夜间宿直，傅绍良在《唐代官员值班中的忙与闲》⑥ 中指出，唐代官员如果禁中当直较闲时，便邀请人做伴或抒写思念的诗。白居易夜直时常有思念友人的诗句，如《八月十五日夜禁中独直对月忆元九》云："银台金阙夕沉沉，独宿相思在翰林。三五夜中新月色，两千里外故人心。"⑦ 《禁中夜作书与元九》云："心绪万端书两纸，欲封重读意迟迟。五声宫漏初明后，一点窗灯欲灭时。"⑧ 又有《夜惜禁中

① （唐）白居易：《秘书省中忆旧山》，《白居易诗集校注》，谢思炜校注，中华书局，2006，第 1039 页。
② （唐）白居易：《西明寺牡丹花时忆元九》，《白居易诗集校注》，谢思炜校注，中华书局，2006，第 721 页。
③ （唐）白居易：《白居易诗集校注》，谢思炜校注，中华书局，2006，第 1176 页。
④ （唐）白居易：《白居易诗集校注》，谢思炜校注，中华书局，2006，第 1962 页。
⑤ （唐）白居易：《早朝贺雪寄陈山人》，《白居易诗集校注》，谢思炜校注，中华书局，2006，第 747 页。
⑥ 傅绍良：《唐代官员值班中的忙与闲》，《人民论坛》2017 年第 5 期。
⑦ （唐）白居易：《白居易诗集校注》，谢思炜校注，中华书局，2006，第 1077 页。
⑧ （唐）白居易：《白居易诗集校注》，谢思炜校注，中华书局，2006，第 1077 页。

桃花因怀钱员外》云："坐惜残芳君不见，风吹狼藉月明中。"① 这说明白居易夜间宿直时十分孤独而且思念友人。中书省有凤阁、西掖、紫薇省之称，是唐时的中央政务中枢。长庆元年（821），白居易授中书舍人，中书舍人又称紫薇郎，因此白居易《紫薇花》诗曰："独坐黄昏谁是伴，紫薇花对紫微郎。"②

　　上朝，是白居易日常生活中重要的一部分。《新唐书·百官志四》记载上朝的时间云："五更二点，鼓自内发，诸街鼓承振，坊市门皆启，鼓三千挝，辨色而止。"③ 街鼓响起后，官员们便要早起上朝，白居易在诗中描述上朝的情景为："不觉百年半，何曾一日闲。朝随烛影出，暮趁鼓声还。"④ 天未亮时，官员们骑马伴着烛火去大明宫上朝。傍晚时，官员们随着闭门的鼓声从官署归来。长安城内的路边种有槐树、榆树和柳树，白居易有诗句"满地槐花秋"⑤ "迢迢青槐街"⑥ "榆荚抛钱柳展眉"⑦ "隔墙榆荚撒青钱"⑧ 等。尽管道旁树木林立，土路一旦遇到雨雪天气，不免路滑泥稀，使得人马难以出行，甚至有连日雨雪导致官员放朝的情况出现，白居易《和韩侍郎苦雨》云："叶湿蚕应病，泥稀燕亦愁。仍闻放朝夜，误出到街头。"⑨ 冬日上朝最是困苦，寒冬时节、大雪盈尺，翰林学士白居易需要从新昌里赴银台门入翰林院，"上堤马蹄滑，中路蜡烛死。十里向北行，寒风吹破耳。待漏五门外，候对三殿里。须鬓冻生冰，衣裳冷如水"⑩ 一路寒风吹耳、路滑冰冻，风雪甚至吹灭了蜡烛。好不容易到达五

----

① （唐）白居易：《白居易诗集校注》，谢思炜校注，中华书局，2006，第1095页。
② （唐）白居易：《白居易诗集校注》，谢思炜校注，中华书局，2006，第1516页。
③ 《新唐书》卷四十九《百官志四》，中华书局，1975，第1286页。
④ （唐）白居易：《暮归》，《白居易诗集校注》，谢思炜校注，中华书局，2006，第1535页。
⑤ （唐）白居易：《永崇里观居》，《白居易诗集校注》，谢思炜校注，中华书局，2006，第456页。
⑥ （唐）白居易：《寄张十八》，《白居易诗集校注》，谢思炜校注，中华书局，2006，第586页。
⑦ （唐）白居易：《靖安北街赠李二十》，《白居易诗集校注》，谢思炜校注，中华书局，2006，第1180页。
⑧ （唐）白居易：《晚春重到集贤院》，《白居易诗集校注》，谢思炜校注，中华书局，2006，第1515页。
⑨ （唐）白居易：《白居易诗集校注》，谢思炜校注，中华书局，2006，第1527页。
⑩ （唐）白居易：《早朝贺雪寄陈山人》，《白居易诗集校注》，谢思炜校注，中华书局，2006，第747页。

门前，还需等宫城开门，此时白居易的须鬓结冰、衣服寒凉如水，官员们上朝之辛苦不言自明。

（二）白居易与马

马是白居易出行的主要工具，在白居易的生活和诗歌创作中扮演了十分重要的角色。白居易进士及第后，自长安骑马回洛阳向母亲报喜，"翩翩马蹄疾，春日归乡情"。① 与诸友人欢聚宴饮后，他醉骑在马上，"残席喧哗散，归鞍酩酊骑"。② 他或是骑马出游，赏花寻春，"花下鞍马游，雪中杯酒欢"。③

白居易对马有很深的情感，乘驭多时的小白马死后，他悲痛不已，作诗曰："念倍燕来骏，情深项别骓。银收钩臆带，金卸络头羁。何处埋奇骨，谁家觅弊帷。稠桑驿门外，吟罢涕双垂。"④ 他骑着马儿上下朝、远赴异地任职，马儿载着白居易度过了数十年的仕宦岁月。

马除了是交通工具外，还是重要的财产。白居易丁忧下邽时，因为生计所迫不得不卖马，"卖我所乘马，典我旧朝衣。尽将沽酒饮，酩酊步行归"。⑤ 他还曾卖马买犊以耕田，"卖马买犊使，徒步归田庐"。⑥ 失去马后，白居易由于病体沉重不得不向李建借马便于出行，"传语李君劳寄马，病来唯着杖扶身"。⑦ 马还可被当作一份贵重的礼物赠予他人。宰相裴度曾赠马给张籍，白居易和诗《和张十八秘书谢裴相公寄马》曰："齿齐膘足毛头腻，秘阁张郎叱拨驹。洗了额花翻假锦，走时蹄汗踏真珠。青衫乍见

---

① （唐）白居易：《及第后归觐留别诸同年》，《白居易诗集校注》，谢思炜校注，中华书局，2006，第 497 页。
② （唐）白居易：《代书诗一百韵寄微之》，《白居易诗集校注》，谢思炜校注，中华书局，2006，第 978 页。
③ （唐）白居易：《赠元稹》，《白居易诗集校注》，谢思炜校注，中华书局，2006，第 37 页。
④ （唐）白居易：《有小白马乘驭多时奉使东行至稠桑驿溘然而毙足可惊伤不能忘情题二十韵》，《白居易诗集校注》，谢思炜校注，中华书局，2006，第 1978 页。
⑤ （唐）白居易：《晚春沽酒》，《白居易诗集校注》，谢思炜校注，中华书局，2006，第 532 页。
⑥ （唐）白居易：《归田三首》，《白居易诗集校注》，谢思炜校注，中华书局，2006，第 537 页。
⑦ （唐）白居易：《还李十一马》，《白居易诗集校注》，谢思炜校注，中华书局，2006，第 1127 页。

曾惊否，红粟难赊得饱无。丞相寄来应有意，遣君骑去上云衢。"① 丞相裴
度所赠之马，膘肥体壮、皮毛光滑，奔跑时体态优美、耐力十足，耐人寻
味的是裴度赠马举动背后暗含的政治含义，因此白居易对张籍说："丞相
寄来应有意，遣君骑去上云衢。"暗示张籍升迁有望。

在白居易的诗中，马的状态与主人的境遇密切相关。不同境遇中，白
居易对马的描述不同，主人志得意满、趾高气扬时，马是"善马""肥
马"，如诗句："肥马轻车欺杀客"②"独骑善马衔镫稳"③。主人失魂落魄、
英雄气短时，马便是"瘦马"，如诗句："怜君马瘦衣裘薄"④"瘦马行迟
苦费鞭"⑤。从诗人对马的描述中看出，马已经与主人融为一体，马的状态
与气质反映了主人的状态与气质，诗人对马的描述往往与诗人心情、对自
我或他人境遇的认知相关。

小　结

贞元十五年（799）冬至大和三年（829）春，白居易约有十九年在长
安为官、生活。笔者从衣食住行的角度对白居易长安时期的诗文进行考
察，发现以下内容。

第一，白居易进入长安后，历任校书郎、盩厔县尉、翰林学士、左拾
遗、京兆府户曹参军、太子左赞善大夫、尚书司门员外郎、主客郎中、中
书舍人、秘书监、刑部侍郎等职。白居易作为中唐文人官员的典型，他的
日常生活与政治生活难以彻底分割。

第二，白居易对官常服和民常服描绘的侧重点不同。官常服注重刻画

---

① （唐）白居易：《白居易诗集校注》，谢思炜校注，中华书局，2006，第1502～1503页。
② （唐）白居易：《送张山人归嵩阳》，《白居易诗集校注》，谢思炜校注，中华书局，2006，
　　第907页。
③ （唐）白居易：《七言十二句赠驾部吴郎中七兄》，《白居易诗集校注》，谢思炜校注，中
　　华书局，2006，第1562页。
④ （唐）白居易：《答张籍因以代书》，《白居易诗集校注》，谢思炜校注，中华书局，2006，
　　第1072页。
⑤ （唐）白居易：《初授赞善大夫早朝寄李二十助教》，《白居易诗集校注》，谢思炜校注，
　　中华书局，2006，第1171页。

服色，反映了诗人对官阶变动及政治处境的关注；民常服则细致描摹衣服的材质和主观感受，突出表达个人的舒适感。

第三，对"敕赐樱桃"与"廊下餐"的诗歌描写具有强烈的政治意味；酒与茶的饮用则是白居易个性化、私人化的选择。

第四，白居易在长安先后租住在常乐里、永崇里、新昌里、宣平里、昭国坊，长庆元年才买下新昌宅，反映了长安购房的困难。六处居所均位于长安城东中部或东南部，与大明宫等政治中心相近。白居易的宅第选择与其官员身份相关，一定程度上也反映了唐代住宅的分布规律。

第五，白居易任职秘书省、翰林院、中书省时期，创作的相关诗文最多。上朝，特别是寒冬上朝的经历，给他留下了极为深刻的印象。马是唐人重要的交通工具和财产，白居易诗歌中马的状态往往与主人的生活境遇相应和。

白居易兼具文人、官员的双重身份，在长安有关衣食住行的诗歌中，有意或无意地展现了公与私、朝廷与个人在日常生活中的关联与差别，一定程度上反映了中唐文官的日常生活及社会情况。

从唐代佛寺碑文看文人接受佛教的历史大势[*]

倪 超 王 伟

（陕西师范大学文学院）

摘 要 佛教发展至唐代走向繁盛是历史发展不可阻挡的趋势，以儒学思想为根基的唐代文人必然要经历一番抗争与融合的艰难历程，佛寺碑文即反映了这一历史演变。在政治上，唐代文人对佛教"安宁社稷"还是"虐政祚短"有着思想上的交替过程，最终以割裂佛教与亡国因果关系的方式接纳佛教在政治上的强势地位。在道统上，佛寺碑文的书写大致勾勒了儒学下行佛教上行的社会思想变化。同时，从谢灵运到盛唐诸公的历史时期，隐逸思想逐渐接受了佛教的指导，在禅宗顿悟的影响下，衍生出折中型的隐逸方式。

关键词 唐代 佛寺碑文 佛教

佛教"始于汉，浸淫于魏晋宋之间，而澜漫于梁萧氏，遵奉之以及于兹"，^①经过唐前三百多年的发展，其思想根基和社会基础已相当深厚，至唐代走向繁盛是历史发展不可阻挡的趋势。因此，以儒学思想为根基的唐代文人不得不接受佛教在政治文化上的空前影响，这也必然要经历一番抗争与融合的艰难历程。在唐代文学书写中，佛寺碑文的数量相当可观，文辞华美，内容丰富，更为重要的是，其中包含了文人对于佛教的直接理解，不同时期的碑文创作表现了不同时期佛教被接受的状态。由此，本文

---

* 本文为国家社科基金重大项目"新出土墓志与隋唐家族文学文献整理与研究"（21&ZD270）阶段性成果。

① （清）董诰等编《全唐文》，中华书局，1983，第6424页。

拟以佛寺碑文为线索，对唐代文人思想在佛教必然兴盛的时代背景下于君王政治、儒学正统和隐逸之道的接受过程进行探究。

一 从韩愈的"佛不足事"到黄滔的"所以私所以然也"

佛教迅猛发展后，与君王政治之间始终存在着非常尖锐的矛盾。北魏太武帝拓跋焘即位之初尊敬沙门，但感佛教妨害皇权，遂下诏灭佛。北周武帝宇文邕即位之初也循例事佛，不过佛教严重影响国家统治，遂亲自斥佛门不净，下令罢黜。然而，政权对佛教的碾压依然无法阻止佛教前进的步伐，后世君王反倒更兴佛法，这一历史循环在唐代又重新上演。

隋代兴佛，李渊废隋建唐，面对前朝力主的宗教，他虽然在尊佛的社会中已经形成了佛教思想，但作为取而代之的新朝之君，他在政治上必须做出改变，因此在是否允许佛教继续发展壮大的问题上必然持否定态度。武德年间以傅奕为代表的道教和以法琳为代表的佛教之争，表面是佛道之争，实则是李渊在处理佛教问题上的犹豫不决。李渊本想取缔佛教，询问太子李建成和诸位王公大臣，皆遭反对，最终他只得下令限制佛教，"沙汰"僧尼，下诏曰："其不能精进、戒行有阙、不堪供养者，并令罢遣，各还桑梓"[①]。太宗李世民即位，从治国理政的角度也不愿将佛教奉为正道，表示"朕今所好者，惟在尧、舜之道，周、孔之教"[②]，然而佛教已经广泛融入社会生活，皇室贵族、朝野上下和民众习俗已深受影响，他只能顺应潮流诏僧设斋，同时对佛教信徒加强管理，严禁私度。可以看出，初唐时期的政治不得不承担起自南朝梁武帝尊佛后大约一百年的佛教发展结果。

介乎庙堂政治和庶民生活之间的文人群体，既要迎合以儒学正统为基础的士大夫阶层，又要顾及业已成形的佛教影响，因此初唐文人在佛寺碑文的书写开篇，试图寻找异邦的佛教与本土的历史之间的联系，常以尧曦、舜禹、轩辕比释迦，便于世人理解佛教与本土社会文化相对应的关

---

① （后晋）刘昫等：《旧唐书》，中华书局，1975，第17页。
② （唐）吴兢撰，谢保成集校《贞观政要集校》，中华书局，2003，第331页。

系，从而在政治上肯定佛教存在的意义，弥合佛教进入本土政治时产生的裂隙。例如：

> 尧曦将佛镜俱悬，轩车与法轮同转。① （王勃《梓州慧义寺碑铭》）
>
> 轩辕氏升元扈就肴虚者，莫如佛之宝也。② （苏颋《陕州龙兴寺碑》）
>
> 恭惟黄屋者，异唐尧之大雅；精舍者，曷释迦之广乘。③ （李邕《郑州大云寺碑》）

事实上，这种类比并没有多少合理性，只是文人群体在本土政治历史体系中接受佛教的异化表现。经过隋代大力奉佛，初唐文人在社会生活中自然已经对佛教普遍接受，也不得不接受，而这种接受需要被本土文化和君王政治所认可。当佛教与本土文化融合时，文人群体尽可能地使它们的步调在文明进程中保持一致，文学书写也因此出现了不伦不类的拼接现象。另外，当佛教与君王政治融合时，文人将佛教与社稷捆绑在一起，佛寺碑文经常将政治发展书写一遍，以示社稷兴衰与佛法造化紧密相连。例如：

> 高祖以援危拨乱，伏紫气以登三。太宗以端拱继明，自黄离而用九。皇上缵乾坤之令业，振文武之英风。④ （王勃《广州宝庄严寺舍利塔碑》）
>
> 粤若我高祖拨乱反正，受天明命；太宗震远怀荒，立人纪纲；高宗见天之则，爱人之力：故我祖宗之耿光，天人之交际矣。⑤ （苏颋《陕州龙兴寺碑》）
>
> 粤我高祖神尧皇帝俟时登庸，从观兴感，再驾尚轫，五转欲承，凤难矞云，龙睟霄极，驰睿想于幽赞，祷法力于大雄，创建漆象一躯，植净根也。洎我高宗天皇大帝缵祖匡业，继明德辉，万流澄瀛，

---

① （清）董诰等编《全唐文》，中华书局，1983，第1874页。
② （清）董诰等编《全唐文》，中华书局，1983，第2599页。
③ （清）董诰等编《全唐文》，中华书局，1983，第2668页。
④ （清）董诰等编《全唐文》，中华书局，1983，第1871页。
⑤ （清）董诰等编《全唐文》，中华书局，1983，第2598页。

八风叶律，齐致功于化造，将有事于岱宗，道由是邦，言念兹者，寺中留绣像一帧，实也。丁庅则天皇太后奉遗托孤，与权改物，母仪霸迹，闾政神器，追惟乾荫，永动皇情，明启度门，宣游觉路，乃降绣像一铺，广也。①（李邕《郑州大云寺碑》）

对于佛教护佑社稷的文学书写，执政者当然乐于接受，尽管他们未必从政治层面愿意接受，但迫于佛教盛行的现实也不得不将统治根据归因于佛教。唐初，裴寂阻止高祖废佛就凭借于此，说："陛下昔创义师，志凭三宝，云安九五，誓启玄门……是知文武之贤，固天攸纵，匪惟社稷之臣，实亦法王之臣，既作卫于王室，亦屏藩于圣教也。"②太宗下敕有私度者处以极刑，仍制止不了如法冲等人誓死剃度的信念，但法冲等人也明白政权接纳佛教的根本原因，坦言道："国家立寺，本欲安宁社稷。"③后至武周时期，武则天为临朝称制奠定思想基础，颁行载有女人当王的《大云经》并广置大云寺，将佛教与政权的联系推向高潮。值得注意的是，李邕的大云寺碑文未提及太宗功绩，实属反常，表明了当时文人对武则天过往婚姻的避讳，也显示出佛教在文人接受女权当政问题上的巨大作用。上层统治者的政治意识尚且被佛教的急剧发展裹挟着前行，何况文人群体？在此政治宗教背景下，初唐文人的佛寺碑文必然把佛教视为"安宁社稷"的助推力量，加以文学的描画，以期取得碑文在佛教和政权两者间的认同。

至盛唐时期，佛教也达极盛，玄宗李隆基虽有所抑制却无济于事。盛唐文人群体在佛教环境中，不能说深信但不能说不信，连自认为是道家学派的李白、贺知章也具有诸多佛学意趣。如：

天以震雷鼓群动，佛以鸣钟警大梦。而能发挥沈潜，开觉茫蠢，则钟之取象，其义博哉！夫扬音大千，所以清真心，警俗虑。④（李白

---

① （清）董诰等编《全唐文》，中华书局，1983，第2669页。
② （唐）神清撰，（宋）慧宝注，（宋）德珪注解，富世平校注《北山录校注》，中华书局，2014，第808页。
③ （唐）道宣撰，郭绍林点校《续高僧传》，中华书局，2014，第1080页。
④ （清）董诰等编《全唐文》，中华书局，1983，第3546页。

《化城寺大钟铭》）

　　长老闻风而悦服，公卿下榻以宾礼。由是与少保兖国陆公象先、贺宾客知章、李北海邕、徐中书安贞、褚谏议庭诲及泾县令万齐融为儒释之游，莫逆之友。[①]（梁肃《越州开元寺律和尚塔碑铭》）

　　从碑文上看，寻仙王道的李白亦有人生如梦的佛教思想，请度为道士的贺知章与佛教中人也保持着密切的联系，可见对佛教的接受不是李白和贺知章自己选择的，而是佛教环境使然。朝野公卿礼佛，儒释交游频繁，佛教与政界的勾连之深可见一斑，盛唐文学自然衍生出颂佛之碑文，理佛之诗文，非文人自我寻求，而是佛教势大与政治需要所造就。

　　中唐经历安史之乱，政局动荡，社会凋敝，但佛教发展未受牵绊，反而在"安宁社稷"的作用上占据有利位置。李氏王朝本来尊老子李耳为祖，以示"君权神授"，高祖贬法琳，太宗杖智实，皆为尊道抑佛，太宗重玄道尚能制衡佛教，而中唐之后道教玄学被儒学化，"神"的功用渐退，君权急需天命以教化普众稳定思想，佛教为其提供了"安宁社稷"的意识形态途径。我们从佛寺碑文中也可看出这一变化：

　　天宝十五载，逆将犯阙，虏尘翳郊庙。上皇哀苍生，避狄幸蜀；皇帝誓复君父之耻，理兵于朔方。避狄，仁之盛也；复耻，孝之大也。惟仁盛孝大，故不逾年而收京师，奉陵寝。凶孽走而天降之戮，化气和而人至于道。巍巍乎！尧舜之烈，不足比崇。天子斋心元默，运行慈煦，为元吉乡士妙讲化之宗，以为五帝三王之道，皆如来六度之余也。厥初生人，降及中古，君臣父子，日用而不知，故元圣师竺乾而升有古。先师宣尼有言：三皇五帝，皆非圣者，而西方有圣人，其为大千之尊，乳育群圣明矣。[②]（李华《台州乾元国清寺碑》）

　　乾元元年某月日，皇帝曰："予欲俾慈仁怡愉，洽于生人，惟浮图道允迪。"乃命五岳，求厥元德，以仪于下。[③]（柳宗元《南岳云峰

---

①　（清）董诰等编《全唐文》，中华书局，1983，第5288页。
②　（清）董诰等编《全唐文》，中华书局，1983，第3224页。
③　（清）董诰等编《全唐文》，中华书局，1983，第5934页。

寺和尚碑》）

　　李华将安史之乱书写于佛寺碑文之上，似乎平定之功与奉佛之道有因果关系，甚至声称三皇五帝远不如释迦。柳宗元所载肃宗"惟浮图道允迪"，与太宗"惟在尧、舜之道，周、孔之教"相比，君权的指导思想显然被佛教融化已深。李华作为开启古文运动先河的大臣，柳宗元作为古文运动的主力文人，都已经接受了佛教成为强势思想的现状，可想而知其他文人基本上都已深信佛教对政治的支撑作用。

　　初唐的佛寺碑文将异邦释迦与本土先皇比肩并列，而中唐文人已经将释迦高置于先皇之位，从接纳外来佛教到佛教反客为主，这一过程充分表明了佛教对唐代政治意识的侵占。肃宗李亨、德宗李适、宪宗李纯先后三次奉迎佛舍利入宫，也验证了这一历史演变。从这个角度看，韩愈谏迎佛骨必然面临失败的结果，不仅仅因为其犯上之辞，更深层次的是由于自高祖后又一百年未遏制佛教而带来的思潮转变。陈寅恪先生在《论韩愈》中指出，呵诋释迦，为的是申明夷夏之大防，而排斥佛老，为的是匡救政治之弊害。① 也就是说，韩愈欲凭一己之力将佛教于隋唐两百余年占据政治的领域抢夺回去，面对的除了有君主政治的嗜佛思想，恐怕还有文人群体的亲佛惯性，结果不言而喻。其实，《论佛骨表》所说"事佛求福，乃更得祸"②，言辞激烈程度远不及唐初傅奕的《减省寺塔废僧尼事》所言："有佛则虐政祚短"③，高祖纳之而宪宗怒之，究其原因，主要是宪宗较高祖时期，佛教已经渗入政治生活的方方面面，想要排斥重构犹如刮骨疗毒，非自我革新莫能行。实际上，韩愈所书佛教害政之弊，历朝谏佛之奏表中反复论述，统治者何尝不知，只是佛教根深盘错，政权自我深陷其中而不能自拔。

　　至晚唐，武宗李炎终于敢向佛教开炮，表面上是听信赵归真道士而灭佛，实则想将社稷之道拉回本土政治上，继承高祖、太宗之策，对高宗后

---

①　陈寅恪：《金明馆丛稿初编》，上海古籍出版社，1980，第288~293页。

②　（后晋）刘昫等：《旧唐书》，中华书局，1975，第4199页。

③　（清）董诰等编《全唐文》，中华书局，1983，第1346页。

的政治思想进行纠偏，诏曰："况高祖、太宗，以武定祸乱，以文理华夏，执此二柄，足以经邦，岂可以区区西方之教，与我抗衡哉！贞观、开元，亦尝厘革，划除不尽，流衍转滋。朕博览前言，旁求舆议，弊之可革，断在不疑。"[1] 然而，武宗灭佛之举并未能彻底实行，因为地方阻力非常大，"唯黄河已北镇、幽、魏、路等四节度元来敬重佛法，不拆寺舍，不条流僧尼。佛法之事，一切不动之"[2]，可见政权行使已被佛教有所破坏。即便灭佛之地，很多佛教徒隐藏山林秘密修行，如碑文所载：

> 洎武皇帝（会昌元年辛酉）除佛舍，籍释子于户部，师则巾华阳，衣缝掖，晦迹樵客，庐于西岩石室。律身守道，如居千众。[3]（黄滔《华严寺开山始祖碑铭》）

> 暨武宗皇帝乙丑之否，乃束发于儒冠，莱中而蓬迹。来府之芙蓉山，宏照大师见奇之，故止其所。[4]（黄滔《福州雪峰山故真觉大师碑铭》）

封疆大吏抗命纵容，佛教信徒得助自保，足以见得佛教已经不可逆转地成为强大的政治力量，这种政治力量已经不需要像初唐一样依靠文人群体的文学书写论述其合法性，佛教本身已经拥有了自我证明、自我保护、自我生长的各种政治因素。正因为此，宣宗李忱一即位就下诏恢复了佛教，《复废寺敕》给出的理由也非常符合实际："中国之人，久行其道。"[5] 废佛所依据的韩愈"此时天下太平，百姓安乐寿考，然而中国未有佛也"[6] 和武宗"朕闻三代已前，未尝言佛"[7]，在中国有佛之后久行其道的历史政治必然结果面前，显得毫无说服力。

既然无力抗争，只能顺势妥协，晚唐文人重新思考了佛教与社稷的内

---

① （宋）王溥，《唐会要》，中华书局，1960，第 840 页。
② （日）圆仁著，白化文等校注《入唐求法巡礼行记校注》，中华书局，2019，第 484 页。
③ （清）董诰等编《全唐文》，中华书局，1983，第 8702 页。
④ （清）董诰等编《全唐文》，中华书局，1983，第 8702 页。
⑤ （后晋）刘昫等：《旧唐书》，中华书局，1975，第 617 页。
⑥ （后晋）刘昫等：《旧唐书》，中华书局，1975，第 4199 页。
⑦ （宋）王溥：《唐会要》，中华书局，1960，第 840 页。

在关系，如：

> 或曰："梁武帝之隆释氏，今古靡伦，奚报应之昧乎？"对曰："梁
> 武帝隆释氏之教，不隆释氏之旨，所以然也。夫帝王之道理世也，释氏
> 之教化人也。理世之与化人，盖殊路而同归。彼宵旰于万有，故一夫不
> 获，若己陨诸隍中。此济度于触类，故欲凡一有情，悉皆成佛。梁武帝
> 则不然。以民之财之力，刹将三百，祈功凯德则归诸己。啼亿兆而不
> 乳，削顶领以言觉。所以私所以然也。"① （黄滔《丈六金身碑》）

对于梁武帝信佛以致国破身死的历史教训，太宗早有认识："武帝
末年，频幸同泰寺，亲讲佛经……终日谈说苦空，未尝以军国典章为
意……卒被侯景幽逼而死"②，韩愈强调："唯梁武帝在位四十八年，前
后三度舍身施佛，宗庙之祭，不用牲牢，昼日一食，止于菜果，其后竟
为侯景所逼，饿死台城，国亦寻灭。"③ 然而，面对佛教在政治上已经形
成的强势地位，黄滔的碑文对此事给出了新的解释——"所以私所以然
也"，梁武帝的失败不是因为信佛，而是因为只顾自己尊信而没有普及众
生，是因为没有把佛法广而奉之。这种阐释将历史教训和奉佛国策的因果
关系切断，社稷衰亡应归咎于梁武帝自身的原因，而非佛教之过，彻底否
定了太宗、韩愈以及历来废佛的论据，反而肯定了佛义教化有利于安宁社
稷。这种碑文书写显示，文人不再挣扎于佛教害政与佛教盛行之间的矛盾
中，而是屈从于无法摆脱的佛教思想，寻找到了佛教与社稷衰亡无关的合
理解释，这在政权濒临崩溃的晚唐时期颇有为佛教撇清关系的嫌疑。

二 从李华的"佛教儒行"到柳宗元的"孔子无大位"

"经学盛于汉，汉亡而经学衰。"④ 汉亡之后，魏晋更替，八王之乱，

---

① （清）董诰等编《全唐文》，中华书局，1983，第 8698 页。
② （唐）吴兢撰，谢保成集校《贞观政要集校》，中华书局，2003，第 330～331 页。
③ （后晋）刘昫等：《旧唐书》，中华书局，1975，第 4199 页。
④ 皮锡瑞：《经学历史》，中华书局，1959，第 141 页。

五胡乱华，南朝政权四易其手，三百六十余年三十多个大小王朝兴灭变换，是中国历史上政权更迭最频繁的时期。如此漫长而混乱的政治历程，使儒学作为巩固政权的思想武器被撼动，"此学至此时，其势已衰，朝廷虽事提倡，亦无效可期"①。政权兴亡的伦理规律和安定人心的指导思想出现了些许空白，佛教的盛行借机弥补了思想上的需求，从佛寺碑文上看，初唐文人对儒学衰落而佛教救世的思潮有着清楚的认识，如王勃所书：

> 若夫考龙图而括运，抚麟笔以伤时。天地闭而贤人隐，周孔逝而微言绝。岂非太阶无象，三辰鲜悠叙之因，沧海为陵，百川有横流之势。况乎法身长往，顾糟粕以空存，化迹繁流，仰舟航而遂远。②（王勃《梓州元武县福会寺碑》）

> 然则圣人以运否而生，神机以道丧而显。况迦维授手，摩竭推心，高张妙用之功，自拯横流之弊，盖不获已，岂徒然哉？③（王勃《广州宝庄严寺舍利塔碑》）

> 岂非君臣朴静，则上皇扶失道之危；仁义沸腾，则大雄拯横流之弊？④（王勃《梓州慧义寺碑铭》）

"周孔逝而微言绝""大雄拯横流之弊"，反映了佛教挤占儒学在思想领域空间的趋势，这一趋势自然对本土道统非常不利。统治者也意识到了这一点，唐初的弘儒举措加强了儒学的正统地位，太宗诏孔颖达撰《五经正义》，朝廷置国子学、四门学、郡学、县学等，教授儒家经典，都在为大一统的社会稳定作思想建设，在一定程度上恢复了儒学在乱世之前的正道作用。同时，高祖、太宗对佛教采取抑制政策，遏制了佛教在短时间内侵占社会思想领域的势头。如此，儒学抬高而佛教放缓，两者在社会意识形态中各自为营。以儒学取经世之才，以佛教安浮动民心，以道教彰天命所归，统治者非常了解三者的分蘖，实行儒释道并行的政策，也刻意保持

---

① 吕思勉：《隋唐五代史》，上海古籍出版社，1984，第1294页。
② （清）董诰等编《全唐文》，中华书局，1983，第1880页。
③ （清）董诰等编《全唐文》，中华书局，1983，第1869页。
④ （清）董诰等编《全唐文》，中华书局，1983，第1873页。

着这种分歧，一面科举取士一面诏置寺观。儒学和佛教并驾齐驱的思想现象在佛寺碑文中有所体现：

> 法住可济时。况行于人代？其吴季子、安世高之事，鲁仲尼、康僧会之徒欤？① （苏颋《唐河南龙门天竺寺碑》）

> 古者将有圣贤，必应山岳，尼邱启于夫子，鹫岭保于释迦。② （李邕《东林寺碑》）

鲁仲尼与康僧会，夫子与释迦，在碑文中相提并论，而且在行文顺序上儒圣始终在佛家之前。而在盛唐开放的时代背景下，儒释道经过长时间的共存，开始出现交叉融合。道教的儒学化暂且不表，在儒学文化下成长起来的佛教之士，已经不必理清佛教与儒学之间的界限，在言行意识中已融为一体。盛唐的佛寺碑文表明了这一现象：

> 和尚与人子言，依于孝；与人臣言，依于忠；与上人言，依于敬。佛教儒行，合而为一。③ （李华《扬州龙兴寺经律院和尚碑》）

> 盖将吻合词林，与儒墨同其波流，然后循循善诱，指以学路。④ （独孤及《唐故扬州庆云寺律师一公塔铭》）

> 向使师与孔圣同时，其颜生闵损之列欤？释尊在代，其大慧纲明之伦欤？⑤ （权德舆《唐故章敬寺百严大师碑铭》）

但是，长此以往由儒入佛的社会形势隐藏着巨大的思想隐患，那就是佛教从被儒学化到排儒学化的转变。初盛唐统治者本以为儒释道三家能够各行其是，可忽略了佛教作为宗教力量对世人精神世界的控制，而儒学的入世之道恰恰缺少对世外世界的阐释，科举取士的政策把儒学沦为了仕途工具，实际上降低了儒学在思想意识中的层次。梁启超先生说："儒者于

---

① （清）董诰等编《全唐文》，中华书局，1983，第 2600 页。
② （清）董诰等编《全唐文》，中华书局，1983，第 2677 页。
③ （清）董诰等编《全唐文》，中华书局，1983，第 3245 页。
④ （清）董诰等编《全唐文》，中华书局，1983，第 3963 页。
⑤ （清）董诰等编《全唐文》，中华书局，1983，第 5104 页。

词章外无所事，佛学稍发达。"① 尤其经过安史之乱，儒学更加式微，至中唐时期，追随佛教的人往往抛弃了儒学。佛寺碑文有载：

> 师始为释，其父夺之志，使仕，至成都主簿，不乐也。天宝之乱，复其初心。②（柳宗元《龙安海禅师碑》）
>
> 生九年，乐为僧，父不能夺其志。③（刘禹锡《唐故衡岳律大师湘潭唐兴寺俨公碑》）
>
> 甫志学，始游乡校，惊《礼》《乐》之陷阱，觉《诗》《书》之桎梏，忽忽不乐，未知所逃。俄有信士，以尊胜真言，质疑于学，怡然耸听，宛若前闻，识契心冥，神动意往，遂涕诀慈顾，行徇幽缘。④（吕温《南岳弥陀寺承远和尚碑》）

以儒学为立身之本的知识分子居然读儒典进仕途而"不乐"，就连最具权威的父亲也"不能夺其志"，可见佛教中人已经对儒学有了排斥反应。舍儒入佛的文人屡见不鲜，反映了佛教大为扩张，已有争夺儒学人才的情况。在这种背景下，儒学在精神层面从与佛并行变成了被佛挤压，文人群体大部分对佛教也从疏离变得亲近，此类转变以白居易最具代表性。白居易《译释教》力排佛老，"于是乎儒、道、释之教，鼎立于天下矣。降及近代，释氏尤甚焉。臣伏观其教，大抵以禅定为根，以慈忍为本，以报应为枝，以斋戒为叶。夫然，亦可以诱掖人心，辅助王化。然臣以为不可者，有以也。"⑤ 而实际生活中，白居易"栖心释氏，通学小中大乘法，与嵩山僧如满为空门友"⑥。佛教在文人群体意识中的泛滥显而易见，刘禹锡在佛寺碑文中表达了对"释氏尤甚"的理解：

> 则素王立中枢之教，懋建大中；慈氏起西方之教，习登正觉。至

---

① 梁启超：《饮冰室合集》，中华书局，2015，第129页。
② （清）董诰等编《全唐文》，中华书局，1983，第5937页。
③ （清）董诰等编《全唐文》，中华书局，1983，第6164页。
④ （清）董诰等编《全唐文》，中华书局，1983，第6354页。
⑤ （唐）白居易撰，顾学颉校点《白居易集》，中华书局，1979，第1367~1368页。
⑥ （唐）白居易撰，顾学颉校点《白居易集》，中华书局，1979，第1485页。

哉！乾坤定位，而圣人之道参行乎其中。亦犹水火异气，成味也同德；辕轮异象，至远也同功。然则儒以中道御群生，罕言性命，故世衰而浸息；佛以大慈救诸苦，广起因业，故劫浊而益尊。① （刘禹锡《袁州萍乡县杨岐山故广禅师碑》）

儒学"罕言性命"，佛教"广起因业"，因此儒学正如在战国时没有市场一样，"世衰而浸息"，而佛教在乱世纷争中更易于得到朝不保夕的普通民众认同，"劫浊而益尊"。中唐之后藩镇割据日益明显，地方战乱加剧了儒息佛尊的思想迁移。就在此时，韩愈掀起古文运动，目的在于重振儒学道统，佛教压迫儒学的形势是关键的因素之一，有被迫反抗的意味。柳宗元鲜明地指出了儒学较于佛教的短处：

孔子无大位，没以余言持世，更杨、墨、黄、老益杂，其术分裂，而吾浮图说后出，推离还源，合所谓生而静者。② （柳宗元《曹溪第六祖赐谥大监禅师碑》）

儒学益杂，泛化严重，谶纬黄老杂糅其中，唐儒已远没有了汉儒维护政权的力量。反观佛教，经义普众，逻辑完整，支脉清晰，自成一体。由此可见，佛教与儒学在初唐时并列，到中唐已有长短之分，佛教在发展速度上显然更胜一筹，以至于到晚唐文人士大夫普遍地尊佛弱儒，碑文书写的行文顺序有了先佛后儒的变化，如黄滔所书：

金圣人无为也，尧舜亦无为也。诚参错其道，巍巍圣仪，永与诸佛如来俱，岂不其然？③ （黄滔《泉州开元寺佛殿碑记》）

金圣人之教功与德，鲁圣人之教忠与孝。以忠孝之祈功德，莫之大也。④ （黄滔《大唐福州报恩定光多宝塔碑记》）

---

① （清）董诰等编《全唐文》，中华书局，1983，第6162页。
② （清）董诰等编《全唐文》，中华书局，1983，第5933页。
③ （清）董诰等编《全唐文》，中华书局，1983，第8690页。
④ （清）董诰等编《全唐文》，中华书局，1983，第8690页。

"金圣人"先于"鲁圣人"，与初唐时的佛寺碑文形成鲜明反差，儒学明显没有了之前的强势姿态。这都反映了佛教在整体文化环境中已经占有非常大的空间，佛教在文人意识中的地位已经显著上升，儒学不得不放低姿态，去接受佛教带来的认识世界的方法。从中唐以后，社会思潮一直存在着自觉的反省，对造成安史之乱的政治文化原因进行思考，在文学上表现为古文运动，批判六朝隋唐之骈文，文体、体制、思想都追比古贤，而在宗教上却没有形成有效的抗争势力，韩愈谏佛的失败更打消了士大夫对佛教的反思。至晚唐，佛教经过本土化，吸收儒学道教，具有了普遍的国民性，与当时上层统治和庶民阶层甚为契接，佛寺碑文的变化也就不难理解了。

三 从谢灵运的"取其能至"到王维的"亦官亦隐"

隐逸之道，自古以儒家和道家的哲学为思想依据。《论语》曰："天下有道则见，无道则隐。"《周易》曰："天地闭，贤人隐。"两者异曲同工，都认为文人的仕与隐在于统治者是有道还是无道。相对而言，道家更适合于出世之学，《后汉书·逸民列传》记述隐士向长事："向长字子平，河内朝歌人也。隐居不仕，性尚中和，好通《老》《易》"[①]，可以看出老庄之学成为当时隐士的必修功课。至魏晋时期，隐逸之风盛行，《隋书·隐逸列传》："自肇有书契，绵历百王，虽时有盛衰，未尝无隐逸之士……魏晋以降，其流逾广。"[②] 这种隐逸之流是魏晋乱世"天下无道"所造成文人群体仕途不畅的集体反映，《南史·隐逸列传》："若使夫遇见信之主，逢时来之运，岂其放情江海，取逸丘樊？不得已而然故也"[③]，文人因入仕不通才放情于江海山林之中。玄学是文人在老庄思想上进一步发展为清高超逸虚无放诞的精神状态，以阮籍为例，阮籍早年崇尚儒家思想，但魏晋禅代的政治动乱使他对现实深感失望，转入道家轨道，进而蔑弃礼法名教。

---

① （南朝宋）范晔撰，（唐）李贤等注《后汉书》，中华书局，1965，第2758页。
② （唐）魏徵等：《隋书》，中华书局，1973，第1751页。
③ （唐）李延寿：《南史》，中华书局，1975，第1908页。

"庄子思想对于士人的影响在阮籍之前主要是任自然，任由情性自由发泄，到了阮籍才被用来作为解脱人生苦恼的精神力量。"① 可见，文人群体不得已而为之的隐逸选择，依然在儒道两家"无道则隐"的范畴里徘徊。

隐逸之道由儒转道、由道变玄的发展，在佛教盛行后又发生了显著变化。隐士逐渐接触佛教，并对佛义大加接受，如周续之"既而闲居读老、易，入庐山事沙门释慧远"②；何胤"受《易》及《礼记》《毛诗》，又入钟山定林寺听内典，其业皆通"③；庾诜"学通黄、老，该涉释教"④；刘訏"訏善玄言，尤精释典"⑤。南北朝时期的隐士大多与佛教紧密相连，隐士对佛教从涉猎到精通，佛教宗义在其隐逸思想体系中已经确立了相当重要的地位。隐士思想如此快速地吸收佛教宗义的原因，除了佛教在政治文化中的极速发展外，从思想接受的角度出发，关键在于佛教为隐士开辟了一条成为圣贤的捷径。

汤用彤先生在《魏晋玄学论稿》的《谢灵运〈辨宗论〉书后》中论述了"圣人不可学不可至"的中国传统儒家思想，但又指出了魏晋之后的变化，"魏晋玄谈盖多谓圣人不可至不能学；隋唐则颇流行圣人可至而不能学（顿悟乃成圣）之说"⑥，从"不可至不能学"到"可至而不能学"的转变，原因在于谢灵运时期佛教顿悟进入了儒学修身之中，"竺道生曰成佛由于顿悟，谢康乐曰得道应需慧业，故成圣者固不由学也"⑦。换句话说，魏晋玄学家王弼等人"孔丘体无"的学说导致文人在自我修养上出现了迷茫，而谢灵运引佛教顿悟宗义进入儒学思想，"圣人不可学但能至"⑧，开拓了儒生的至圣道路。这尤其对有志于隐的儒生来说更为重要，解除了隐士在至圣和隐逸之间的矛盾，"不学"而隐逸亦可顿然成圣。徘徊在庙

① 罗宗强：《玄学与魏晋士人心态》，天津教育出版社，2005，第124页。
② （梁）沈约：《宋书》，中华书局，1974，第2280页。
③ （唐）姚思廉：《梁书》，中华书局，1973，第735页。
④ （唐）姚思廉：《梁书》，中华书局，1973，第751页。
⑤ （唐）姚思廉：《梁书》，中华书局，1973，第747页。
⑥ 汤用彤：《魏晋玄学论稿》，上海古籍出版社，2019，第139页。
⑦ 汤用彤：《魏晋玄学论稿》，上海古籍出版社，2019，第145页。
⑧ 汤用彤：《魏晋玄学论稿》，上海古籍出版社，2019，第145页。

堂与山林之间的谢灵运，涅槃顿悟就是其隐逸的思想基础，空门佛性表露于他的山水诗中。

魏晋至隋唐的隐逸思想变化，对比一下魏晋的隐逸论和盛唐的佛寺碑文，可窥一二：

> 使（夏）统属太平之时，当与元凯评议出处，遇浊代，念与屈生同污共泥；若污隆之间，自当耦耕沮溺，岂有辱身曲意于郡府之间乎！① （《晋书·隐逸列传·夏统》）

> 禅师叹曰："昔我大师，尚以菩提释位；今我小子，欲以恩泽为侯。仁远乎哉？行之即是。"裂裳裹足以宵遁，乞食糊口以兼行。② （王维《大唐大安国寺故大德净觉师塔铭》）

晋代夏统隐士因"浊代"之时而不屈身"郡府"，仍是以儒学的"无道则隐"为基础，而盛唐净觉禅师缘"菩提释位"而自己不受"恩泽为侯"，隐逸的根据已然变成了印度佛教历史，这说明自魏晋至隋唐，隐逸思想已经进入佛学体系中了。魏晋纷争无道，遁入空门尚可理解，但盛唐繁荣，可谓"天下有道"，志隐之士从"无道则隐"变成了"有道也隐"，根源在于隐逸思想受到了佛教世外宗义的深刻影响。儒家和道家的隐逸思想很大程度上已经不被纯粹的隐士所认同，"无道则隐"的思想在盛唐繁荣的有道表现面前已经没有了现实基础，文人大都想要施展抱负，隐居的言行显得颇为虚假，诸如孟浩然、李白等皆是"以隐为仕"。所以，在文人选择隐逸之道时，佛教成为真正可以信靠的出世思想。

越来越多的文人为求身心解脱而归入佛门，盛唐诸公中最典型的莫过于王维。"王维始习北禅宗，后来则倾向南宗。"③ 王维早年入仕不久即被贬，其用世之志遭遇了沉重打击，"开元十六年戊辰，二十八岁。隐淇上疑在是年。……开元十七年己巳，二十九岁。在长安，始从大荐福寺道光

---

① （唐）房玄龄等：《晋书》，中华书局，1974，第 2428 页。

② （清）董诰等编《全唐文》，中华书局，1983，第 3314 页。

③ 孙昌武：《佛教与中国文学》，中华书局，2019，第 100 页。

禅师学顿教"。① 王维的《大荐福寺大德道光禅师塔铭》：

> 禅师幼孤，在诸儿，其神独不偶。家颇苦乏绝，元诣乡校，见周孔书，曰："世教耳。"誓苦行求佛道，入山林，割肉施鸟兽，炼指烧臂，入般舟道场百日。昼夜经行，遇五台宝鉴禅师曰："吾周行天下，未有如尔可教。"遂密授顿教，得解脱知见。②（王维《大荐福寺大德道光禅师塔铭》）

陈铁民校注云："顿教：与渐教相对，指顿修顿悟的教门。"③ 王维一开始就学习了自竺道生、谢灵运时期就产生的"顿悟"学说。开元二十七年（739），道光禅师逝去，而王维遇到了传播"顿门"学说的另一位大师——神会。"王维以侍御史的身份在南阳遇见神会，时间只能在开元二十八、二十九两年之内。""王维这次见到神会，是他一生中具有特殊意义的事件，在思想上受到神会很大的影响。"④ 神会师承慧能的"顿教法"，他使王维对慧能的"顿门"之法有了较为深刻的认识。王维的《能禅师碑铭》：

> 至于定无所入，慧无所依；大身过于十方，本觉超于三世；根尘不灭，非色灭空；行愿无成，即凡成圣；举足下足，长在道场；是心是情，同归性海；商人告倦，自息化城；穷子无疑，直开宝藏。其有不植德本，难入顿门。⑤（王维《六祖能禅师碑铭》）

陈铁民校注云："顿门：慧能提倡'顿悟'，故谓其法门为'顿门'。《坛经》三十一节：我于忍和尚处，一闻言下大悟，顿见真如本性。是故将此教法，流行后代，令学道者顿悟菩提，令自本性顿悟。"⑥ 众生皆有佛性，顿悟是最高的智慧，在一刹那间进入成佛境界，无需繁琐教义和苦道

---

① （唐）王维撰，陈铁民校注《王维集校注》，中华书局，1997，第1334页。
② （清）董诰等编《全唐文》，中华书局，1983，第3312页。
③ （唐）王维撰，陈铁民校注《王维集校注》，中华书局，1997，第755页。
④ 陈允吉：《佛教与中国文学论稿》，上海古籍出版社，2010，第244～246页。
⑤ （清）董诰等编《全唐文》，中华书局，1983，第3313页。
⑥ （唐）王维撰，陈铁民校注《王维集校注》，中华书局，1997，第825页。

修行。"慧能认为，禅定无须固定的程序和方式，不管是在家出家，只要直探心源，没有执着、杂念，那么一切时候和场合都是坐禅。"① 既然在家坐禅与出家为僧本无两样，那么做官求仕和身心隐逸也无差别。王维在接受了"顿门"法则后，对隐逸和仕途之间的矛盾表现得更加坦然，"开元二十九年辛巳……隐居终南山始于是年归长安后"②，于政治中心处隐居，为此后亦官亦隐的隐逸之路奠定了现实和思想基础。纵观王维的一生，作为长子上要赡养母亲下要抚养弟妹，需尽孝悌之责，出仕之后虽有波折但总是身在朝堂，需尽忠君之职。因此，王维在面对国运昌盛而自己不得志时，在面对恩师张九龄的政敌李林甫横行朝野时，在面对安史之乱接受伪职时，他都没有彻底放弃仕途而归隐，以一种"以仕为隐"的方式进行身心抗争，这正是在南宗"顿门"的影响下，找到了身在为官而心已出家的自我和解的隐逸方式。

严羽《沧浪诗话》云："大抵禅道惟在妙悟，诗道亦在妙悟。……谢灵运至盛唐诸公，透彻之悟也。"③ 此言论诗道，亦见禅学的接受过程，谢灵运至盛唐诸公恰是佛教逐渐走向鼎盛被文人群体深入接受的阶段，也是禅宗"顿门"学说由产生到完善融入隐逸思想的阶段。在谢灵运时期，"竺道生及其宗教活动标志着佛学走向独立的道路，预示着佛教鼎盛时期的到来"④，谢灵运与竺道生探讨的"今去释氏之渐悟，而取其能至，去孔氏之殆庶，而取其一极"⑤，开启了儒道玄学思想对佛教顿悟的接受。至南朝梁，禅宗初祖达摩参见梁武帝，开始建立禅宗。至盛唐时期，禅宗已经发展壮大，北宗神秀影响广泛，唐玄宗是"向禅宗三祖僧璨赐谥号的第一位皇帝"⑥，而在安史之乱中表现出色的南宗神会，又使南宗"顿门"学说被朝廷所认可，被文人广泛接受。如果说谢灵运一代的文人对佛教的认识

---

① 杨曾文：《隋唐佛教史》，中国社会科学出版社，2014，第417页。
② （唐）王维撰，陈铁民校注《王维集校注》，中华书局，1997，第1345页。
③ （清）何文焕辑《历代诗话》，中国社会科学出版社，1981，第686页。
④ 方立天：《魏晋南北朝佛教论丛》，中华书局，2002，第185页。
⑤ 石峻等编《中国佛教思想资料选编》，中华书局，2014，第220页。
⑥ （美）顾毓琇著，陈人哲、谈谷铮译《中国禅宗史》，外语教学与研究出版社，2016，第21页。

还是浅尝辄止的话，王维一代的文人对佛教已经相当精通。谢灵运和王维在佛教的顿悟宗义中都找到了适合自己的隐逸路径，前者寄情于山林，后者把顿悟场所从山林变为官场，既有同宗联系又有时代演进。从文学上看，"般若空观"都是谢灵运、王维山水诗的哲理基础，相对而言，王维的《辋川集》禅语、禅趣、禅法更为明显。

可见，谢灵运至盛唐诸公，顿悟宗义逐渐融入文人隐逸思想之中，走出了"无道则隐"的儒道规则，接受了"顿见真如本性"的佛教宗义，为文人在入仕和归隐出现矛盾时做出折中选择提供了理论依据。此后白居易"中隐"、苏轼"不必仕不必不仕"的折中型隐逸思想都与"谢灵运至盛唐诸公，透彻之悟也"的禅学接受过程分不开。可以说，谢灵运至盛唐诸公，晋宋时乱至盛唐安定，是诗学逐渐成熟走向顶峰的过程，也是佛教被儒道隐逸思想深层次接受的过程。

结　语

佛教自东汉至唐代，由外入变成内生，在与本土思想政治文化磨合中必然走向繁盛，这是不可阻挡的历史洪流。面对来势汹汹的佛教发展，唐代文人经过了在接受与抗争中不断变化最终走向和解的思想历程，唐代佛寺碑文的文学书写正体现了这一历史演进。唐代文人对佛教"安宁社稷"还是"虐政祚短"有着思想上的交替过程，初唐文人试图使佛教置于本土政治体系之中，但在佛教走向繁盛的过程中，盛唐时期的政治思想逐渐被佛教的宗教力量所侵占，意识到危险的中唐文人努力想恢复正统，然而自上至下的奉佛环境使他们无力抗争，晚唐文人最终选择妥协，以割裂佛教与亡国因果关系的方式接纳佛教在政治上的强势地位。同时，唐代文人坚守儒学阵地的努力也在不断消耗，初唐儒佛并行，盛唐佛僧行儒，中唐儒息佛盛，晚唐佛甚于儒，佛寺碑文的书写大致勾勒了儒学下行佛教上行的唐代文人思想态势。唐朝统治者未曾料到儒释道三者并举的策略并没有带来政教并行不悖的结果，儒士群体也未感知到自身存在的佛教环境对儒学道统的侵蚀，两者都在佛教迅猛发展的历史进程中改变了原有的面貌。在此基础上，谢灵运到盛唐诸公的历史时期，隐逸思想逐渐接受了佛教的指导，在禅宗顿悟的影响下，调和了仕与隐的矛盾，衍生出多种形式的折中型隐逸方式。唐代佛寺碑文的创作，是文人与佛教直接接触的文学成果，不同时期内容辞语的变化正是佛教对文人思想影响的真实写照。

中性审美的实践：《S/Z》的一种解读*

聂成军　王丽媛

（兰州大学文学院）

摘　要　罗兰·巴特在《S/Z》中经由阅读—书写进行了一次中性审美的实践，试图通过这一实践来解决中性思想与主体建构的关系。首先，《S/Z》建构了解放读者的阅读理论，将阅读看作大众群体的审美实践。然而，现实主义作家通过转写文化符码来书写美的方式遭遇了失败，读者主体面对的"美"成为"怪诞"，是一个无法被象征的既非主体也非客体的中性物，它引诱读者自恋，又揭示了自恋面临的卑贱深渊，使主体意义坍塌。但巴特认为这种中性物内在于主体的形式，是一切主体的存在状态；主体必须投入能指的游戏，即写作，才能将中性物纳入自身，从而建立新的主体性。

关键词　《S/Z》　罗兰·巴特　中性美学　怪诞

目前学界已经注意到巴特的中性思想作为解构主义方法，在文学、符号学、伦理学方面的延伸和实践。正像有的论者已经注意到的，尽管巴特极力赞成"中性在人类思想的一部分中的重要性"①，但"源自他对意义也

---

*　本文为国家社科基金一般项目"西方怪诞美学思想研究"（18BZW029）、第 12 批中国博士后科学基金特别资助项目"西方怪诞美学关键词研究"（2019T120577）阶段性成果。

① Roland Barthes, *Essais Critiques*, Paris：Seuil, 1964, p.185.

是对文学所怀有的那种有如乡愁般的眷恋"①，他也认识到中性思想的意义建立在"悖论本身"②，不仅使其价值难以定位，"中性"作为审美对象也无法避免地会导致主体意义的崩塌，巴特在《S/Z》中将其表述为文本对读者的主动阉割。

《S/Z》可以看作巴特通过自己的阅读—书写进行的一次中性审美实践，为读者主体即审美主体的意义再建构提出了一种解决方案。具体来说，巴特认为自己对《萨拉辛》的阅读是一切"阅读的总形式"③，继而成为一种审美的形式，而"美"则是一个反抗分类、取消意义，既非主体又非客体的中性物，它是读者欲望所系的对象。然而，这一对象的影响是致命的。《萨拉辛》和《S/Z》文本内外的读者都会受中性物的传染而"被阉割"，即脱离现成的意义体系对"生命和激情产生厌恶"，直面自我的卑贱化，于是巴特通过《S/Z》这种反学院体制的书写，将中性注解为一种能指的游戏，而这种游戏之姿却是一种革命的真正形式。《S/Z》在读者的审美实践、"美"的对象和作为意义再建构的书写三个维度上得以写就。

一 作为一种审美实践的阅读

《S/Z》在巴特思想中的重要性在于它提出了一种阅读理论，这一阅读理论可以看作巴特对自己重写行为的辩护和注解。他解构了作者中心和结构主义这两种本质论，认为阅读需要的不仅是作者，而且是读者的在场，更进一步说，是读者身体和欲望在场。如此才可能形成有效阅读，即发生审美实践。

巴特引入读者的身体是为了回答拉康意义上的"主体不存在"，即

---

① 贵雪佼：《罗兰·巴特的回眸：论"中性"的多重悖论》，《外国文学》2020 年第 1 期，第 126 页。

② 贵雪佼：《罗兰·巴特的回眸：论"中性"的多重悖论》，《外国文学》2020 年第 1 期，第 126 页。

③ 〔法〕罗兰·巴特：《写下阅读》，《S/Z》，屠友祥译，上海人民出版社，2016，第 1 页。

阅读的主体乃是一个被无意识控制的主体，读者对文的感受不是出于自我意识或自我的投射，因为主体中并不存在自我，那么读者如何才能进行真正的阅读？需要一个身体对文进行增补，这一身体就是读者的身体。因为，巴特把文看作身体，把身体视作文，认为一切都处于文化符码的互文性编织空间，阅读需要编织读者的符码与编织文的符码发生碰撞，而身体就提供了二者交接的场所。所以，"阅读，就是使我们的身体积极活动起来（自精神分析处，我们明白这身体大大超越了我们的记忆和意识），处于文之符号、一切语言的招引之下，语言来回穿越身体，形成句子之类的波光粼粼的深渊"①。阅读是读者在能指无穷发散的过程中体会到的"狂喜"，阅读的对象是那些引发主体写作冲动的文，即主体对此文抱有一种"交合"的欲望，此文也使读者进行了语言生产行为。因为巴特认为读者的身体超越了记忆和意识，代表着无意识欲望的在场，读者的身体和文的身体的"交合"产生的结果，可能促成文学传统之外新的文学形式的出现，新的形式促成新的语言，从而革新僵化的意识形态和文化符码。

于是，巴特认为读者的阅读就是对一篇文所做的"意义的增补"②，这种意义的增补必须出自欲望。这种欲望起源于读者凝视文的具有引诱意味的空白地带，读者阅读文犹如凝视一具充满引诱性的身体，把文作为欲望的对象，如此才能在其中"驱散""播撒"他的语言，而不是重复那些冷感的、成规的批评话语。在读者对文的理解的过程中，读者将发现"唯一的文不存在"，存在的是广阔的"意义的增补空间"。一方面，读者在阅读中必然还原文作为互文性编织物的本质，读出古老的叙事原则、文化体系、总体语言和意识形态的再现。另一方面，读者在阅读中释放着身体的快感，在文中与能指肆意嬉戏，从而扩展能指的空间。

巴特提出读者的身体增补并不仅仅出于"颠覆精神与肉的二元对立"③的目的，更是要促成一种大众参与的审美实践。他意图建立的"阅读的总

① 〔法〕罗兰·巴特:《写下阅读》,《S/Z》, 屠友祥译, 上海人民出版社, 2016, 第 3 页。
② 〔法〕罗兰·巴特:《写下阅读》,《S/Z》, 屠友祥译, 上海人民出版社, 2016, 第 3 页。
③ 谢龙新:《"阉割的轴线":〈S/Z〉叙事分析之一》,《外国文学研究》2011 年第 2 期。

形式"与作为阅读的审美实践的总形式就是大众参与的阅读和审美实践。那么，读者的身体既然是语言穿梭的场所，大众的身体就能够携带无穷尽的"群体语言"①，这是被文学系统排斥在外的身体和语言，带有积极的解放意味。因为在巴特看来，现存的文化符码作为意识形态的碎片，已经是一种不断被印证因而变得陈旧的语言，只是"事实的残渣"②，已经不包含主体的欲望，不可能接触现实的真实，读者投入欲望，生产出的充盈欲望的文就有了强烈的乌托邦意味。巴特的阅读主体起到颠覆性的解放作用，一方面颠覆了"权力的庇护下被生产和传播的语言"③，另一方面推翻了僵化的审美形式和美学范畴，产生了新的审美实践。

因为读者的首次闯入给文本注入了新的欲望，这欲望就在文本中孕育了新的身体，即一个新的"美"的载体。但这身体和被摹写、被讲述的身体不同，是一个未被摹写、未被讲述的，超越了意识层面的"无意识"身体。这一身体显现为中性状态，是把主体"召唤到一个分裂位置"④的中性物，于是这一新的审美实践就包含一种自我消解的悖论。

巴特把《萨拉辛》看作典型的可写之文，它提供的欲望对象就是典型的欲望对象，这就是赞比内拉的身体。它超越了"自然"，因而无法被文化符码所摹写，阻断了能指链条的不断滑动，于是作为思想无法绕过的一个状态，带着无法回避的、主动性的、传染性的阉割呈现在读者的面前。这一身体无法与萨拉辛的欲望融合为一，"使萨拉辛狂喜的声音出自一个不能使他狂喜的身体"⑤，使得萨拉辛必然走向死亡。这死亡是本质主义和象征系统的失败，两者都无法掌握真实本身，因为真实溢出了象征秩序和意识层面，作为无法摆脱的无意识对象而在场。赞比内拉的身体象征着这一在场。因此，身体和象征符码的分离，是无意识和意识的分离。以精神分析的视角来看，赞比内拉的身体是"实在的身体"，"简单地说，所谓

---

① 〔法〕罗兰·巴特：《S/Z》，屠友祥译，上海人民出版社，2016，第1页。
② 〔法〕罗兰·巴特：《S/Z》，屠友祥译，上海人民出版社，2016，转引自中译本导言第21页。
③ 〔法〕罗兰·巴特：《S/Z》，屠友祥译，上海人民出版社，2016，转引自中译本导言第20页。
④ 吴琼：《〈萨拉辛〉：从拉康"$◇a"到巴尔特"S/Z"》，《中国人民大学学报》2013年第3期。
⑤ 〔法〕罗兰·巴特：《S/Z》，屠友祥译，上海人民出版社，2016，第12页。

‘实在的身体’，就是象征界在身体上实施符号切割后的剩余，是一个由躯体的洞孔、裂缝和边缘这类‘性感带’所标记且经由驱力发挥作用的部分对象”①，所以它既呈现为身体的碎片，又是一个在艺术家的想象中被升华为终极之美的杰作，因为“实在的身体”是象征的剩余，而读者遭遇的空无乃是一种无法被语言表征、无法纳入象征秩序的中性物。这种中性物从无意识层面进入意识层面，作为绝对真实而无法被分类、无法被象征的对象，造成了象征秩序和意义系统的坍塌。

　　但在巴特看来，这一剩余指出的就是文的真相，即文具有复杂的、互相矛盾的诸多内部差异，任何一种阐释都无法穷尽文的整体；本质主义产生于对文的整一性幻觉，因而本质主义难以避免地遭到具体文本的非难和幻觉的破碎。巴特认为，面对文的剩余身体，唯有读者的欲望通过反复地勾勒和增补为其赋予意义。在群体语言的阐释中，文变成场域，意义在其间不断闪烁、熄灭，这就是文的生成性场域。因此，巴特指出不论是把作者想要传达的意义放在不可动摇的位置，还是找出多种意义承认其合理性，都有不合理之处，因为无法否认这些意义确实存在，而承认一种或多种意义存在之合法性，即确认它们能掌控文、穷尽文，处于权力中心，才是本质主义和结构主义的根本性误读。于是，巴特把文的这种危及主体意义的剩余看作文的能产性潜力和解放性力量的来源。由于他的尝试建立在对以往意识形态、文学传统和意义体系的反抗上，这一新的审美实践所遭遇的正是“无处安放”的窘境，即他们面对的欲望客体是一个实在界的中性物，在巴特看来这一中性物就是“美”，它决定了阅读这种审美实践的性质。

二　“美”即中性物

　　巴特认为《萨拉辛》是现实主义失败的预言，而现实主义作为本质

---

① 吴琼：《〈萨拉辛〉：从拉康“$\$\diamond a$”到巴尔特“S/Z”》，《中国人民大学学报》2013 年第 3 期。

主义思想的顶峰，其坍塌是由于遭遇了"美"的空无本质，因而萨拉辛的死亡和现实主义的失败也表明了以往审美活动去身体化而导致的虚假性。因此，真正的审美活动需要审美主体的身体和欲望在场，这一欲望指向的就是赞比内拉这个中性物，它是一个逾越（Transgression）了对照之墙，取消差异和意义、非此非彼的怪诞物，审美活动的结果是审美主体的"被阉割"。

巴特的出发点是现实主义无法描写美。现实主义和逻各斯中心主义把普遍性本质植入个体之中，使美成为美的理念的摹本，美只能呈现自身，而不能描绘自身。现实主义表现美的方式是不断地借用先前的文化常规和文化符码。例如描绘马里亚尼娜的美时，巴尔扎克将其比作"苏丹的女儿"，"美若维纳斯"，然而维纳斯却无法再接续一个喻体，即维纳斯只能美若其本身。维纳斯即美的完美范本之一，因为她截断了能指链条的不断滑动，而赞比内拉也是维纳斯般的美的原型。但赞比内拉截断能指滑动，也是因为其身体的阉割，即这是一具不自然的身体，无法用男或者女来定义其性别，没有任何语词能把握它。赞比内拉与萨拉辛就呈现为巴特所说的"S/Z"的状态。赞比内拉的身体是对照的两个发生侵越的场所，它取消了分类，分类产生差异，差异生成意义。赞比内拉的身体由于无法分类而变成无意义之物，这是终极恐怖和终极美丽的混杂，由于无意义而无法被书写。

但现实主义可以描写丑，丑不需要任何中介物就能呈现自身，这个丑的形象就是老年的赞比内拉。纵观《萨拉辛》全文，赞比内拉的形象从一个迷人的女明星逐渐变成一个非男非女的阉歌手，最终呈现在读者面前的乃是一个一百岁的僵尸般的怪物，怪物性始终贯穿赞比内拉的形象之中。即如巴特所说，读者在重读时，由于知晓了阉歌手的真实性别，不会再被赞比内拉的外在所迷惑；把握了叙事整体，读者心中的赞比内拉呈现为既是美艳的女人，又是杂合的怪物的复杂形象。巴尔扎克借由叙述者"我"之口勾勒出赞比内拉的这种形态，"我脑中幻生出一幅阿拉伯式的奇异装饰图案，下半身是骇人的怪物，自腰部开始，却升腾起天仙般的女体"。[①]

---

① 〔法〕罗兰·巴特：《S/Z》，屠友祥译，上海人民出版社，2016，第89页。

这一奇异的、杂合的、拼接的形象就是赞比内拉的完整形象，也就是现实主义可以直接描写的"丑"。它是两具异质身体的拼合，是违反自然规律而不能存活的有机体，是一个怪诞物。

但这个怪诞物是美的来源和对象。由于欲望的投射，读者和赞比内拉又呈现为"S/Z"式的关系，即镜中自照。此种镜中自照的关系，巴特认为是读者的自我匮乏和赞比内拉的残缺呈现为互相呼应的状态，萨拉辛是被"阉割"正常情欲的青年，叙述者"我"则是欲望未被满足的青年，而"我"所爱慕的侯爵夫人则是"不被理解的女人"。因此，读者对赞比内拉的爱是自恋，"把自己作为爱的对象"①。于是，这种照镜子般的自恋行为使那种被隔离的、格格不入的状态带上了崇高意味。在第一个层面，萨拉辛在赞比内拉身上发现了涤除恋物癖的完整的美，摹写完整的美是现实主义的天职，也是艺术家的理想境界。因此，萨拉辛创作出赞比内拉的雕像和裸体画，以此追求"霍然而愈"的境地，即如果把握了终极的真理和本质，艺术家或思想者的探寻之路就可以终止于此，能指链条的滑动被打破，获得一个确定的所指，尽管这一所指对萨拉辛来说是致命的，因为它是"丑"，是怪诞，但对巴特式的读者来说它代表着必须去凝视的真实。

在另一层面上，由于阉歌手的身体是立体的，它是进行剧场演出的身体，是雕塑，在剧场式的小圆客室中被展示，阉歌手的剧场式身体不仅提供了完整的形象，也提供了完整的行动，对赞比内拉的观看即亚里士多德式的对悲剧人物的观看，能引发读者恐惧和怜悯的感情。这种对读者对"我自己"的怜悯，在赞比内拉身上直视到自我的阉割状态则会引发恐惧。

而在叙事层面，这一身体就直观化为读者肉体欲望的对象。赞比内拉的肉体特质"富于表情的嘴，漾着爱意的眼，溢出耀目白光的皮肤"② 以及美妙的"娇脆的嗓音"③ 唤起了萨拉辛的肉身欲望。这个阉割故事又作

---

① 谢龙新：《"阉割的轴线"：〈S/Z〉叙事分析之一》，《外国文学研究》2011 年第 2 期。
② 〔法〕罗兰·巴特：《S/Z》，屠友祥译，上海人民出版社，2016，第 157 页。
③ 〔法〕罗兰·巴特：《S/Z》，屠友祥译，上海人民出版社，2016，第 241 页。

为换取肉体欢愉的筹码由叙述者"我"讲给了侯爵夫人，而夫人对此故事的欲望则来自美丽的恩底弥翁的身体形象（以赞比内拉为原型）。文之外的读者则跟随这些人物的行动将赞比内拉作为欲望对象。因此巴特指出当读者了解了真相，在重读中必然会对萨拉辛对赞比内拉做出的亲热举止感到震动。此种震动并非简单的震惊，而是恐惧，也就是说，这种震惊反映出读者将自己的肉体欲望投向了一个非男非女的怪诞物，为这种欲望的"错位"而感到震惊，进入被阉割的状态。

因此，赞比内拉这个打破了差异系统的、处于边界的怪诞物，是生命和死亡的混杂，是极致的美和极致的丑的混杂，是终极的审美享受（自恋和肉欲）和终极的恐惧（阉割）的混杂。巴特认为由于现实主义书写美的方式被宣告失败，美只能以强喻的形式被感觉到。强喻即"语词误用、比喻牵强、夸张引申"[①]，即对语言做形式上的陌生化处理。因而，巴特认为真正的美即重新唤起人对物的感觉。

于是，现实主义因袭陈旧的文化传统，其生产出的美的摹本已经僵化陈旧，无法唤起欲望，而赞比内拉这一"丑陋"的"怪物"是对"美"的强喻表达，它不需要任何中介，能直接唤起读者的感受和肉身欲望。但由于脱离"自然"和"语言"秩序，这一美的对象所唤起的审美感受乃是一种极致的怪诞，在读者身上产生巴特所说的传染性阉割，即读者将感受到一种文化符码体系、文学传统和意识形态常规的坍塌，从而失去"生命"的激情，实际上，这是由于读者被陈旧的象征秩序所捕获的欲望已经消逝。

三　欲望阅读与恐惧书写

巴特认为中性物使主体受到阉割，直面自身的卑贱，这种卑贱是一种无法被切割、排除、掩饰的状态，卑贱是主体的存在状态本身。于是巴特认为，中性的终极形式是写作，因为它消解了主体，然而，主体却以投入

---

① 〔法〕罗兰·巴特：《S/Z》，屠友祥译，上海人民出版社，2016，第51页。

能指游戏的方式重新接纳卑贱内在于我的状态，这是一种真正的革命形式。

与中性物对镜自照的结局，不仅揭示了欲望的"错位"而造成的恐惧，而且这种非此非彼的主客体弥合状态，也是读者在阅读中的存在状态。因为"每一含蓄一直皆是某一某一符码的起点（此符码永远不会被重编），皆是被录入文内的某一声音的发送"①，所以阅读文就是倾听文，倾听作为一种心理行为，"倾听言说着"②，"我倾听"即"倾听我"，即并非捕获"所说的东西或发出的东西，而是牢牢钉住某人说着、某人发出着"。③ 倾听作为阅读的本质就是一种主客体的弥合，"我阅读"即"阅读我"。因而，中性物的无意义状态经由阅读过渡为主体的存在状态。

正如萨拉辛所感觉到的"我在记忆里将永远留有这绝世的鸟首人身的女怪，它把魔爪伸入了我所有的男子汉情感内……怪物！你不能生育丁点生命，却已在我心里把世间所有女人全灭绝了"，"我对一切快乐，一切人类的情感，都无感觉了"④，这种无意义拖败了整个艺术、生命和激情的基础，读者体验到"本该被隐藏起来却曝光的东西"⑤ 被引入意识层面而引发的恐惑，即自己的欲望指向的是终极的不可能，即朝向原乐的欲望，"主体因其对极度快感的追求而把自己引渡到了死神的宝座前，为逃避面对虚无的恐惧与颤栗，主体不惜让自己加入到一场与死神共舞的化装舞会中"。⑥

于是，赞比内拉同时被主体的欲望和恐惧所揭示。中性物从高贵走向卑贱，主体试图把这中性物排出自我意识，却发现中性物内在于我，任何主体都无法被分类所穷尽，主体被引向意义坍塌的境地。因此侯爵夫人、叙述者"我"和巴特本人，不得不通过自我崇高化来抵御意义的坍塌：侯

---

① 〔法〕罗兰·巴特：《S/Z》，屠友祥译，上海人民出版社，2016，第 12 页。
② 〔法〕罗兰·巴特：《S/Z》，屠友祥译，上海人民出版社，2016，转引自中译本导言第 11 页。
③ 〔法〕罗兰·巴特：《S/Z》，屠友祥译，上海人民出版社，2016，转引自中译本导言第 10 页。
④ 〔法〕罗兰·巴特：《S/Z》，屠友祥译，上海人民出版社，2016，第 277 页。
⑤ 〔奥〕西格蒙德·弗洛伊德：《论文学与艺术》，常宏等译，国际文化出版公司，2001，第 271 页。
⑥ 吴琼：《拉康：朝向原乐的伦理学》，《清华大学学报》（哲学社会科学版）2011 年第 3 期。

爵夫人将自身塑造为"不被理解的"具有美德的高贵女性，叙述者"我"则鼓起勇气将故事升华为文明的反思，巴特则写下了《S/Z》把对"阉割"的恐惧转化为对《萨拉辛》的重写。巴特通过书写建构理论，让中性物成为一种在理论和文学中找到合适位置的革命之物。中性物在"反抗"之上建立起自身的意义，即"'中性'自始至终都是一个反传统、反规约、反意义、反独裁、极具活力和战斗性的概念，也正是在这个意义上，'中性项'和'零度项'才被用来解释'中性'"①；但在巴特的思想中，"中性"只能不断被相似的概念阐释，"中性"成为能指的滑动和游戏，也就是说，巴特用各种方法尝试表征和捕捉"中性物"，"中性物"甚至成了写作本身，"写作是中性、混合、倾斜的空间，我们的主体溜开的空间"。②

于是，对《萨拉辛》的阅读作为一种欲望阅读，产生了《S/Z》的恐惧书写，巴特尝试写下中性，即写下主体的卑贱状态。克里斯蒂瓦将这种恐惧书写表达为"文学是一种编码，是我们最秘密和最严重的危机和世界末日的最高编码"③，"是用语言的危机对卑贱进行的设计、释放和掏空"。④ 中性物必须被以书写的形式得到掏空和释放，是因为它打断了主体的自恋。一方面，其切断现实主义艺术家编织的象征符码网络，揭穿了"现实"的虚假本质，暴露了难以直面的实在界本身。另一方面，沉溺于自恋的读者遭遇了自身的存在危机，即被中性物引诱而脱出文化符码与象征秩序的危机。对中性物的自恋就是一切自恋的基本形式，来自"宗教代码、道德代码、意识形态代码的另一边"⑤ 的压抑物的回归，使得主体必须面对这种自恋的卑贱深渊。读者书写文，自身也作为一个文，其内在差异性决定无法被任何一个分类系统所穷尽，而被阉割的主体将不断地"反

---

① 贵雪佼：《罗兰·巴特的回眸：论"中性"的多重悖论》，《外国文学》2020年第1期。
② 〔法〕罗兰·巴特著，赵毅衡编选《符号学文学论文集》，百花文艺出版社，2004，第505页。
③ 〔法〕朱莉娅·克里斯蒂瓦：《恐怖的权力：论卑贱》，张新木译，商务印书馆，2018，第262页。
④ 〔法〕朱莉娅·克里斯蒂瓦：《恐怖的权力：论卑贱》，张新木译，商务印书馆，2018，第262页。
⑤ 〔法〕朱莉娅·克里斯蒂瓦：《恐怖的权力：论卑贱》，张新木译，商务印书馆，2018，第263页。

抗自己的形象"，形成一条不间断的阉割传染链条。因此，《S/Z》暴露了主体面临的卑贱状态，不仅在文学的意义上现实主义坍塌了，围绕逻各斯中心所建立的西方文明也在这个卑贱的深渊中倒塌了。

　　然而在 1966 年春到次年 7 月之间，巴特的日本之旅却给了他新的启发，巴特得以在中性物本身中找到一种意义生成的可能。巴特在日本的俳句和禅宗中发现了有别于终极真理的顿悟方式，即一种"面对事实的醒悟"①，一种彻底拆除能指和所指之间约定俗成的范式，取消语言加之于我们的统治，彻底回到与能指和物的嬉戏状态中，"它正好与西方充满了意义、并最终指向基督教上帝这个终极所指的符号体系相反，是一个摆脱了意义重负和意义的机械范式的、空洞的、因而也是空灵自由的符号空间"②。与其说巴特的中性思想最终走向悖论，不如说最终走向一种纯然的游戏状态，即一切写下的东西都变成意义产生、熄灭的场域，可以以严谨的态度对待之，也可以从中引发无限的能指链条。由于确定的所指被剔除，能指的游戏获得了独立的本体论意义，一切话语皆是游戏。

　　因此，中性物不论究竟走向何种含义，始终无法摆脱对主体意义的潜在威胁，但能指游戏将赋予主体以不断流动的身份，使得主体坦然成为一个没有固定归属的中性物。正如克里斯蒂瓦所说，主体无法只展现卑贱而"不会与它混为一体"③，必须知晓它"这种知晓中布满了遗忘和嘲笑"④，即一切意义都与卑贱一样在主体之中闪动，以能指游戏的方式，不断地被命名又消失，但游戏的态度并非对中性物的随意置之，而是将其作为一种解放的力量，"时刻准备穿越对权力进行（宗教、道德、政治、

---

①　转引自黄晞耘《罗兰·巴特思想的转捩点》，《世界哲学》2004 年第 1 期。

②　黄晞耘：《罗兰·巴特思想的转捩点》，《世界哲学》2004 年第 1 期。

③　〔法〕朱莉娅·克里斯蒂瓦：《恐怖的权力：论卑贱》，张新木译，商务印书馆，2018，第 264 页。

④　〔法〕朱莉娅·克里斯蒂瓦：《恐怖的权力：论卑贱》，张新木译，商务印书馆，2018，第 264 页。

语言）的人类首次伟大的非神秘化运动"。① 于是，勇敢地识别并直面中性物，接受主体与中性物弥合为一的卑贱状态，就是一种真正的革命形式。中性物成为一种不能被捕捉的循环物，"在制度化与违反之间，包含着一些对于人类思想来说属于永恒轮回的东西"。② 中性物揭示的正是这种"永恒轮回"的思想状态，它无法被定性，因为它本身就是对制度化和定性的违反力量，所以任何对中性物做出切割、分类、安置的行为都会以失败而告终，而巴特通过书写为自己创造了一个安放中性物的场域，这就是反抗一切学术成规的《S/Z》的断片文本。中性思想始终需要借助别的词语为其注解，而自身却永远为定义所捕捉，中性只能作为一种书写实践存在、被承认、被感知。这是中性的终极目的地，也是写作的终极使命。

结　语

《S/Z》是巴特的一次中性审美实践，巴特在其中提出的一切阅读的总形式也是一切审美活动的总形式，这种审美活动是现实主义之后的现代性审美活动。巴特将读者的身体和欲望引入阅读，把文看作引发欲望的身体，使阅读变成读者的审美实践。然而，现实主义描写美的方式遭遇了失败，美最终指向一个既非主体亦非客体的中性物，这一中性物反抗分类、取消差异和意义，是一切主体的存在状态之写照，因此它引诱读者自恋，又将读者拖入无意义的境地，使得主体走向卑贱，因此巴特认为在意义的空无中重新寻找意义的方式，就是拆除僵硬的意识形态、文化符码和意义范式，投入能指的游戏，寻求文学、语言、符号的革新。

于是，这一思想指导他写下《S/Z》这一片断化文本，作为反抗文学传统和旧有阅读理论的武器，解放了阅读和审美主体。主体的被阉割伴随

---

① 〔法〕朱莉娅·克里斯蒂瓦：《恐怖的权力：论卑贱》，张新木译，商务印书馆，2018，第264 页。

② 黄晞耘：《罗兰·巴特思想的转捩点》，《世界哲学》2004 年第 1 期。

着旧的文化符码和意义体系的倒塌，读者在能指的游戏中，把卑贱纳入自身，重新建构主体边界，事实上也建立了伴随着全新的写作、美学范式而生的新的阅读和审美主体。所以《S/Z》的中性审美实践不仅揭示了中性思想的意义建立在悖论之上，即中性物既导致主体意义的坍塌，又帮助新的主体建立；而且阐明中性思想的革命意义必须与主体联系在一起来理解，既中性思想的最终目的是主体性的建构。

"得体"：中国文论的文体传统及演变规律[*]

孙盼盼

（扬州大学文学院）

摘　要　"以体论文"与"文各有体"是中国古代文学批评的显著特点，由此引申出一系列涉及文体观念生发的基本概念。古人论说文体的属性、外延及其边界，解诠文体的体系、层级及其族群，往往首先称名定体、推原明用，离不开对文体观念的"立言之宗旨""作述之情态""类例之依据"的识别和提炼。中国古代文学批评善于在"得体""失体"的交织中建构文体观念的必要性、可能性及其限度，审辨卜祭、训诫、传释、说理等形态，勾连语言、结构、技巧、手法等要素。鉴于此，以"得体"为著述传统和书写原则，以公私相济和内外相维为认知路径，探讨"公"与"私"、"内"与"外"、"真"与"伪"等问题，不仅涉及文体观念的渗透、跨越和衔接，还涉及文体观念的移位、降级和升格。

关键词　立言　作述　类例　得体　文体传统

在公共文体与私密文体之间，由"得""失"之别异引发的一系列文体思想观念，构成了中国古代文学批评中的"得体"论传统，依次表现于"立言之宗旨""作述之情态""类例之依据"①，呈现出文体观念生成、接受、传播的历史过程与复杂形态。"得体"与"失体"的关系并不总是二

---

* 本文为国家社科基金青年项目"'神'与中国文论的生命精神研究"（20CZW001）阶段性成果。
① 程千帆：《言公通义——章学诚学术思想综述之一》，《南京大学学报》1982年第2期。

元对立，二者的区分是多层面和多变的，具有内在的复杂性，两者的界限也在不断变动。① 在文体生成中，传统文体观念有何内在的逻辑和外在的张力？"得体"与"失体"之关联和互动，如何从思想史研究迁移到文论史研究？"得体"与"失体"的文体成像过程如何显现？如何探讨文体之"公"与"私"、"内"与"外"、"真"与"伪"等问题？鉴于此，本文对中国古代文学批评中"得体"论进行概念史考察，将分散的文体现象集中化，把不规则的批评论说有序化，并据此反观当前古代文体研究的"内涵萎缩""简单化""表面化"② 等问题。

一 心生言立，言立文明

作为一种文体思想观念，"立言"是古人在"得体"论之创作实践和批评鉴赏中所秉持的理念，既有"言公"的伦理维度，又有"言私"的情感维度。无论是孔子的"天无私覆，地无私载，日月无私照"③，还是孟子的"公事毕，然后敢治私事"④，抑或荀子的"公道达而私门塞矣，公义明而私事息矣"⑤，先秦诸子所强调"立言"之公、私的问题凝结着人格心理、道德标准及伦理情感。

"立言"概念可溯源至古代中国的"轴心时代"⑥，先秦诸子不约而同地遵循"言公""言私"之著述传统和书写原则，由生活经历、切身体验及其群己权界衍生出相应的言辞样式，并在"言"的"公""私"或"得""失"转换中涉及早期文体及其话语方式的体例、内容和语言等内

---

① 王汎森：《权力的毛细管作用——清代的思想、学术与心态》，北京大学出版社，2015，第 443～468 页。

② 钱志熙：《论中国古代的文体学传统——兼论古代文学文体研究的对象与方法》，《北京大学学报》2004 年第 5 期。

③ （清）阮元校刻《十三经注疏》，中华书局，1980，第 1617 页。

④ （清）阮元校刻《十三经注疏》，中华书局，1980，第 2703 页。

⑤ （清）王先谦：《荀子集解》，沈啸寰、王星贤点校，中华书局，1988，第 239 页。

⑥ 德国学者卡尔·雅斯贝尔斯认为公元前 800～前 200 年，尤其是公元前 500 年前后，是人类文明的"轴心期"。它突出地表现在中国、古印度、古希腊以及希伯来，深刻地影响了人类两千多年来的文明格局。参见 Karl Jaspers, *The Origin and Goal of History*, Yale University Press, 1953, pp. 51－70。

容。《左传·襄公二十四年》载叔孙豹的言论："太上有立德，其次有立功，其次有立言，虽久不废，此之谓不朽。"①"立德"指树立高尚的道德，"立功"指为国为民建立功绩，"立言"指提出具有真知灼见的言论。对于"立言"，孔颖达进行了详细的阐述："立言，谓言得其要，理足可传。记传称史逸有言，《论语》称周任有言，及此臧文仲既没，其言存立于世，皆其身既没，其言尚存。故服、杜皆以史佚、周任、臧文仲当之，言如此之类，乃是立言也。老、庄、荀、孟、管、晏、杨、墨、孙、吴之徒，制作子书，屈原、宋玉、贾逵、扬雄、马迁、班固以后，撰集史传及制作文章，使后世学习，皆是立言者也。"②可见，诸子极为注重对于"立言"的追求。

虽然人的生命是有限的、短暂的，但是有限的生命可以赋予永恒的价值。在此"三立"价值体系中，"立言"是"立德""立功"的延续，将"创制垂法，博施济众""拯厄除难，功济于时"过程中发生的知识、经验、问题和观念以一系列言辞样式固定下来（如制作子书、撰集史传及创作文章），将其"言"的过程方式和成果方式传之于世，记载"言"之划分、规定、建构和联系，力求"言得其要，理足可传"，从而确立独到、精辟、透彻的论说之"言"。

在古汉语中，"言"是一个内含事理和情态的元关键词，既可上循天理，剖析法度之意，也可下表性情，领会心声之处。作为寓理表意的载体，"言"是传统文体观念的话语基础，表示发声、发音。从甲骨卜辞到铜器铭文，"言"字形有象形兼指事的特点，该字上为"一"或"二"，下为"舌"，表发音动作，也就是人鼓动舌头而发出声音。许慎《说文解字》对小篆"言"字进行释义："直言曰言，论难曰语。从口辛声。凡言之属皆从言。"③如此看来，"言"乃上下结构，上部为"辛"，得音；下面为"口"，得形，表说话、讲话。"辛"部即"皋也"，指违背法则而遭到惩罚。"辛"又由"干""二"组成，"干"指"犯也"，有触犯、冒犯

---

① （清）阮元校刻《十三经注疏》，中华书局，1980，第 1979 页。

② （清）阮元校刻《十三经注疏》，中华书局，1980，第 1979 页。

③ （清）段玉裁注《说文解字注》，上海古籍出版社，1988，第 89 页。

等义；"二"则指"地之数也"，乃是天地和阴阳的表征，也是道的体现。"口"部指"人所以言食也"，即发声和进食的器官。① 从早期构形来看，言由舌出，道理借言语以表达，分为"直言"与"论难"两类，按生理机能直接说话为"言"，解答疑难、议论辩驳则为"语"。"言"的字义是言说法度，既是天意的体现，也是人事的体现，亦是心声的体现。"非先王之法服不敢服，非先王之法言不敢道，非先王之德行不敢行。"② 如果违背了"言"的秩序与规范，那么就会受到天道自然的惩罚。可以说，在"从口""从辛"的基础上，"言"培育出古人的话语形态和表达方式。

随着古人对语言的重视、对意义的追求，"言"不仅成为信息沟通、情感交流的载体，还成为价值、理念与原则的认同基础。《尔雅》："言，我也。"③《释名》："言，宣也，宣彼之意也。"④《玉篇》："言，言辞也，我也，问也。"⑤《广韵》："言，言语也。"⑥《集韵》："言，讼也。"⑦ 可见，古语"言"可作"说"理解，其用意不限于普通之言，也指称富有德行、学识和修养的语言能力，即一种高水平的"言论""言辞"，建构起"言循天理为外，言表心声为内"⑧ 的语言观念。根据古人的阐说，"言"的本义是"口语之言"，直言曰言，论难曰语，进而有"书面之言"，贵有物、有序，延伸出特殊的"艺术之言"，为心声、心画。

"言"是中国古代文体观念的话语基础，呈现出通俗与高雅、大众与精英的语言风格，既有广泛性与普遍性的"言"，亦有审美性与艺术性的"言"。作为循天理而表心声的特殊形式，"言"是"人之所以为人"的生命表征，既有对自然的叩问，也有对生命的敞现，亦有对文艺的言说。"言"观念的形成是一个历史过程，由"得形""得音"而"得言"，既是

① （清）段玉裁注《说文解字注》，上海古籍出版社，1988，第 54、87、102、681 页。
② （清）阮元校刻《十三经注疏》，中华书局，1980，第 2547 页。
③ （晋）郭璞注，王世伟校点《尔雅》，上海古籍出版社，2015，第 8 页。
④ （汉）刘熙：《释名》，中华书局，2016，第 48~49 页。
⑤ 胡吉宣：《玉篇校释》第 2 册，上海古籍出版社，1989，第 1745 页。
⑥ 周祖谟编《广韵校本》上册，中华书局，1960，第 117 页。
⑦ 赵振铎校《集韵校本》中册，上海辞书出版社，2013，第 1132 页。
⑧ 余和群：《文字之道——华夏汉字探源》，中国友谊出版公司，2016，第 144 页。

自然之事，也是自然之理；既是生命之情，也是生命之态；既是文艺之体，也是文艺之用。从"口语之言"到"书面之言"，再到"艺术之言"，"言"这一话语形式既有"近取诸身""远取诸物"的取向，也有"归本自然""尚中致和"的取向，还有"随物赋形""随心表意"的取向。在"天地化育，人文化成"的思想体系中，作为"口之力"之"言"提供了观物、观人及观己的整体思维，观事、观情及观理的直觉思维，既激发出自然世界的无限奇妙，深化了时人的感受能力，又激发出精神世界的无限可能，提高了时人的理解能力；亦激发出人文世界的无限想象，增强了时人的鉴赏能力。

古人对"言"极为注重，描述和概括那些有关日常生活、社会活动、交互行为的知识、经验和技能。在"言"的分化与整合中，依文而言，代天宣化，确定相关的模式惯例和体式传统，依照义理变化来说话，呈现出"言—辞—体"的语言形态，为"文言"（书面语言）；由口而发，融于生活，追求言辞的表现力和声音的感染力，依照情感变化来说话，呈现出"言—情—体"的语言形态，则为"口语"（口头语言）。

> 所谓立言之宗旨者：心生言立，言立文明，生民有初，兹事即著。然古人之言，其旨也公；后人之言，其旨也私。言或同而所以为言则不同。此不可不审也。①

就"立言"之宗旨而言，"文言"与"口语"构成"言"的双重结构，确立了相应的秩序、规则及预期，经"事体—语体—文体"的转换，衍生出不同的言说方式和话语形态（"公"或"私"）。"文言"组成各体文章，注重典故、骈骊对仗、音律工整，包含策、诗、词、曲、八股、骈文等。"口语"也形成了相应的文体，浅显通俗、明白易懂、富于变化，包含变文、语录、话本、拟话本、小说等。

"言"成为"体"的生成基础和建构路径，"立言"成为"得体"的必要前提和运转规则。李渔《闲情偶寄》："尝怪天地之间有一种文字，即

① 程千帆：《言公通义——章学诚学术思想综述之一》，《南京大学学报》1982 年第 2 期。

有一种文字之法脉准绳。"① 每一种文字都有其法脉准绳（文体特性与规范结构）载其中。这种特性、规范是人们受思想支配而表现在外的活动，反过来又影响写作者的思维与行为，具有相当的感召力和认同度。《文心雕龙·原道》："心生而言立，言立而文明，自然之道也。"② 于是，各种文章在"言—辞—体"和"言—情—体"的发展运演过程中，形成自身的特性（表现为"字""句""章""篇"），建立相对稳定而精致的规范和结构。葛洪《抱朴子·行品》："摘锐藻以立言，辞炳蔚而清允者，文人也。"③ "立言"侧重文案写作和辞章结撰的表达能力，强调文采、藻饰、音律之美。作为"得体"的关键标志，所立之"言"也须精练扼要。《文心雕龙·书记》："随事立体，贵乎精要，意少一字则义阙，句长一言则辞妨，并有司之实务，而浮藻之所忽也。"④ 正是出于对"立言"的重视，古人对"立体"的实践就落实于"言"之"音""形""象""意"等方面，而兼及"才"（艺术才能）、"气"（性格气质）、"学"（学识修养）、"习"（生活习染），由此培育出的语言品格、语言秩序及语言素养，成为文体之"体"的人文源头和原始动力。

由"立言"而论，所谓"得体"，即言语、行动得当，恰当，恰如其分。《礼记·仲尼燕居》："官得其体，政事得其施。"孔颖达疏："谓设官分职，各得其尊卑之体。"⑤ 在传统思想文化中，"得体"一词原指仪容、服饰、举止等与身份相称，后指言行得当、恰如其分。《旧唐书·吕元膺传》："元膺学识深远，处事得体，正色立朝，有台辅之望。"⑥ 此"得体"指注意分寸，掌握火候，坚持适度的原则，即根据语境、情境及规矩而把握合适的"度"（呈现为具体的"言"）来指导言行举止。洪迈《容斋随笔（三笔）·四六名对》："四六骈俪，于文章家为至浅，然上自朝廷命令、诏册，下至缙绅之间笺书、祝疏，无所不用。则属辞比事，固宜警策

---

① （清）李渔：《李渔全集》第 3 卷，浙江古籍出版社，1991，第 2 页。
② （南朝梁）刘勰撰，范文澜注《文心雕龙注》上册，人民文学出版社，1958，第 1 页。
③ （晋）葛洪撰，杨明照校笺《抱朴子外篇校笺》上册，中华书局，1991，第 536 页。
④ （南朝梁）刘勰著，范文澜注《文心雕龙注》下册，人民文学出版社，1958，第 460 页。
⑤ （清）阮元校刻《十三经注疏》，中华书局，1980，第 1613 页。
⑥ （后晋）刘昫等：《旧唐书》第 13 册，中华书局，2013，第 4106 页。

精切，使人读之激昂，讽味不厌，乃为得体。"① 此"得体"指在"立言"
"立论"中合乎"体统"，称乎"体制"，不得有违大局、事理，不得异乎
所用体裁特征和语体特征。《宋史·岳飞传》："飞还兵于舒以俟命，帝又
赐札，以飞小心恭谨、不专进退为得体。"② 此"得体"指行为举止合乎规
范，与"礼貌原则"相结合，庄重、谨慎而又从容。张邦基《墨庄漫录》
卷七："优词乐语，前辈以为文章余事，然鲜能得体。……凡乐语不必典
雅，惟语时近俳乃妙。"③ 此"得体"是本色的意思，合乎"体"之本来
面目（表达方式、语气口吻、文风辞藻等）。以教坊乐语之"言"为例④，
其语言风格"俳谐通俗""明白晓畅""达意宣情""工丽切当"方可视为
"得体"。洪应明《菜根谭》："文章做到极处，无有他奇，只是恰好；人
品做到极处，无有他异，只是本然。"⑤ 这里的"恰好"与"本然"正是
对"立言"的描述，也是"得体"的显著特征。

在中国古代文学批评中，"言"的性质往往涉及"体"的性质，撰制
之时稍不注意，就会引起言辞的变异（如信息的改变、失落、误读、过
滤）⑥，导致某种程度的"立言失体"。《宋书》："爰逮宋氏，颜、谢腾声。
灵运之兴会标举，延年之体裁明密，并方轨前秀，垂范后昆。"⑦ 此"体裁
明密"指颜延之诗歌守于规范、章法紧密，类于典章制度。就此而言，语
言朗丽明密，则可视为"得体"。各体文章对"言"都有明确要求，也都
有质的规定性。《文心雕龙·定势》："章表奏议，则准的乎典雅；赋颂歌
诗，则羽仪乎清丽；符檄书移，则楷式于明断；史论序注，则师范于核
要；箴铭碑诔，则体制于弘深；连珠七辞，则从事于巧艳。"⑧ "定势"是
对"言"的深化和落实，在"立言"中呈现为相对统一的基调，"并总群

① （宋）洪迈：《容斋随笔》（三笔），上海古籍出版社，2015，第 283 页。
② （元）脱脱等：《宋史》第 33 册，中华书局，2013，第 11392 页。
③ （宋）张邦基撰，孔凡礼点校《墨庄漫录》，中华书局，2002，第 203 页。
④ 任竞泽：《论宋人教坊乐语的文体特征》，《云南社会科学》2010 年第 3 期。
⑤ （明）洪应明著，杨春俏评注《菜根谭》，中华书局，2013，第 178 页。
⑥ 张杰：《变异学：人类文明交流与互鉴的规律》，《中国社会科学报》2020 年 6 月 11 日。
⑦ （南朝梁）沈约：《宋书》第 6 册，中华书局，2013，第 1778 ~ 1779 页。
⑧ （南朝梁）刘勰著，范文澜注《文心雕龙注》下册，人民文学出版社，1958，第 530 页。

势"而又不违"总一之势"。语言（意象、典故、用字）是否"得体"，
必然会影响文章的整体状态。作者所定之"体"的风格，自然也包括所立
之"言"的风格。例如，记叙类文章的语言，要求明白晓畅，形象生动；
论说类文章的语言，要求清晰严密，庄重有力；描写类文章的语言，要求
细腻传神，曲尽其妙；抒发类文章的语言，要求挚切深沉，刚柔相济。①
就"立言"之宗旨而言，"得体"当是得其语言表达方式、情感表达方式
和文章表达方式。

二 洞晓情变，曲昭文体

"得体"的根本意义就是得其"事体—语体—文体"的内在规律。
"体"原指按一定规律组织起来的躯体架构，后以之立"言"、明"文"、
环"情"②，并衍生出"体要""体性""体制""体式""体貌""体裁"
"体格""体类"等概念范畴，形成一系列的作述之情态，其主要目的就在
使为文者明确不同文体的体制规范和写作要求。在"立体""昭体"过程
中，"得体"既是内容上的要求，也是文辞形式上的要求。就传述而言，
"不得体"就会导致"失体"，陷入"谬体""讹体"的窠臼。《文心雕
龙·诠赋》："情以物兴，故义必明雅；物以情观，故词必巧丽。"③ 情感由
事物所引起，内容必要明了雅致；事物通过情感体现，文辞必要巧妙华
丽。"情"成为"体"的内在基础，并勾连"心""言""文"等要素，建
构出"体"的文化空间和情感空间，形成所共同接受的规范和准则。

历来为文者之所以能够"得体"，在于临文之际"触兴致情，因变取
会"，进而"拟诸形容，则言务纤密；象其物宜，则理贵侧附"④，通过
"言辞"的选择和使用而形成种种具体的情形状况。在文体的匹配和参酌

---

① 张会恩：《试论"立言得体"》，《殷都学刊》1984 年第 4 期。
② 文爽：《"环情草调"与"声得盐梅"——〈文心雕龙〉"声味"观刍议》，《北京社会科
　学》2018 年第 8 期。
③ （南朝梁）刘勰著，范文澜注《文心雕龙注》上册，人民文学出版社，1958，第 136 页。
④ （南朝梁）刘勰著，范文澜注《文心雕龙注》上册，人民文学出版社，1958，第 135 页。

中，对"得体"这一问题，须考察清楚其生成、接受、传播的历史过程与复杂形态，"非穷理尽性者，不能知其指归，非原始见终者，不能得其情状也"。① 在一定条件下，客观事物的发展过程及其规律反映到作者的主观世界中，经过人脑的过滤、提炼和加工，凝聚为一定主题或表达某种情绪意旨，发为言辞进行交流时，必定选择特定的时间、空间、地点、人事，外化为一定的表达形式和表达方式。② 值转换生新之际，在"旧体"与"新体"的流通中，原有的文体结构、文体形式、文体语言、文体风格等均有某种程度的借鉴意义。虽然说"旧体"会对"新体"产生"渗透诱发"③ 影响，但是未必对"新体"的生成起到决定性的作用。因为作家在进行文学创作和文体书写时，都是从客观世界的实际和思维世界的实际出发去运用某些原有的"语体""事体"，能否"得体"或在多大程度上"得体"，其间有着极大的灵活性，也有着极广阔的解读空间。

所谓"得体"，就是旨在得文体的内在规定性和外在指向性，形成一系列的著述传统和书写原则：既沿着"因情立体，即体成势"④ 的技术路线而逐步展开，呈现为"才、气、学、习"的综合素质和综合能力，又沿着"外文绮交，内义脉注"⑤ 的组织结构而积极推进，呈现为"文、野、雅、俗"的价值谱系和价值秩序。古人对"得体"的把握和运用，对"失体"的判断和省察，往往都是聚焦于"体"这一概念上的，以探讨其边界、范围和限度为主。

虽然说中国古代文体观念及其形态表现出较为明显的复杂性、多义性和模糊性，由文体之"公"与"私"、"内"与"外"、"真"与"伪"等问题引发诸多解读和论述，但是基本上遵循着"先文后笔、先源后流、先公后私、先生后死、先雅后俗"等基本规则。这些规则分别体现了文体之"体"的"语体特征、时间特征、空间特征、功能特征和审美特征"，并分

① （晋）葛洪撰，王明校释《抱朴子内篇校释》，中华书局，1985，第284页。
② 张会恩：《试论"立言得体"》，《殷都学刊》1984年第4期。
③ 余恕诚：《"一代有一代之文学"与文体间的交流互动》，《光明日报》2005年5月27日。
④ （南朝梁）刘勰著，范文澜注《文心雕龙注》下册，人民文学出版社，1958，第529页。
⑤ （南朝梁）刘勰著，范文澜注《文心雕龙注》下册，人民文学出版社，1958，第571页。

别根植于中国古代的学术观念、历史观念、宗法观念、伦理观念和审美观念。① 如此，"得体"问题成为古人作述的首要问题，即按照"以求得为失"和"以矫失为得"②的原则来"谈议文章利病得失，甲乙篇章品次优劣"③，并在"言说方式—文辞方式—文本方式"的得失转换中，涉及文体内部的公私之别、内外之辨、真伪之争。

> 自私学朋兴，言公义泯，百家腾说，寝失其方。公私之别既严，真伪之争乃起。宋明迄清，辨伪遂成鸿业。其术密粟，近世称焉。然古人贯道之文，无取虚理；口耳之传，胜于文字；专家之学，不重主名；诸子之言，每存旧典。述作之情，大异后来。……前人之蔽，误伪为真，时人之缪，诬真为伪。④

实际上，所谓"得体"观念，正是出于对"前人之蔽，误伪为真，时人之缪，诬真为伪"的辩证认识和深刻把握。文章作述并非刻板不变成为固定形式，而是具有灵活的联动机制，由"声音""文字"而"著述"，或由"足言""明志"而"贯道"，其间"防弊""纠谬"可自由拆卸组合，具有相当的延展性和实践性。在一定条件下，满足"得体"条件的文章形态也会发生位移改变，由"旧体"入"新体"，并与"失体"相交织，从而产生一些新奇效果，如"分化与综合、限制与超越、对流与融通、熟悉与陌生、陈旧与新颖、固有与超越"。⑤

　　一个值得关注的现象是，在具体的创作传述中，"得体"观念并没有固定的定义和模式，只是一种论"体"的规约意识，力求"掌握分寸、恰到好处"，往往取决于作家的驾驭能力和表达能力。文体规则从来不是限制作家的创作和书写的，而是出于对文体的确立和发展，对传统的认同和遵守，容纳丰富的写作技巧、艺术手法、创作风格，助力于中国古代文体

---

① 郭英德：《论"文选"类总集文体排序的规则与体例》，《北京师范大学学报》2005 年第 3 期。
② （宋）叶适著，刘公纯等点校《叶适集·水心别集》，中华书局，1961，第 789 页。
③ 党圣元：《"辨体明性"与传统文体批评》，《中国社会科学报》2021 年 10 月 21 日。
④ 程千帆：《言公通义——章学诚学术思想综述之一》，《南京大学学报》1982 年第 2 期。
⑤ 谷曙光：《关键词解读古代文体的新维度》，《光明日报》2016 年 6 月 13 日。

观念的疆域拓展与范式转型。所谓"得体"之"得"，既是对"循体成势"与"随变立功"①的要求，也是对"洞晓情变"与"曲昭文体"②的要求，解决的问题也就是"得"之"度"的问题，涉及有形与无形、被动与主动、感性与理性、瞬间与延续等层面，呈现为不同因素（如立意、选材、结构、形式、语言、视角、修辞等）的较量、妥协、互化。

所谓"得体"之"度"是由不同文体的特点所决定的。

> 是以模经为式者，自入典雅之懿；效《骚》命篇者，必归艳逸之华；综意浅切者，类乏酝藉；断辞辨约者，率乖繁缛。③

在作述过程中，作家同时面临"辨体明性"和"立体选文"的两重任务，也就是文体观念"说什么"（言说内容）和"怎么说"（言说方法）④ 的问题。凡是取法于儒家经典的作品，必有典正高雅的特征；仿效《楚辞》的作品，必有艳美飘逸的特征；内容浅近的作品，缺乏含蓄委婉的特征；措辞简明的作品，缺乏辞采繁多的特征。无论先解决哪一重任务，实际上都存在着一个"度"（法度、限度），即恰如其分地握住"言、意、辞、情"之"度"，选择合适的"言说方式—文辞方式—文本方式"，作为文体之"体"的规约与标准。在以一种样式表现一种情致时，"得体"形态是由"情致"和"文势"共同体现的。由于得到文章体势的规范，"情致"跃动飞扬而不至于泛滥；由于得到创作主体的驾驭，"文势"充满张力而不至于生硬，如此，可视为"得体"。无论哪一个层次上出现"过"或"不及"的情况，都会导致"失体"的出现。

那么，又该如何理解中国古代文学批评中"得体"的对立面？作家临文创作之际，情致妄动，该"摹经"时反而"效骚"，该"效骚"时反而"摹经"；错会体势，认为"壮言慷慨"才会产生"风力"，不识"嬉笑之

---

① （南朝梁）刘勰著，范文澜注《文心雕龙注》下册，人民文学出版社，1958，第530页。
② （南朝梁）刘勰著，范文澜注《文心雕龙注》下册，人民文学出版社，1958，第514页。
③ （南朝梁）刘勰著，范文澜注《文心雕龙注》下册，人民文学出版社，1958，第530页。
④ 李建中：《中国文论：说什么与怎么说》，《长江学术》2006年第1期。

怒，甚于裂眦，长歌之哀，过于恸哭"①；曲解"循体"，把体势曲解成生硬、单板的"定体"，把积极的适应曲解成消极的固守。② 要想创作出符合"得体"标准的各体文章，创作者应从"文体"的内部要素出发，把握好"言、意、辞、情"之"度"，也就是要满足刘勰所强调的"情深而不诡"（感情深挚而不诡谲）、"风清而不杂"（文风纯正而不杂乱）、"事信而不诞"（叙事真实而不虚诞）、"义直而不回"（义理正直而不歪曲）、"体约而不芜"（文体简约而不繁杂）、"文丽而不淫"（文辞华丽而不过分)③ 等方面的要求。

中国古代文学批评中的"得体"观念，指形式要求与内容要求的高度契合，由"情致"而立，由"文势"而出；由"事理"而达，由"应变"而明，最终要落实到文章体制的层面。就创作传述而言，"文各有体"即"体"各有分工、各司其职。诸"体"相互为用，从文体描述发展为文体批评，从文体实践发展为文论认证，构成相应的文体谱系和辞章形态，"既是对各种文体进行源起、形体等描述，更重要的是对文体间的因果关系、相互影响进行论证"。④ 于是，"情"（情理、情性、情志）和"采"（对偶、声律、辞藻）在"得体"论的框架中建立关联。无论是以"情"唤"采"，还是以"采"附"情"，抑或"情""采"并茂，都属于"得体"的具体表现。

所谓"得体"之"度"，也就是要"联辞结采"，即"设谟以位理，拟地以置心，心定而后结音，理正而后摛藻，使文不灭质，博不溺心"。⑤ 以"得体"审视文学创作，那便是根据创作规范来安排所要表达的内容，拟定文章要求来处理所要抒发的感情，遣词造句于感情明确之后，铺陈辞藻于思想确定之后，使得文采不致遮盖内容，征引不致淹没情感。一定的

① （宋）洪迈：《容斋随笔》，上海古籍出版社，2015，第9页。
② 梁道礼：《中国古代文论对"艺术精神转型"的理论自觉》，《陕西师范大学学报》2008年第2期。
③ （南朝梁）刘勰著，范文澜注《文心雕龙注》上册，人民文学出版社，1958，第23页。
④ 胡大雷：《古代文体谱系论》，《中山大学学报》2018年第1期。
⑤ （南朝梁）刘勰著，范文澜注《文心雕龙注》下册，人民文学出版社，1958，第538~539页。

文章内容须有一定的衡量标准，而符合一定衡量标准的文章内容又讲求一定的语言艺术。为此，中国古代文学批评中的"得体"并不囿于一种结构、惯例和传统，"有时须繁，有时须简，有时宜粗，有时宜细，有时尚显，有时尚隐，有时应实，有时应虚，有时该重，有时该轻，有时要亢，有时要卑，有时主厉，有时主和，有时求雅，有时求俗"。①

事物各有特性和规律，作家各有情志和意趣，临文创作之际，出口成章，下笔为文，无不协调、融洽，是为"得体"；反之，则为"失体"。章学诚《文史通义》指出："凡为古文辞者，必先识古人大体，而文辞工拙，又其次焉。不知大体，则胸中是非，不可以凭，其所论次，未必俱当事理。"② 这里所说的弊病，乃是撰写古文"不知大体"，不识文章大体（义理、纲要），逾越了古文之法度，多指文章写作或失实，或浮夸，或空洞，或庸腐，或繁杂，或剽袭。鉴于此，"得体"就是要得文章结构和文章内容之大体，顾识大局、辨别主次、理清头绪，在创作过程中"操纲领，举大体"。③ 得体为益，失体为弊。刻意追求"得体"而文章再造，无论是在"新体"中裁剪、合并"旧体"，还是在"旧体"中开拓、创建"新体"，都会容易偏离文体之法度，导致"欲益而反弊"④ 的结果。因此，凡写各体文章，循其事理而动，顺其本性而行，不得主观臆断、凭空猜测方能"得体"；倘要肆意妄为，强行比附，不识大体，有违事理，即为"失体"。

三　类例既分，文体自明

从文体学传统来看，"类例"指文体分类的标准和方法、文体排序的规则和体例。"得体"是对文体之类例的描述和限定，由"得"而知"体"，由"体"而证"得"，在为文过程中落实为字、词、句、章，落实为制、式、貌、类，从而成为文体写作（如"择体""观体""铸体""昭

---

① 张会恩：《试论"立言得体"》，《殷都学刊》1984 年第 4 期。
② （清）章学诚著，叶瑛校注《文史通义校注》上册，中华书局，1985，第 504 页。
③ （晋）陈寿撰，（宋）裴松之注《三国志》第 3 册，中华书局，2013，第 645 页。
④ （金）王若虚著，胡传志、李定乾校注《滹南遗老集校注》，辽海出版社，2005，第 9 页。

体"等阶段）的重要内容。

> 六艺九流，自为部次：七略四库，代有异同。其间出入分合，前
> 人究之详矣。……若绳以公私之义，则经之于史，古人公言之所存
> 也；子之与集，后人私言之渐集也。史乃经之本，集则子之流。①

面对为数众多的文体形态，只有对文体进行分门别类而使其有序化呈现，
探其源流，观其发展，然后汇同一体，才能在宏观、中观与微观三个方面
认识文体潜在的体系与层级。② 在宏观层面，古代文体以"心""言"
"文"为主轴，以"行为方式—言说方式—文本方式"为序列；在中观层
面，文体之间通过相资相生、相互竞争、相互融通等形式彼此关联；就微
观而言，文体自身会因作者、作品、时代、地域、学派之异而有所区分。
通过类例之依据，可清楚地理解"得体"潜在的格局，即结构合理，形式
合宜，归类合适。

顾尔行《刻文体明辨序》："陶者尚型，冶者尚范，方者尚矩，圆者尚
规，文章之有体也，此陶冶之型范，而方圆之规矩也。"③ 古人认为文章写
作须遵循文体规范，即"合型""合范""合规""合矩"，确立相关的体
类和体例。文章之"类例"成为由"分体"而"知体"、由"明体"而
"得体"的基本依据。既然"设文之体有常，变文之数无方"④，那么，为
文者何以做到"得体"？郑樵："类例既分，学术自明。"⑤ 唯有通过类例
之依据，汇聚众家，编选众体，选择典范的、优秀的作品来领悟写作理论
和各种文体规范。《颜氏家训·文章》："自古执笔为文者，何可胜言。然
至于宏丽精华，不过数十篇耳。"⑥ 所谓"学为文章"，通过对前人作品的
借鉴和融合，由"分类""归类"出发，深入了解每一类文体的缘起、功

---

① 程千帆：《言公通义——章学诚学术思想综述之一》，《南京大学学报》1982 年第 2 期。
② 袁劲：《中国文论关键词的体系与层级》，《青海社会科学》2019 年第 6 期。
③ （明）徐师曾著，罗根泽校点《文体明辨序说》，人民文学出版社，1962，第 75 页。
④ （南朝梁）刘勰著，范文澜注《文心雕龙注》下册，人民文学出版社，1958，第 519 页。
⑤ （宋）郑樵撰，王树民点校《通志二十略》，中华书局，1995，第 1806 页。
⑥ （北齐）颜之推著，（宋）赵敬夫注《颜氏家训》，颜敏翔校点，上海古籍出版社，2017，
　　第 109 页。

用及体制特点、写作要求，便有可能达到"不失体裁，辞意可观"的标准。然而，"得体"并不意味着要固守一体，定于一尊，在"效体""辨体""破体"时切忌生搬硬套、墨守成规。袁枚《续诗品·著我》认为："不学古人，法无一可。竟似古人，何处著我。"① 如果不向古人借鉴，就没有类例可以遵循；如果刻意和古人求同，那么也就失去了自我独立性。

在中国古代文学批评中，文论家论文体，非常重视文体对写作活动的规范作用，不约而同地强调掌握文体的重要性和必要性。然而，各体文章的体例、体式并非一成不变的，而是与"有"与"无"、"尊"与"破"、"得"与"失"等问题相交织，进一步呈现为"接受规范"和"拒绝规范"的交叉过程。王若虚《文辨》："或问：文章有体乎？曰：无。又问无体乎？曰：有。然则果何如？曰：定体则无，大体须有。"② 所谓"体"就是文章的体例、结构、章法，也是为文者所要遵循的基本规则。文章写作没有一定之规，也没有固定不变的框架、模式、套路。如果出于"得体"的考虑，非要用一个固定的类例来限制文章创作的话，甚至规定必须"是什么""写什么""怎么写"，那么只会导致文体的僵化衰落、封闭自囿，也使得其片面化、教条化、机械化。"世间万物都有其运行的规律，只不过有的比较明显，有的比较隐晦；有的比较明晰，有的比较含糊；有的比较刚性，有的比较弹性。"③ 文章创作属于比较隐晦、含糊、弹性的一类，所以说"得体"是一种动态的过程，也有可能是酝酿"失体"的潜在状态。

文无"定体"，实有"大体"。"大体"可视为对"得体"的预设，即"体"的布局、结构、立意、语言，有的属于文体之间的共性特征，有的则是一种文体区别于其他文体的个性特征。胡应麟《诗薮》："古诗窘于格调，近体束于声律，惟歌行大小短长，错综阖辟，素无定体，故极能发人才思。"④ 就文体功能而言，不能"发人才思"的形式是必须加以扬弃、改

---

① （清）袁枚著，郭绍虞集注《续诗品注》，人民文学出版社，2005，第176页。

② （金）王若虚著，胡传志、李定乾校注《滹南遗老集校注》，辽海出版社，2005，第427页。

③ 徐可：《定体则无，大体须有——散文创作之我见》，《中国文艺评论》2019年第5期。

④ （明）胡应麟：《诗薮》，上海古籍出版社，1979，第55页。

造和突破的，是"不得体"的。"素无定体"的观念，也属于"得体"论的一环，并不影响"大体须有"的实现。这就需要为文者同时兼顾"己"之"才"与"体"之"法"①，相互调节，熔铸经史，驰骋才智，运用技巧，来进行文章创作和文体实践。姚鼐《与张阮林书》："文章之事，能运其法者，才也；而极其才者，法也。古人文有一定之法，有无定之法。有定者，所以为严整也；无定者，所以为纵横变化也。"② 经由"法"的规训与整合，"有""无"相济，"得""失"相待，古代文体表现出相当的复杂性、多义性和不确定性。因此，要想把握文体特点，发挥文体优势，当然不能像"照葫芦画瓢"那样来仿效制作某类文体，仅仅拘泥于"体"之形似，忽略了"体"之神似，而应从"读、思、悟、写"中细加品味，方知"得体"之奥妙。

作为一种批评观念，"得体"何以融入诗文评领域，发挥量体裁衣、相题立格的功能，校正"体类""体例"之偏差。鉴于"文体是写作实践中反复出现并被恪守的一种预构模式和隐形框架"③，所谓"得体"之"得"则是以写作经验为基础来建构文体事实，也就是得文章之"规矩"，主要涉及体裁规范、语体创造和风格追求等方面。中国古代文学批评中的"得体"论把"正体制"视为创作构思首先考虑的问题，这一观念乃是"对不同文体模式的自觉理解、熟练把握和独特感受，是对读写实践的一种能动的再认识"。④ 在"得体"的预期中，文体的主要功能在于为写作提供"编码—解码"的程序，呈现出不同的组合程序和排列格式。各体文章的语言模式、内容图式、结构形式，正是这些程序的集中体现和直接负载，也是在长期实践中形成的模式惯例和体式传统。

在创作过程中，从写作动机的孕育到题材内容的摄取，从构思设计的安排到表现手法的处理，从语言风格的呈现到修辞技巧的运用，一系列环

---

① （明）汪道昆：《太函集》第 1 册，胡益民、余国庆点校，黄山书社，2004，第 1 页。
② 贾文昭编著《桐城派文论选》，中华书局，2008，第 131 页。
③ 凌焕新：《论写作的文体感》，《南京师大学报》1994 年第 4 期。
④ 金振邦：《文体学》，东北师范大学出版社，1994，第 69 页。

节都表现出"得体"的策略性要求。① 那么，"得体"何以落实为具体情状呢？为文者须根据所要表达的内容，在学习和借鉴前人经验的基础上，调动自身的"才、气、学、习"或"才、胆、识、力"，选择恰当的语言模式、内容图式、结构形式，从众家、众体中建构出"体一分殊"的文体观念（文体总合，统于"整体"之"体"；文体分殊，归于"个体"之"体"）。《文镜秘府论·论文意》："凡文章体例，不解清浊规矩，造次不得制作。制作不依此法，纵令合理，所作千篇，不堪施用。"② 如果不遵守文体规范和体例要求，那么写作就成了"信笔涂鸦"式的"猎奇"和"炫技"，很难实现既定的写作意图和审美理想。就文体流变而言，"大体"是文体最基本的类例，也就是"得体"论所强调的文体传统，即具体的规格和要求。《文镜秘府论·论体》："故词人之作也，先看文之大体，随而用心，遵其所宜，防其所失，故能辞成炼窍，动合规矩。"③ 在实践过程中，"遵其所宜，防其所失"正是文体所恪守的模式和框架，"尊"与"防"、"宜"与"弊"、"得"与"失"等问题相互交织，一方面以"博雅、清典、绮艳、宏壮、要约、切至"为"得体"现象，一方面以"缓、轻、淫、阑、诞、直"为"失体"现象。

在类例方面，"立辞而不明其类，则必困矣"。④ "得体"不仅是一种预期的行文状态，校正观念、行动和方向，体现出"结体、命意、练句、用字"⑤ 的规范要求；也是一种潜在的文本域限，框定文体，裁制篇幅，强调"咏物、抒情、叙事、言志"的分寸感和适度感。薛雪《一瓢诗话》："得体二字，诗家第一重门限，再越不得。"薛氏将"得体"视为创作的门限，这一原则不可逾越。所谓"得体"，一是指符合体制规矩，"澄心静虑，玩索穷研，以求必得"；二是指灵活遵守创作法则，"不为法转，亦不

① 崔正升：《写作教育新论》，中国书籍出版社，2018，第122～123页。
② 〔日〕遍照金刚撰，卢盛江校考《文镜秘府论汇校汇考》下册，中华书局，2015，第1315页。
③ 〔日〕遍照金刚撰，卢盛江校考《文镜秘府论汇校汇考》下册，中华书局，2015，第1386页。
④ （清）孙诒让：《墨子间诂》下册，孙启治点校，中华书局，2001，第413页。
⑤ 张健编著《元代诗法校考》，北京大学出版社，2001，第33页。

为法缚"；三是指创作个性与文辞风格相对应，"天之所赋，气之所禀"，一种个性有一种个性之文辞风格。① "得体"之期待不是对创作的限制和约束，而是对创作的引导和启发，展现出恰当适度的文体意识和文体策略。无论是选材立意，还是谋篇布局，抑或遣词造句，"得体"观念都起到了一种潜在的"量度"作用。《文心雕龙·知音》："是以将阅文情，先标六观：一观位体，二观置辞，三观通变，四观奇正，五观事义，六观宫商。斯术既形，则优劣见矣。"② 作为衡文标准，"得体"源于六观的整体协作，由"博观"而"约取"，由"知宗"而"用妙"，以此接纳创作过程中的变化、矛盾和冲突。位体、通变、事义属于作品内容，置辞、奇正、宫商属于作品形式。只有从内容到形式、从整体到局部都做统筹考虑，才能妥帖匀称、恰到好处。

中国古代文学批评中的"得体"论，既保证了作者能够充分运用想象力、直觉力、洞察力来进行"编码—解码"程序，涉及体裁的安排、辞句的运用、手法的因革、表达的标识、典故的选择、音节的处理等具体方面，又维护了作者对文体观念的认知力、理解力、判断力，设计新规则，打破旧机制，不拘泥于既有的体类和体例，把不同文体的优长综合到同一文体中，熔铸出"意以经之，气以贯之，辞以饰之"③ 的名篇佳作。所谓"学文须熟看韩、柳、欧、苏，先见文字体式，然后更考古人用意下句处。学诗须熟看老杜、苏、黄，亦先见体式，然后遍考他诗，自然工夫度越过人"。④ 在"效体"与"辨体"中，作者对众家、众体所具有的性质特点了然于心，归纳出各种语言模式、内容图式、结构形式，自觉地对"体"（体制、结构和格式）进行取舍、加工、改造。因此，中国古代文学批评中"得体"论的目的就在于确立文体的辨识度和认可度。

① （清）薛雪：《一瓢诗话》，杜维沫校注，人民文学出版社，1979，第 102、117、143 页。
② （南朝梁）刘勰撰，范文澜注《文心雕龙注》下册，人民文学出版社，1958，第 715 页。
③ （明）徐师曾：《文体明辨序说》，罗根泽校点，人民文学出版社，1962，第 80 页。
④ （宋）陈鹄：《西塘集耆旧续闻》，郑世刚校点，上海古籍出版社，2012，第 91 页。

再论"美的本质"命题的重要性

谢欣然

(陕西师范大学文学院)

摘　要　作为美学研究中的斯芬克斯之谜,有关美的本质的界定历来众说纷纭,莫衷一是。毋庸置疑的是美的本质问题在美学学科建设中具有核心地位,对它的思考也为解答和分析美学问题指明了一条夯实基础的路径。唯有以此为立场来研究美的本质,才能真正避免将美的本质视作无用的狭隘认知。同时,在传统意识哲学、现当代语言哲学关于美的本质的探讨屡屡失足的情况下,马克思主义的实践转向给美的本质注入了新的生机,为解密美的本质提供了切实可行的逻辑进路。实践论美学在对美的本质进行阐释的基础上为美学研究找到了一条多元化、开放型的致思理路,保证了美学研究的科学性及合理性。有鉴于此,建基于"实践论美学"的"美的本质"命题不会也不应被随意地"告别"与"终结"。

关键词　美的本质　实践论美学　斯芬克斯

关于"美的本质"问题的思考是一个亘古常新的话题,作为中国当代美学的核心问题,诸多美学家的思考论域都以此为基点展开。美学家们对美的本质的思考是以对美进行定义的方式展开的,不同对美定义的方式构成了不同美学学派的论述依据。例如,20世纪50年代到60年代美学大讨论中发展起来的美学学派就是根据对美的本质的不同看法来划分的。对于美的本质的探讨也已赓续两千多年,美是主观的、美是客观的、美是主客统一等观点不断交替出现,至今众说纷纭,歧见迭出。正如哈罗德·奥斯本所言:"今天的美学虽然已经有了大量的、愈来愈成熟的著作,但无论是讲演或者著作中,关于美的问题的论述,比起柏拉图所生活的那个时代来却并不是有更多正确的意义,而无意义的胡扯倒是不少的。"① 美的本质这个犹如哥德巴赫猜想一样的问题,看似简单但要证明却非常之难。围绕美的本质问题的探讨又复现为一股争论之势,本文再次回返这一美学体系话语言说的原点,以期透过各方的观点而发现更深层次的问题。

一 "美的本质"之谜何以难解

美的本质作为美学研究无可规避的问题,源于古希腊哲学对于本体论的追求精神,即透过现象追寻本质的精神。古希腊人认为,任何事物及现象的背后都有其共有的东西,这个共有东西的存在构成了理论思考的对象。对于美和审美而言亦是如此,他们认为,只有掌握了美的本质,才能理解一切美的现象。寻找这个本质性的东西,并以此为基础来把握一切具体的美,这便是美学的任务。柏拉图作为西方美学本体论阶段的奠基者,在《大希庇阿斯篇》《斐德罗篇》《会饮篇》中均可看到他对美的本质的论述。在他看来,"美"与"美的"是两个截然不同的概念,这一区分初步将美学本体论和美学现象论划分界限。"美"(beauty)在词性上是名词,在理论上属于本体论,所要回答的是美之所以成其为美的本质。"美的"(beautiful)是形容词,其任务是描述对象的形态特征,属于现象论,所要回答的是对象具备怎样的形态特征才可能是美的。柏拉图认为,美本身是"永恒的、无始无终、不生不灭……是那个在自身上、在自身里的永远是唯一类型的东西,其他一切美的东西都是以某种方式分沾着它,当别的东西产生消灭的时候,它却无得亦无失,始终如一"。② 总括起来说,"美"是使一切事物成其为"美的"根本品质,是唯一的、完全的、绝对的美。本体论美学在西方有着悠久的历史,柏拉图给西方美学规定了美学的核心

① 朱狄:《当代西方美学》,人民文学出版社,1983,第164页。
② 〔古希腊〕柏拉图:《柏拉图对话集》,王太庆译,商务印书馆,2004,第337~338页。

任务是寻找"美本身"，这个"美本身"具备抽象属性，并非感性具体的个别事物，而属客观的本质规律，这一追问形成了西方以美的本质为核心来研究审美对象的美学。其中，影响较大的有亚里士多德的"美是客观事物的感性形式"、康德的"美是道德的象征"、黑格尔的"美是理念的感性显现"、马克思主义美学指出的"美的本质"根源于"人本质力量的对象化"等。我国学人也相继针对"美的本质"提出了"审美活动是人借助于人化对象而与别人交流情感的活动""对象化了的情感就是美""美就是美感，美是主客观的同一"等观点。

自古希腊伊始，无数哲人试图从丰富多彩的审美现象入手揭示美的本质之谜，但无论怎样权威性的皇皇巨制都未能给出令人完全信服的回答。因为柏拉图从美本身出发的研究方式极易蜕变成一种抽象的形而上学，从而丧失对具体、鲜活的审美现象进行诠释的能力；亚里士多德的单从美的外在和具体对象出发的研究方式会造成对美的超越性、超验性等内涵的忽视；"审美活动是人借助于人化对象而与别人交流情感的活动""对象化了的情感就是美"等观点只是认为审美是一种社会性的以供交流的情感，是就审美所产生的"社会效应"来论说的，并非对审美所做的本质规定；"美就是美感，美是主客观的同一"只是阐述了"美"的非实体属性，将"美"与"美感"完全画上等号则又否认了"美的本质"。由是言之，对美的本质的多样化探讨不仅没有解决其根本问题，反而使这一问题的解决显得愈加困难，所以有些研究者知"难"而退，对此问题采取了较为普遍的回避。实际上，当代西方美学的研究重心已从美的本质转移至审美经验、审美心理的探讨上。这种经验主义美学虽然对于美学学科发展同样具有方法论意义，但是它们对错综复杂的美的现象的主观阐释却使美学逐渐失去其科学品性，并暗藏衰落的危机。诚然，当代中国美学界虽无人公开支持这种悲观主义论调，但极少有人愿意正视美学的这种尴尬处境。在20世纪80年代国内学界兴起的"美学热"浪潮中，人性论、人道主义、共同美等系列问题成为讨论的核心，特别是马克思的《1844年经济学哲学手稿》给解决美的本质问题带来了曙光。但从80年代中期开始，美学主流派系的消解和美学主题的泛化，同样使中国美学的发展进入低谷。尽管对美的本质的破译似乎并不影响诸多部门美学继续发展，但若没有基础美学的支撑，那么对美的思考就很可能陷入主观主义和相对主义的泥淖之中。因此，要想深化和推进美学学科的长久发展，亟待澄清的观念就是承认和认识到"美的本质"问题的重要性。

二　现当代美学对美的本质的解构是否成功了

进入 20 世纪，随着实证主义、人本主义、分析哲学等方法论的崛起，有关"美的本质"问题遭到了整体性消解。逻辑实证主义主张用审美经验及艺术活动具体的、实证的研究替代关于美的本质的无意义的探讨。受实证主义影响的费希纳的实验美学，以科学的实证方式反对过去"自上而下"的形而上学，提倡重视"自下而上"的实验美学，认为不存在脱离具体艺术经验的美的本质，"美是什么"不取决于形而上的先验判断，而是取决于审美主体的经验评价。分析哲学则直接将美的本质问题视作一个既不能证伪也不能证实的旧形而上学命题，认为对这个问题的探讨并无意义，并试图从其繁复的语言分析中解构美的本质。海德格尔在早期就为美学奠定了一个存在论基础，他认为形而上学的古典形式是对形而上学的一种遮蔽。海氏与分析哲学一样批判传统哲学，但他的批判不是为了否定形而上学，而是为了让真正的形而上学彰显出来。把这种基本立场运用于美学，其观点就是，美的本质是存在的，但不是传统美学的追问方式所能问出来的，柏拉图的提问方式本身就是对美的本质的一种遮蔽。质言之，海德格尔同样消解了西方美学中关于美的本质的问题，海氏把美的问题建基在存在论之上，这样美的问题在本性上就是一个存在的问题，美的理性基础被存在所代替。现当代美学消解美的本质所采取的基本路数是将美的本质化解为艺术的本质；或者通过对艺术本质的重新诠释消解掉美的传统本质（这是海德格尔与伽达默尔等人的思路）；或者是干脆否弃艺术本质以彻底推翻美的本质（这是维特根斯坦等人的思路）。但是，由于他们所依仗的共同工具都是语言，语言依然是美的本质留存的最后堡垒。

毋庸讳言，现当代美学在对传统美学的解构与颠覆中进一步拓展了美学研究的论域，超越了传统美学中的知识性思维模式，将无意识、非理性、直觉、想象等多样化人文体验形式渗透到了美学研究中。美趋向于由客体向主体、由客观性向价值性、由形而上学向生活世界转化的内在之途。但是，这一消解与转换过程的不成功之处也表现在以下两点：（1）美的本质在向艺术本质的转换中失落了艺术所应当承载的审美理想，这其实也是现当代艺术观念变迁过程中值得深思之处；（2）在从美的客体主义、传统理性主义到主体审美体验活动的转向中，忽视了主体赖以存在的社会性及历史性，走向了反理性主义及个人主义，并最终走向了主体自我肯定与内省意识加深，而又无力面对自身日益物化的后现代式的悖论关系。从方法论层面来看，现当代美学对美的本质的解构不成功还归咎于它们对语言固守的态度。20世纪是"分析的时代"，这是学界的共识。语言分析哲学对传统美学本质的扬弃的确揭示了其中虚无的、无意义的一面，但也贸然断定其中非经验性的语词毫无意义。分析哲学崇尚工具理性压抑价值理性的做法只会带来语言分析丰富内涵的流失。实际上，语言分析与其说是对美的形而上学本质的解构，倒不如说是对其不可说性保持的逃避态度，而只可意会不可言传的沉默领域正是美及艺术活动的精髓所在。怀特说得好："形而上学的非理论性质本身不是一种缺陷；所有的艺术都有这种非理论的性质而并不因此就失去它们对于个人和对于社会生活的高度的价值。危险在于形而上学的欺惑人的性质；它给予知识的幻想而实际上并不给予任何知识。这就是我们为什么要拒斥它的理由。"① 语言哲学拒斥形而上学是可取的，但试图完全清除形而上学所承载的理论内涵的做法则是盲目的。

我们从现当代美学解构美的本质不成功中反观到，美的本质追问的人文学意蕴在于从最根本意义上表达出人类心性的一种终极期待与关怀——

---

① 〔美〕怀特：《分析的时代：二十世纪的哲学家》，杜任之主译，商务印书馆，1987，第223页。

它常常以审美理想的方式表达出来，但在现实层面上它又显现了主体间审美活动的共通性，因此必然要求获得一种社会性与历史性的言说渠道。同时，现当代西方美学解构美的本质不成功的另一个原因即在于对语言的固守，传统美学守住意识不放，现当代美学则守住语言不放，因此它所实现的只不过是另一种形式的形而上学观。

三　美的本质是否一种美学上的"本质主义"的思维方式

西方现当代美学在语言分析的基础上消解美的本质问题，但是以德里达、利奥塔、福柯等为代表的解构主义则致力于摧毁现当代语言的最后壁垒，更加明确地拒斥形而上学，反省早期西方现当代分析哲学在美的本质等问题上矫枉过正和偏激态度。这表现在他们所采取的纷繁多样的解构策略：去中心化（逻各斯与语音中心）、解"合法化"（理性合法化）、瓦解整体（体系化的总体哲学）等，指向摧毁传统哲学及美学的本质主义传统。随着后现代主义思潮的发展，反本质主义亦成为一种趋之若鹜的思维方式。那么，面对当前美学研究全新的历史文化语境，如何客观认识"美的本质"问题需要进行认真辨析和严肃反思。这其中就涉及一个问题：对美的本质的探讨是否本质主义的产物？

在一些反本质主义者看来，过去的整个哲学，从柏拉图到黑格尔都奉行一种本质主义思维，这种思维将世界分割为经验/先验、感性/理性、现象/本质等二元对立关系，并预设一个不变的事物本质，试图用抽象的方式将世界合理化、有序化，从而建构可以把握的理论模式。而本质主义的弊端则在于将复杂的社会事物简单化、绝对化，从而导致看待问题的狭隘化、片面化，既无法解释事物的多样性和丰富性，也无法否定其他理论的合理性。反本质主义否认事物有固定且永恒不变的本质，看似坚不可摧的真理实质上都是理论建构的结果。一些学者根据这种反本质主义思潮，反对任何给事物下定义或追寻事物本质的做法，类似"美的本质"的命题自然被视为一种本质主义的提法而被否定。但是，"美的本质"本身是潜藏于美的现象之中的，谈论美的本质未必就一定是美学上的"本质主义"的思维方式。因为，事物的"本质"是相对于复杂多变的"现象"而言的，用柏拉图的话说便是本质是不属于"生成的"却是能生成"所有事物"的"本原"①；亚里士多德则认为探究事物的本质就是一切学问当中至高无上的"第一哲学"。自古希腊以来生成的透过现象探寻事物本质的基本理念，将人类对世界的识知抬升至一个新的高度。然而，由于柏拉图将生成事物的"本原"视为绝对"理念"（理式），亚里士多德将本质严格局限于"恒久存在"，从而使得他们对事物本质的探讨很大程度上呈现为凝固化、抽象化的处理，很少进行历史的考察和验证。在这种哲学观指导下的美学研究反映到对"美的本质"的探讨上，极易陷入固化的、保守的、终极的囹圄之中，对历史的、相对的、多元化的途径进行盲目否定。由是观之，此类方法论势必将美学研究带入所谓的"本质主义"的思维方式中，最终使美学陷入虚无主义和终极真理的困境难以脱身。尽管反对以绝对真理的头衔来框定"美的本质"，但这并不意味着可以回避对"美的本质"的追寻，更不意味着武断地判定凡是涉及"美"的"本质"的论题就是一种"本质主义"的思维模式。

首先，试图机械地、死板地从"实体本体论"的哲学基础上来探寻实体论意义上的"美"是不成立的，因为从来就没有所谓现成的、既定的"美"，"美"从根本上来说是在历史中生成的，所以试图从"美的本质"当中探寻有关美的绝对真理的理论态度注定是徒劳无功的。这里值得一提的是黑格尔的功绩，黑格尔秉持发展、联系的观点提出"真理不是抽象的普遍性，而是具体的普遍性"。② 他反对柏拉图式"抽象无形式的"理念说，并声称"本质不在现象之后，或现象之外，而即由于本质是实际存在的东西，实际存在就是现象"。③ 黑格尔将本质与现象的关系说引入本质论中，将现象与本质的关系提升到辩证统一的高度，从而得出有关本质的理论不再完全成为抽象的形而上学。按照王元骧先生的概括，这一论点的具体内容可归纳为三方面。

---

① 苗力田主编《古希腊哲学》，中国人民大学出版社，1989，第 285 页。

② 〔德〕黑格尔：《小逻辑》，贺麟译，商务印书馆，2013，第 152 页。

③ 〔德〕黑格尔：《小逻辑》，贺麟译，商务印书馆，2013，第 276 页。

（1）本质是多层次的，相对的可以分为个别（单一）、特殊、一般（普遍）这样三个层次……人的认识活动，就是这样通过个别到一般，再从一般到个别的不断推移，而实现对事物本质的具体把握的过程。所以黑格尔提出"真理不是抽象的普遍性，而是具体的普遍性"。

（2）本质是流动的，"不但现象是短暂的、运动的、流逝的，只是被假定的界限所划分的，而且事物的本质也是如此"……世界上只有相对的真理而没有绝对的真理，一切都是以条件为转移的。

（3）本质（一般）只是一个"贫乏的规定"，一般只能是"作为本质的一般"，所以"一般的含义是矛盾的：它是僵死的，它是不纯粹的、不完全的，等等，而且它也只是认识具体事物的一个阶段，因为我们永远不会完全认识具体事物。"只有"一般概念、规律等等的无限总和才提供完全的具体事物"。可见本质不是为了直接说明事物，而只是为了我们进一步对事物作具体、深入认识提供一个指导原则和理论前提。①

在美学上，实践美学以马克思的历史唯物论作为基础，把美的本质放到发展的历史语境中去考察，指出没有抽象不变的美的本质，美的本质是历史的产物，必须结合人类社会历史实践来考察，而这正是一种反本质主义的思路。但是把美的本质放在具体的历史语境中去理解不等于消解了美的本质，正如同反本质主义不等于取消任何本质一样。马克思主义的真理观指出："真理只有在适当的限度内才是真理，越过这一限度，它便会走向自己的反面，变成谬误。当一种观念被推向极端时，它便常常会走向自己的反面。反对任何本质，断言根本不存在任何本质，这本身便是武断的，不负责任的。"② 反本质主义提出本身在于反对极端化、绝对化的理念，其本身是一种开放性思维，但如果刻意将反本质绝对化，那么反本质无疑就成了一种新的"本质"。"反本质主义"所反对的只不过是永恒不变的真理和本质，并不反对历史的具体的本质观，也并非与现象有关的，潜藏在现象之中的

---

① 王元骧：《论美与人的生存》，浙江大学出版社，2010，第7~8页。
② 徐碧辉：《自然美·社会美·生态美——从实践美学看生态美学之二》，《郑州大学学报》（哲学社会科学版）2012年第6期。

"本质"。如果看不到这一点，而在今天仍然固守柏拉图和亚里士多德的观点来大谈"反本质主义"，不免给人一种任意轻率、无的放矢之感。美感是在具体的审美活动中，借助历史性的审美经验而生成的。有的事物是美的，有的则被称作丑的，说明美依旧是可言说、可界定的，有其可被寻找、发现、探讨的"本质"存在。只是其寻找、发现、探讨的途径和方法必须是历史的、具体的而并非抽象的、僵化的。

其次，"美的本质"是不能回避的，正是"美的本质"规定了一种美学研究的基本导向、基本原则和基本理念，美的本质问题恰恰是美学研究的支点，是任何一种美学论域的理论前提和理论悬设，必须认识和承认美的本质对于当前美学学科建设和美学理论体系的架构作用。如同盖楼房一般，林立高楼以牢靠的地基为支撑，但不能因为打地基无法立竿见影地呈现楼房美轮美奂的效果就认为地基无足轻重一样。因此，对于"美的本质"之于美学研究的作用，完全可以如此理解。美学是一门以人和现实的审美关系为研究对象，既探讨审美得以产生的根源，又探讨美感、艺术等问题的人文学科。这使得美学不仅与以概念、推理、判断为主的理性思辨保持密切联系，而且与以感觉、知觉、表象所营造的感性体悟的文学艺术保持同步，从而使美学理论在基本属性上呈现容哲学性和人文性于一体的特征。这就决定了我们无论如何都不能回避和否定从根本上凸显和表明美学学科哲学性特征的"美的本质"问题。正因为有了"美的本质"作为美学研究的思想前提和理论依据，美学才能真正成为一门严谨的、经得起推敲的学科，否则有关美学的建构和美学理论的论证很可能就成为无源之水、无本之木。概而言之，我们不能盲目附和所谓"反本质主义"的论调，对事物的一切本质都采取全面否定和较为普遍的回避做法，而应该正确看待"美的本质"对美学学科建设所起的必要作用。

四　如何科学地、合理地探讨美的本质

在反拨传统美学追问美的本质时所出现的主观与客观、感性与理性等二元对立关系的问题上，马克思主义美学与现当代西方美学的意旨是

一样的，但对于如何反叛，二者出现了根本的差异。实际上，马克思已经预见到语言在批判传统美学本质观的局限，语言的意识本质表明它在批判传统哲学的二元对立时必定陷入新的中心主义及新的二元对立（能指与所指）之中。马克思主义的实践观是在超越传统哲学唯心主义与直观唯物主义二元对立基础上，涵摄了人类实践活动所面对的一系列矛盾（主体与客体、思维与存在、逻辑与历史、感性与理性等）的对立统一。美的本质则是审美主体与审美客体、因果性与合目的性的辩证统一，它直接贯注于主体具体的审美实践活动中并要求获得一种辩证解释。"实践"一词并非马克思首创，但赋予其社会性、历史性的真切内涵则肇始于马克思。传统意识哲学、现当代语言哲学在关于美的本质的探讨中之所以屡屡失足，其症结就在于思维方式的非社会性与非历史性。在马克思看来，美的本质取决于人的本质，是人"丰富、全面而深刻"的本质的展开，而人的本质在其现实性上，是一切社会关系的总和。不存在任何超越历史和现实的先在本质，所有的本质都属于流动的、不断生成的东西。

实践论美学的理论精髓到底是什么，学界认识未必完全相同。以李泽厚、刘纲纪、蒋孔阳等为代表的老一辈美学研究的学者们都主张以马克思主义的实践概念为逻辑起点，来建构"实践论美学"流派。虽然他们在具体的观点、论述的侧重以及表述方式上各有特色，但就以"美的本质"的探寻作为美学研究切入点这一方面，他们的看法基本是一致的。实践论美学主要侧重从外部关系来揭示"美"的根源，以人与现实审美关系的发生作为首要前提。传统美学在对美的本质的追问中越来越走向本质；现当代美学在对主体性的过度张扬中又出现了"形而上的迷失"，二者的症结都在于对主体生存境遇的冷落。走出迷失，就应当回归确立在生存论基础上的实践美学观。"人是主体，自然是客体"，实际上马克思是用生存论消解了传统哲学的本体论，抑或者，生存论应当作为马克思实践观的价值旨归。美的本质的理想状态就是自然的人化和人的自然化的统一，"作为完成了的自然主义，等于人道主义，而作为完成了的人道主义，等于自然主义，它是人和自然界之间、人和人之间的矛盾的真正解决，是存在和本质、对象化和自我确证、自由和必然、个人和类之间的斗争的真正解决"。① 无疑，人类关于美的本质追问所指向的这一理想境界与现实尚存有差距，但是，面对主体生存的、心理的及精神的诸多困扰，这种追问又显得尤为迫切。

实践论美学从人类的社会历史实践出发来理解审美现象，把美看作历史实践的过程，同时也是历史实践的结果，因而实践美学将美的本质视为人用以改造世界的一种自由形式。实践论美学在美的本质探寻的基础层面上保证了美学研究的科学性和合理性，保证了美学学科建设沿着正确的轨道继续前行。但是伴随美学话语体系的不断更新完善，实践论美学面临一种"被终结"的命运。理论的创新绝不意味着推崇破旧立新的思维方式和推陈出新的理论范式，坚守所表现出来的勇气和价值也不亚于"创新"本身。尤其是在实践论美学的理论价值在学界遭到普遍否定的当下，重新发掘其理论精髓，力求还原实践论美学本真内涵的同时，澄清学界中大量存在的对于实践论美学相关范畴、命题的曲解和误读，这种不追新逐异的学术精神也可算作一种创造性的思维方式和学术态度。坚定不移地承认和汲取实践论美学中的理论精髓，并在其指导下从学理层面重新审视美的本质问题在美学研究中的重要性，这是实践论美学永远不会被终结的所在。

---

① 马克思：《1844 年经济学哲学手稿》，人民出版社，2018，第 78 页。

新文学、性别视角与文化史叙事[*]

——评《浪漫的中国》兼及中国现代文学的跨学科研究

毕　海　马芳晓

（中央民族大学文学院）

摘　要　《浪漫的中国》一书聚焦晚清至民国这一历史时期"女性/性别伦理的现代变迁"，作者采用理性又同情的性别反思视角，呈现现代性别伦理变革的复杂性，将我们以往习焉不察的结论重新问题化，完成了对"新文学－新文化"历史进程的另类书写和批判式的多面向诠释。作者采用"概念史"的研究方法，探索"新文化史"叙事，重新打开文学阐释的广阔空间，扩展了当下性别学术研究思考的向度，为现实中复杂的性别议题提供了重要的历史和理论视阈。

关键词　《浪漫的中国》　女性文学　性别反思

在中国现代文学史、文化史既有"主流"叙述中，女性在新文化变革进程中所遭遇的性别困境、理论和实践之间的巨大裂缝，研究者多论之不详。例如"出走的娜拉"是女性接受现代启蒙思想的表现，被视为五四时期个人主义思想的正义伦理话语/实践，"离家出走"一时成为时代风潮。在"娜拉"出走这一现代女性思想文化发展的核心议题上，虽然有部分启

* 本文为北京市社会科学基金一般项目"北京多民族文化融合文学叙事研究及文献整理（1978－2018）"（19WXB007）阶段性成果。

蒙者如鲁迅进行过深入思考并发出警告："娜拉走后怎样"——指出在整个社会经济文化没有根本变革之前，走了以后"免不掉堕落或回来"。[①] 但现代中国女性的"出走—革命"依然被视为其迈向自由和解放的唯一"正确"路径。然而，理论倡导与社会生活实践之间从来不是简单的对应关系，高蹈的理论虽自有其正义伦理，却缺失现实关怀伦理的必要内涵。中国现代女性观念的变革和女性地位的提升，实际是几代女性"先驱者"用血泪和痛苦换取的。在五四新文化运动时期的现代中国，以家族和男权为主的礼教习俗还是正统，现实社会中缺乏男女交际的空间和机会。新伦理观念与旧道德生活的杂存并置，没有独立地位的女性，尝试自由恋爱和结婚，离家出走这种充满理想主义的"浪漫"行为，"很容易成为非理性而无纠错机会的'失足'"。[②] 也就是说，很大程度上，"出走"不仅没有帮助现代女性获取更为自由的发展空间，反而让多数的时代"先行者"陷入困境，甚至绝境。

《浪漫的中国》一书着力于历史的悖谬处，从性别反思视角来考察现代中国（1890~1940）的新文化，将既有"结论"重新问题化，再现历史的复杂性。作者独辟蹊径提出"娜拉不走怎样?"——与庐隐、萧红等理想主义气质反叛者"浪漫激进"的"出走"不同，冰心、凌叔华等人在家庭性别矛盾冲突中貌似软弱实则更具弹性的"退让"（不走），让她们在家庭性别伦理转型过程中以较小代价完成现代"转身"，而"重温现代文学史上这些昙花一现的不走的'娜拉'，其身上所体现出的理性与宽容，或许正是男权社会中女性主体建立的另一种可能"[③]。"出走"或"不走"，表面上只是时代女性的选择问题，背后则涉及对新文化伦理的系统思考。"浪漫激进"的"五四"新文化——新文学究竟给时代女性带来什么影响?在视"出走—革命"为正途的新文化思想文化语境中，是否还存在着另一

---

① 鲁迅：《娜拉走后怎样》，《鲁迅全集》第 1 卷，人民文学出版社，2005，第 167 页。

② 杨联芬：《浪漫的中国：性别视角下激进主义思潮与文学（1890~1940）》，人民文学出版社，2016，第 26 页。

③ 杨联芬：《浪漫的中国：性别视角下激进主义思潮与文学（1890~1940）》，人民文学出版社，2016，第 147 页。

种女性解放和进步的可能？深入考察论析新文化现代性别议题历史进程的成败得失，在正义伦理和关怀伦理之间取得平衡，探寻女性解放的现实可能性，成为《浪漫的中国》重返现代历史的基本视点。

一

从性别反思的视角看，处在传统中国向现代中国转型的变动时代，"现代"女性——不论是"新女性"，还是"旧女性"，无不面临巨大的伦理冲击。新文化观念带给她们的，多是困厄而悲苦的经验。

晚清民国时期女性为追求实现自我价值，面临在社会中艰难求生存发展和家庭中为妻为母身份交织的现实困境，即使夫妻都在"人权"意识上做到平等和相互尊重，"新女性"的经验也是沉重的。一个典型的案例是1935年《女子月刊》主编黄心勉的"苦死"。黄心勉和丈夫姚名达淡泊名利，生活简朴，一心想对社会、对中国的女性解放有所贡献。他们把收入的绝大部分投入创办女子书店，编辑《女子月刊》，但频繁的生育，繁难的家务，超负荷的工作，使黄心勉积劳成疾，年仅33岁便撒手人寰。与传统家庭对女性的"压迫"不同，现代家庭对女性的"压榨"，"职业"与"母性"的冲突，几乎成为新女性难以摆脱的悲剧宿命。

从旧思想伦理向新思想伦理转型过程中，不仅新女性身陷困厄，人数众多的一般"旧式女性"所受到的迫害更是双重的。时代之"进步"观念逼使她们跟上历史的洪流，一旦"落伍"，即面临着家庭和社会的双重"惩罚"。这类不能"发声"的"保守""旧女性"，大多隐藏在新文学闪烁其词的书写中，埋没在历史的缝隙间，缺少必要的清理，须得在缜密的梳理和细心的修补下，才能彰显。欧阳予倩的戏剧《回家以后》（1922年）叙述男主人公陆治平留学美国归家，本打算借机与原配妻子吴自芳离婚，却意外"发现了自芳不少的好处——是新式女子所没有的好处"，以致离婚的决心悄然冰释。这部作品文本叙述对主人公陆治平在新旧女性与家庭之间所做出的看似荒诞的选择，表现出的对乡土中国传统道德的重新认同，在当时即引发了巨大争议，暴露了新文化群体面对"伦理革命"的意见分歧。杨联芬先生爬梳当时的报刊材料，勾勒出欧阳予倩写作这部戏剧的复杂的心路历程。在《回家以后》一剧中，欧阳予倩对借恋爱和离婚自由之名伤害无辜女子的传统男子心理进行了辛辣的嘲讽。这一创作主题实则源自欧阳予倩痛苦的现实经验——欧阳予倩之妹欧阳立颖恪守传统道德，却被新式留学生未婚夫以"自由离婚"的名义无情抛弃，郁郁而终。以往研究所不查的欧阳予倩这段"创伤性记忆"，戏剧创作与实际生活经验之间的复杂互文关系，呈现出"五四"时期"旧女性"惶惑而痛苦的精神状态和艰难的现实处境。"遗弃者"（男性）占据了时代进步伦理的道德位置，正义伦理话语的强大权力让被遗弃者（所谓的"落后"旧女性）独自承受"被损害"的悲惨结局。不难发现，"以平等为目标的新道德，在那个时代的具体实践中，却无情地加剧了性别的不平等……'自由离婚'这个原本促进个人自由和两性平等的新文化伦理革命，却引发了新文化内部的人道主义危机"①。自由恋爱、社交公开、离婚自由等新文化"主流话语"一系列"浪漫"的文化观念设计和社会实践，以个人主义置换传统儒家伦理，由性别革命展开的家庭、社会变革，印证了进化论意义上的最新理论，固不失为正义伦理，但其过分激进偏执的"反传统"，却于实际层面的女性解放困境难有真正的建构和解决；很大程度上，不仅没有完成解放女性的既定目标，反倒成为压迫女性的另一重机制，显示出历史和文化的多面性和吊诡性。

正是从具体的历史材料和个案出发，《浪漫的中国》完成了对"新文化"历史的另类书写，对由传统中国向现代中国转型的现代性别伦理及其社会文化实践展开了批判式的多面向诠释，揭示现代文学史和文化史叙事长期存在的男权主义话语，以及人们习焉不察的被遮蔽的性别权力等级叙述。

二

《浪漫的中国》立足性别问题而又超越单一的女性主义批评，为相关

---

① 杨联芬：《浪漫的中国：性别视角下激进主义思潮与文学（1890～1940）》，人民文学出版社，2016，第137页。

学术议题提供了重要的研究启示。女性主义文学批评，自20世纪八九十年代兴起后逐渐成为中国现当代文学研究的"显学"。但以往的女性文学研究，多集中在传统的文学文本，关注女性作家的身份意识，运用西方女性主义尤其是结构主义女性主义理论，解剖和批判男权文化。这种女性主义研究，考虑到中国几千年父权社会对女性的压制和束缚，有其思想启蒙意义，但女性主义文学批评若仅停留在"对男性的颠覆以及对女性刻板的解构"，则并不能保证新型性别身份的产生，也无助解决真正的性别问题，"只能陷入解构的迷宫"。① 单纯纠缠于文学文本所表现出的性别差异，女性主义文学批评极有可能变为性别解构的"写作游戏"。早有研究者指出，中国现当代文学女性批评繁荣的背后，隐藏着危机。对"女性主义"理论资源的夸大化使用，固然强化了研究者的性别价值立场，但往往导致性别研究呈现出封闭化、雷同化的研究倾向，"很大程度上妨碍了性别研究走向深入"。② 而要解决性别研究中利益与价值、批判与学术之间的矛盾，必须从根本上摆脱性别对立的意识，从激进的性别主义批判回到理智的性别学术研究。从这个意义上看，推进当代中国的女性文学和女性文化研究，必须转向更具问题意识的性别研究，需将女性放在两性关系中，放在近百年来的社会历史中，才能真正"为女性史研究注入持久的活力"③。

《浪漫的中国》所采取的"性别视角"考察五四新文化和新文学，恰是近年来中国现当代文学研究从"女性"文学批评走向"性别"学术研究的典型范例。正如刘思谦所指出的："性别作为关键词，对女性文学研究来说具有牵一发而动全身的作用。这是因为性别这个概念涵盖的是男女两性，这样女性文学研究就是以女性文学文本为主，同时又将相关的男性文本作为互为参照比较的互文本进入我们的论题的研究；在男/女文学文本相互参照比较中，我们将会发现一些我们所习焉不察的被遮蔽的意义，这将大大拓展我们的研究视野，开启我们的思路。"④ 的确，性别研究的提出

---

① 王进：《从女性主义回到性别研究》，《吉首大学学报》（社会学科版）2006年第1期。
② 董丽敏：《性别研究：问题、资源和方法》，《社会科学》2009年第12期。
③ 贾永梅：《〈"她"字的文化史〉读后》，《山西师大学报》（社会科学版）2010年第5期。
④ 刘思谦：《"中国现当代文学与性别"笔谈》，《河南大学学报》（社会科学版）2006年第2期。

和展开，如同打开了一扇长期关闭的窗户，透过这扇窗户，我们能看到"别一般的风景"，不仅是女性问题、性别问题，还有种种和性别纠缠在一起"有性别而又超越性别"的问题。如此一来，以往被遮蔽或在我们视野之外的问题得以彰显，我们的文学研究理论思维和文本解读能力得到极大提升。《浪漫的中国》既有对女性作家文本的解读（这是以往女性主义文学批评关注的重心），也有对男性作家性别叙述问题的细致入微的论析，真正将"性别"问题作为关注的焦点。同时，《浪漫的中国》所关注和考察的对象不是传统的正统的历史史料，也不是单一的文学文本，而是综合多种材料的文化史研究。作者采用"概念史"和"新文化史"的研究方法及路径，"从晚清至 1940 年代出现的有关女性和性别伦理的语言现象中，撷取几个关键性概念，如'恋爱自由'、'社交公开'、'自由离婚'、'新女性'、'贤母良妻'等，通过知识考古，探究相关的思想与观念，是如何通过译介、传播而被误读或被接受，成为中国现代伦理与文化的要素"。其由对关键词概念的梳理，进行知识考古，通过概念词汇的嬗变，阐释现代性别伦理观念生长、变革的系统面貌。在这样的追寻中，"百年中国文化转型所经历的苦痛与欢欣，所获得的成就、留下的遗憾"，"或可得到一种独特的呈现"。①

美国学者卡尔·瑞贝卡在论述中国的"民族主义"思潮时指出，在近代中国，民族主义是被当作不同的思想实践和概念形式的堆积。② 毫无疑问，新文化视域中的性别伦理变革同样是概念形式和思想实践的复杂堆积。20 世纪初期，大量新名词进入中国。新名词所承载的全新的事物、思想和观念，彻底改变了中国人的思维习惯，也改换了中国人的伦理体系，引发了中国人生活方式的剧烈变动。因而，考证概念及其语言的史迹，也就成为认识历史的起码条件。概念史研究"旨在打破从词语到事物和从事物到词语的循环运动，在概念和现实之间引发某种紧张关系"，"注意词语

---

① 杨联芬：《浪漫的中国：性别视角下激进主义思潮与文学（1890～1940）》，人民文学出版社，2016，第 15 页。

② 〔美〕卡尔·瑞贝卡：《世界大舞台——十九、二十世纪之交中国的民族主义》，高瑾等译，生活·读书·新知三联书店，2008，第 32 页。

与社会、政治因素之间的动态关系，对文本中语言和构成进行解释"。①
《浪漫的中国》的概念史研究始终不离论著的核心议题，从性别视角出发
展开对现代激进主义文化思潮的清理和反思，例如在对"恋爱"这一概念
进行梳理时，著者既论述了西方理论家爱伦凯的"恋爱神圣论"对五四新
文化的影响，同时又能关注爱伦凯的学说在中国所遭受的"选择性接受"。
爱伦凯"恋爱论"强调恋爱是两性道德的制高点，恰好成为 20 世纪 20 年
代前后新文化攻破"旧道德"堡垒的路径和武器，但"恋爱自由"的感性
特质及其实践，使自由与放纵常常难分彼此，将女性置于弱势地位，又体
现出男权主义的实质。这就将"恋爱自由"这一概念引入具体的时代语境
中，展示和分析其带来的积极影响和现实困境。"贤妻良母"的现代命运，
则是从概念衍变的历时性考察展开了对"贤妻良母"思潮反向维度的思
考。当"娜拉出走"乃至"娜拉革命"，"成为新时代女性主体确立的神
话时，'贤妻良母'便不可挽回地走向被放逐的命运，成为'过去'和
'传统'的幽黯象征"。② 浪漫的性别解放思潮一旦激进越界，将会对传统
伦理、家庭关系产生消极且深远的影响。从反思激进的女性独立思潮这一
维度出发，作者对巴金经典小说《寒夜》做出了新颖而深刻的解读——
《寒夜》中两位女主角，"汪文宣的母亲和妻子，不但显示了传统贤妻良母
与现代新女性无法兼容的现实，而且象征着中国文化的断裂——传统与现
代之间，已经没有修复与调和的可能"。"贤妻良母"的现代命运至此已被
宿命地定格，但断裂、破碎的家庭注定将会由下一代——孩子来承受苦
难。因此，《寒夜》中的汪小宣，未及成年则已经衰老。在既有文学史叙
述中，汪小宣的形象不为人所注意，但如果从新文化的性别革命这一视
角，曾树生的婚姻悲剧显示出丰厚的文化内涵，暗示转型时代家庭变革的
艰难与复杂、传统现代冲突的尖锐与诡谲。"贤妻良母"理念的"被放
逐"，更是影响了张爱玲的生命体验和创作。张爱玲在《小团圆》《易经》

---

① 李里峰：《概念史研究在中国：回顾与展望》，《福建论坛》（人文社会科学版）2012 年第
5 期。
② 杨联芬：《浪漫的中国：性别视角下激进主义思潮与文学（1890～1940）》，人民文学出版
社，2016，第 341 页。

等自传性文本中所反复渲染的缺少母爱的情景，读来让人心酸。"新女性舍身奋斗成为娜拉，结果却将自己的孩子留在了感情的荒漠。""新文学从'救救孩子'出发，结果走了'先救自己'的路"，遗弃了无辜的"自己的孩子"，历史就是这样充满了矛盾、歧异和吊诡。由此，作者再度反思"娜拉出走"的问题，重建在"浪漫"新文化视域中被忽略的"母权"，表明性别议题和女性解放"在一个性别平等，文化多元，承认差异，尊重母性的视阈中，可以有更丰富和开放的讨论空间"。虽然始终保持着性别视角反思的自觉意识，但《浪漫的中国》并未局限于对女性经历的慨叹，而是集中考察新文化伦理思想观念与制度的变动。作者自觉"超越两性关系的二元对立思维，将'性别'视为一种社会文化建构和社会文化关系的多元、动态的综合"。① 毫无疑问，这是对既有女性文学研究的"超越"和"反思"之后的重新出发。

众所周知，20 世纪 60 年代以法国年鉴学派为代表的结构主义历史学家关注"长时段"的历史，强调的主要是经济活动、政治制度等结构性因素对历史进程的影响，对于人的关注则多限于群体的、抽象的人。20 世纪八九十年代兴起的新文化史则"不仅发现了人，将人的情绪、直觉、意识、语言、行动、身体等放进历史的百宝箱里，而且使人的态度、日常生活、世界观站到了舞台的中央；个人活动的舞台，也不再必然是作为整体存在的国家、社会，而可以是一个不为人知的小村庄；对于主体所处时空的选择，不再依据重大的历史事件尤其是政治事件，而是以主体活动的时空范围为范围，表现出与传统的历史书写不同的时空序列；不仅传统的精英人物可以成为历史的主体，一个普通的磨坊主也可以成为著作中的主角"②。新文化史注重新史料的发现和采用，将档案文书、图像资料放置于与官方书籍同等重要的位置，更加关注日常生活的历史，采用的是从"小"问题入手，表达"大"主题的思考方式，更全面地描述社会文化生活。《浪漫的中国》一书充分借鉴了"新文化史"的研究思路，作者围绕

---

① 乔以钢：《文学领域的性别研究实践：2006~2010》，《中国现代文学研究丛刊》2014 年第 5 期。

② 何晓明、王艳勤：《文化史研究向何处去》，《学术月刊》2006 年第 6 期。

民国时期中国的刊物尤其是女性刊物如《妇女杂志》《妇女评论》《女子月刊》等杂志，阅读第一手材料，返回历史现场，结合文学文本，立足时代具体个体的情感史考察，展开了文化史叙事的多维度、多面向、跨学科研究。

三

作为女性研究者，在触摸历史，感受前代女性的悲欢哀乐时，自然不免产生诸多感慨。但作者的感性叙述，不仅来自同为女性的共鸣，更力图为处于尘封中的女性发出"多样性"的声音，让"牺牲的一代"呈现出"不一样的风景"，为相关议题的反思提供历史维度，重建"女性解放"的现实可行性。作者对自己的研究不无疑虑："在一个需要理想的时代，却以苛刻的态度，反省理想主义……在女性由革命激情时代的'半边天'地位，重新被权力和金钱奴役，歧视女性之风公然畅行之时，我却对中国妇女曾经'解放'的历史，进行批判性剖析。"（《浪漫的中国·后记》）但这种矛盾和犹疑，正是作者直面复杂历史经验的必然结果。也恰恰是丰富的感性经验——"生命不能承受之轻"的个体经验，对于平凡而真实生活的表达和追求，才最有可能刺穿高蹈的立场和理论（理想）的某些虚妄。在反思现代"理想主义文化"及激进主义理论，审视"浪漫"新文化所引发的现实伦理困境时，作者并未粗暴地匆忙下结论，而是多角度地对不同立场和思想的实践者表达出"真诚的理解"。例如对徐志摩的婚姻选择问题，作者一方面固然从女性体验的角度，再现了这场婚变中的受害者张幼仪的现实身心苦痛，表达了对当事人的同情；另一方面，更将这一问题放在"自由恋爱"和"离婚自由"的现代"浪漫"（激进）思潮传播接受视野中，论析徐志摩婚姻选择的时代历史逻辑，修正了以往文学史研究或赞扬或贬斥的单一叙述。在作者看来，徐志摩的选择既是时代话语逻辑的结果，也是个人性情与激进理论碰撞的产物，是浪漫理想主义者的一曲时代悲歌："理想主义者的行为，从来不以胜算为权衡，而以拥抱真理为目的，赴汤蹈火，在所不辞。其浪漫与率性，既不合固有伦理与习惯，又显得冒失和冒险。徐志摩的离婚与结婚，都饱受非议。他的离婚，他对恋爱的追求，与他的诗一样，不乏浅薄和滥情，却如‘跳着溅着不舍昼夜的一道生命水’，蜿蜒曲折，清澈欢快地奔向渺茫的远方。"① 对张爱玲的文学书写，作者也显示出洞察历史的"后视之见"，从张爱玲的个人经验出发，深入剖析张爱玲的心路历程。正是独特的张爱玲的家庭体验——现代"贤母良妻"观念的解体和传统"家庭"的破碎，"新女性"母亲离家带来终身难以抚平的创伤记忆，最终导致"生长"出"古怪的孩子"张爱玲，除了天分，一无所有。著者并未对作家及其文学写作做单一的价值判断，而是从历史的纵深之处洞察人物的身心经验。感性、热情、妥慰的文字叙述，与对概念、话语、文化实践、历史进程严谨细密的梳理阐释分析相结合，赋予论著极为厚实的人文主义价值。

从学科的层面上看，《浪漫的中国》也许不能算是纯粹的文学研究，囿于成规的读者或会对此类研究感到疑惑，但显然作者视野并未局限在专业学科内部。从《晚清至五四：中国文学现代性的发生》一书开始，作者杨联芬先生一直追问和论述中国文学和文化的现代性议题——中国是如何走向现代的；中国在走向现代的过程中，现代性文化的成败得失。正是从现实的思考出发，杨联芬先生对自己的现代文学研究有过明确的学术自觉，从学术研究与现实人生关联的角度，她论述文学、学术研究的意义：

> 尽管命运注定了我们体质的贫血，但真诚、勤勉这一类品质，却是可以弥补知识、学养方面的某些欠缺的。我们只能在不倦的阅读、积累、思考中，修补残破的经验，整理混乱的思维，逐渐琢磨出大抵能够表达自我、创造新意的语言，并期求个人的文学阐释能接近"真实"，在尽可能的程度上体现人的情感、思想与创造力。②

文学阐释和历史描述如何接近"真实"，体现人的情感、思想和创造力，是作者所看重的。也恰是在这一点上，我们能够理解作者反思、审视

---

① 杨联芬：《浪漫的中国：性别视角下激进主义思潮与文学（1890～1940）》，人民文学出版社，2016，第127页。
② 杨联芬：《破碎的语言，"现代"的焦虑》，《中国现代文学研究丛刊》2004年第1期。

现代性别伦理的真正意义。文学研究也好，性别文化史的考察也好，都是人的研究，如果脱离了对"人"的关注，研究也就失去了立足根本。从文学的现代性问题，到反思激进主义思潮的文化史研究，作者显示了一以贯之的研究立场和问题意识。众所周知，随着中国现代文学学科的成熟，它也陷入了过分成熟而导致的"危机"，中国现代文学研究日益成为远离现实关切的学科知识。如何从学科危机中"突围"，亦成为近年来中国现代文学研究的重要问题。中国现代文学（新文学）从其发生到成长，始终是与现代中国思想文化变革进程紧密联系在一起的。当中国现代文学日益陷入无意义的琐碎考证及自说自话的研究困境时，我们迫切需要重新打开文学研究的现实文化空间，重新勾连起文学研究的历史性和当代性。恰是在这一点上，我们可以看到《浪漫的中国》对于文学史研究所提供的示范意义。毋庸讳言，《浪漫的中国》一书既为现代中国性别议题描绘了真实的历史图景，也为当代中国更具关怀伦理的性别文化发展问题拓展了理论视阈。

《三体》与"当代文学"的"边界"*

张泰旗

（华东师范大学中文系）

摘　要　本文以刘慈欣的《三体》三部曲为讨论中心，指出 1980 年代以来形成的"当代文学"的标准和解读范式无法真正认识这部作品的价值。《三体》以科幻的方式与时代展开深刻的互动，通向了一种"开放的文学性"，并在宇宙的维度展现出大写的"人"的精神面貌。《三体》对于"文革"的书写和反思，也突破了"当代文学"中"伤痕文学"的范式，打开了理解历史的新空间。

关键词　《三体》　"当代文学"　人文主义　"伤痕文学"

20 世纪七八十年代，中国科幻曾迎来短暂的发展高峰，但在"新时期"以来形成的当代文学版图中，科幻文学却一直处于边缘的位置。科幻作家飞氘 2010 年在复旦大学举办的"新世纪十年文学：现状与未来国际研讨会"上提出的"寂寞的伏兵"或许是对科幻文学所处境况的最为贴切的描述。

然而，《三体》三部曲（以下简称《三体》）的横空出世及其产生的现象级影响却使"当代文学"无法再视而不见——《三体Ⅲ·死神永生》获评《当代》杂志 2011 年度长篇小说五佳之一和 2013 年第九届全国优秀

＊　本文为中央高校基本科研业务费专项资金资助项目（Fundamental Research Funds for the Central Universities）"当代文学'泛伤痕抒写'研究（1977—2016）"（编号：YBN-LTS2022‐039）阶段性成果。

儿童文学奖，主流文学界的权威刊物《人民文学》也重新刊发刘慈欣在科幻杂志上发表过的小说。

"当代文学"试图以文学评奖和权威刊物重新发表刘慈欣小说的方式将《三体》以及刘慈欣逐渐经典化并纳入既有的文学史框架，但这一举措也带来了可以进一步讨论的问题："就'经典化'而言，'当代文学'可以说完全接纳了《三体》，但'当代文学'的'框架'是否能够完全容纳《三体》呢？《三体》在何种意义上挑战了'当代文学'的框架？"① 对这一问题进行思考和回应，不仅能更加深入地认识《三体》以及刘慈欣科幻的独特性，同时也将有助于我们扩展对于"当代文学"的理解。

一 "文学性"的限度

给"当代文学"打上引号，意味着本文并不在一般意义上将"当代文学"指向当下正不断涌现的文学创作和文学现象，而是试图将这一概念问题化，突出其"历史性"，并通过《三体》对此"历史性"进行反思。

洪子诚曾从文学运动开展的过程和方式上来考察"当代文学"的生成，指出在1950年代"生成"的"当代文学"的主要来源是以解放区文学为代表的左翼文学，"文革"之后，虽然"当代文学"这一命名仍然被使用，但"使用者赋予含义、相互的距离却越来越远"，在一些研究者那里，"当代文学"在1950年代所蕴涵的意识形态含义被抹去，"只被看做单纯的、不得已使用的时间概念"。② 而在罗岗看来，要理解"当代文学"，则需要将其与"现代文学"对标。如果说在1950年代，由"当代文学"生产出来的"现代文学"，其评价标准源自"当代文学"所规定的意识形态，那么"1980年代的'重写文学史'，表面上'重写'的是'现代文学史'，实际上'重写'的是隐含在背后的'当代文学'的标准。"因此罗岗指出，应充分意识到学术史意义上"'当代文学'和'现代文学'的此

---

① 罗岗：《"当代文学"的极限与"边界"》，《文艺争鸣》2021年第2期。
② 洪子诚：《"当代文学"的概念》，《文学评论》1998年第6期。

消彼长"。①

在此意义上，1950 年代和 1980 年代的"当代文学"其实并非一致。以"现代性"为核心的"现代文学"传统厘定了延续至今的 1980 年代的"当代文学"的内涵。在这一"当代文学"传统中，"文学性"而非"政治性"成为重要的评价标准，正如研究者的论述：

> 自 1980 年代以来，在我们对于"文学性"的呼吁中，建立了一个"文学"史的秩序。存在一个"文学性"的文学史秩序，同时也就是意味着存在一个"文学性"的文学史制度。它在凸现"纯文学"的文学的时候，必然要排斥"非文学"的文学。②

因此，如果以 1980 年代以来的"当代文学"的标准来审视《三体》，很容易得出的结论就是《三体》缺乏"文学性"，不是一部好作品。譬如老生常谈的便是《三体》人物形象呆板、符号化，只具有工具性、功能性的作用，而没有内在的深度，小说的叙事技巧也只有小学生作文水平等。《三体》在某种程度上确实存在这些问题，刘慈欣自己也承认他的创作是"从科幻来到科幻去，对文学本身的兴趣并不浓厚。国内当代文学作品我读得很少，因此我的文学素养还不够，这甚至成了我作品里的缺陷"。③ 但本文并不想延续这样的批评，而是希望从一个新的角度通过《三体》去追问"文学性"这一评价标准的限度，并以此探索 1980 年代以来形成的"当代文学"的"边界"。

对"文学性"展开思考，正如卡勒所言，"就是把文学引发的解读实践摆在我们面前，作为分析这些话语的资料：把立即知道结果的要求搁置一下，去思考表达方式的含义，并且关注意义是怎样产生的，以及愉悦是如何创造的"。④ 而这需要我们分析"文学性"的内涵，并将这一评价标准

---

① 罗岗：《"当代文学"的极限与"边界"》，《文艺争鸣》2021 年第 2 期。
② 旷新年：《犹豫不决的文学史》，载《文学史视阈的转换》，北京大学出版社，2013，第 369 页。
③ 刘慈欣：《我只是一步步实现了少年时代的理想》，载《我是刘慈欣》，北岳文艺出版社，2019，第 115 页。
④ 〔美〕乔纳森·卡勒：《文学理论入门》，李平译，译林出版社，2013，第 44 页。

放回至具体的历史语境中。

"文学性"的"当代文学"秩序凸现"纯文学"的面向，强调小说技巧和文学形式的优先性，提倡严肃高雅的趣味，认为文学应该深入人的内心世界。在这个意义上，理解"文学性"离不开"纯文学"这一概念。而这一概念形成于 1980 年代这个特定的历史时期，具有明确的反思和对话对象：借助"纯文学"的概念，1980 年代以来的"当代文学"从"前三十年"的宏大叙事回归个人的内心，"自我""个人"等思想概念被组织进文学叙事之中。在蔡翔看来，"'纯文学'概念正是当时'新启蒙'运动的产物，它在叙述个人在这个世界的存在困境时，也为人们提供了一种现代价值的选择可能"。① 在 1980 年代的历史语境中，号称"回到文学本身"的"纯文学"有着相当明确的政治诉求。

《三体》显然不是一部"纯文学"作品。刘慈欣既不将笔墨耗费于刻画人物的内心，也不对人物之间的情感关系细加打磨，甚至为了故事紧凑，还删除了部分人物之间的情感经历，使得人物形象更加扁平化。然而，正是这样一部不讲求"文学性"的非"纯文学"作品，却在当下引起了广泛的热议。如李广益、陈颀主编的《〈三体〉的 X 种读法》收录了不同领域的学者对《三体》的解读，这些文章并没有将《三体》作为一部"纯文学"作品看待，也并非从"文学性"的角度分析《三体》。不同专业的学者从自己的研究领域出发关注和讨论《三体》，是因为他们从《三体》中看到了自己所关切的问题。新世纪以来，还没有一部文学作品能像《三体》这样引起各行各业的读者参与讨论。"文学性"的"当代文学"显然难以解释这一现象。

吴晓东认为，作为一种历史性的范畴，"文学性"无法进行本质性的定义，但作为一种开放性的看待世界的方式，"文学性"应该是对"纯文学"概念之中某些对文学封闭式理解的反思。因此，"文学性"不应是"纯文学"的注脚，而应是对它的进一步思考。② 如果我们放弃狭隘地将

① 蔡翔：《何谓文学本身》，《当代作家评论》2002 年第 6 期。
② 吴晓东、罗雅琳：《通向一种具有开放性的"文学性"——吴晓东教授访谈录》，《当代文坛》2021 年第 3 期。

"文学性"仅仅理解为审美性、语言形式、艺术技巧的同义词的观点，而是将其视为连通文学与现实的中介，或许我们可以重识"文学性"这一概念，并以此为切入点探索《三体》与"当代文学"的关系。

刘慈欣不熟悉"当代文学"，也没有按照"当代文学"的矩矱来规范自己的创作，《三体》正是在超离日常生活的陌生化想象中创造了新的世界，其中运行着作者自己的宇宙规律。正由于此，吴岩、方晓庆最早将刘慈欣的科幻创作定义为"新古典主义"科幻小说，并突出其"建构"的意义。

> 刘慈欣科幻小说还可以用更加简单的词进行概括，这个词就是"建构"。换言之，刘慈欣扭转了以破坏性为主潮的中国科幻文学的当代走向，并把它引向积极的建构方向。而这种建构又与科幻小说本身的经典价值一脉相承。①

在以"纯文学"为中心的"当代文学"愈发僵化且越来越难以回应现实问题的情况下，《三体》以及刘慈欣的其他科幻小说建构了一个新奇的想象世界，并在其中折射出某些时代的症候，譬如《三体Ⅱ》中的"黑暗森林"理论与"冷战"终结后的世界格局之间的关联以及《三体Ⅲ》中对以程心为代表的历史终结后的"末人"的思考等都与1990年代产生了深刻的互动。

《三体》或许并不符合"纯文学"意义上的"文学性"审美标准，却恰好在另一层面上通过科幻文学的想象，以"文学性"的方式介入当代中国的现实。在《三体》中，刘慈欣思索着"当代文学"难以介入的当代中国复杂的文化状况，而他的中介是科幻——一种别样的"文学性"方式。在这个意义上，刘慈欣用自己的科幻小说叩开了"纯文学"的大门，在通向"开放的文学性"的同时也突破了"当代文学"的表达形式。

---

① 吴岩、方晓庆：《刘慈欣与新古典主义科幻小说》，《湖南科技学院学报》2006年第2期。

二 普遍"人性"与大写的"人"

如果说以"文学性"为审美标准的"纯文学"是 1980 年代以来形成的"当代文学"的主要内容，那么"人文主义"则是其基本的价值预设。李泽厚的表述很具有代表性。

> 一切都令人想起五四时代。人的启蒙，人的觉醒，人道主义，人性复归……都围绕着感性血肉的个体从作为理性异化的神的践踏蹂躏下要求解放出来的主题旋转。"人啊，人"的呐喊遍及了各个领域、各个方面。[1]

在将 1980 年代与"五四"并举的同时，这一时代也被知识分子指认为新的启蒙时代。在反思"文革"的"非人性"时，知识分子重新举起了"人文主义"的大旗。在 1980 年代以来的文学话语中，"人"应该是核心，文学应该从反映外在社会转向关注人的内心世界。

已有研究者指出，"人的文学"不仅是一种"审美规划"，更是一种"政治规划"，对应着"政治上的'民族国家'，文化上的'印刷资本主义'以及文学上的'具有内在深度'的个人主义"。[2] "人的文学"不仅有产生于特定时代的政治规划，对"人"的理解也有具体所指。这种具有内在深度的"个人"将"人"从"前三十年"的集体中释放出来，在抽离了"人"的"阶级性"的同时，也重新填充进了普遍"人性"。在这一历史脉络中，1980 年代以来形成的关于"人"的"当代文学"可总体判断为"人的文学"，普遍"人性"成为其思想底色和价值规范。如果这一总体判断成立，那么《三体》则正是在这一层面上触碰到了"当代文学"的"边界"。

---

① 李泽厚：《二十世纪中国（大陆）文艺一瞥》，载《中国现代思想史论》，东方出版社，1987，第 255 页。

② 罗岗、张高领：《在新的历史条件下重返"人民文艺"——罗岗教授访谈录》，《当代文坛》2018 年第 3 期。

《人民文学》2012 年第 3 期集中刊发了刘慈欣曾发表过的《微纪元》《诗云》《梦之海》《赡养上帝》这四篇科幻小说。在卷首语中，编者这样介绍刘慈欣：

> 在刘慈欣那瑰丽、宏伟的幻想中，贯穿着对人类、对文明与文化的根本信念，人类无论面临怎样的困难，都会如福克纳所说："人不仅能挺得住，他还能赢得胜利。"那些决定了人之为人的美好情操和品质，是人的光荣与希望所在。
>
> 而作家的责任，正是描写人的光荣奋斗。①

从这样的表述中可以看到，"当代文学"在接纳或经典化刘慈欣的过程中，依然试图将其置于"人的文学"这一脉络中。然而问题的关键在于，我们如何理解刘慈欣科幻中的"人"？这一"人"的概念是否可以被纳入"当代文学"的普遍"人性"中？

事实上，刘慈欣曾颇为尖锐地质疑这种普遍"人性"，在他看来，聚焦"人性"的主流文学是一场"自恋"：

> 在我同文学有限的接触中，一直有一个声音在耳边絮絮叨叨，告诉我只有这灰尘般的地球和人类出现后这弹指一挥的时间值得去表现去感受，其余那广漠的时空都不值得一瞥，因为那里没有人，没有人性，文学是人学。在文学中，由于人性超越一切的吸引力，太阳和其它星辰都是围绕地球转的……所以，文学给我的印象就是一场人类的超级自恋。②

而在 2007 年那场著名的对谈中，刘慈欣与江晓原教授曾围绕"吃人"展开了激烈争论。江晓原教授坚持"人性"信念，拒绝以"吃人"来延续人类的火种。刘慈欣却认为在宇宙中，延续种族是最高的信念，而所谓的"人性"其实一直在变化，"我们和石器时代的人，会相互认为对方是没有

---

① 《人民文学》2012 年第 3 期 "卷首"。
② 刘慈欣：《超越自恋——科幻给文学的机会》，《山西文学》2009 年第 7 期。

人性的非人"。①

　　《三体Ⅲ：死神永生》中的主人公程心便集中体现了刘慈欣对这个问题的思考。在《三体》中，程心是颇费刘慈欣笔墨的一个人物，她可以说是"人性"的代表和化身，在生活中处处展现着自己的博爱。譬如程心所在的 PIA（行星防御理事会战略情报局）计划将人脑发送至太空中的三体舰队以便收集情报，而最适合这一"阶梯计划"的瓦季姆却因为自己的家人而逃避这一任务，程心宽慰他道："人类不是一个抽象的概念，对人类的爱是从对一个一个人的爱开始的，首先负起对你爱的人的责任，这没什么错，为这个自责才荒唐呢！"② 而在其他人的心目中，程心简直是圣母的形象，小说是这样的描述的：

　　　　"看，她是圣母玛利亚，她真的是！"年轻母亲对人群喊道，然后转向程心，热泪盈眶地双手合十，"美丽善良的圣母，保护这个世界吧，不要让那些野蛮的嗜血的男人毁掉这美好的一切。"③

　　在小说中，最能体现程心的"人性"的是她的三次选择。当地球人希望选出一个令三体人恐惧但令地球人不害怕的执剑人时，程心这个"美丽善良的圣母"为了人类之爱毅然参加执剑人的选举。然而，当程心从罗辑手中接过引力波宇宙广播系统的启动开关成为执剑人的第一时间，三体人便向地球发动了进攻。因为人类之爱，程心参与了执剑人选举，同样因为爱，程心无法按下毁灭两个文明的按钮。程心的第一次选择致使地球被三体控制，从而迫使处于奥尔特星云外的万有引力号飞船发布了引力波信号，并最终导致三体世界的毁灭和高级文明对太阳系的"降维打击"。

　　而当维德有机会造出光速飞船，进而挽救人类命运之时，程心面对维德"失去人性，失去很多；失去兽性，失去一切"④ 的灵魂拷问时却选择

　　① 刘慈欣：《为什么人类还值得拯救？——刘慈欣 VS 江晓原》，载《最糟的宇宙，最好的地球》，四川科学技术出版社，2015，第 175 页。
　　② 刘慈欣：《三体Ⅲ：死神永生》，重庆出版社，2016，第 69 页。
　　③ 刘慈欣：《三体Ⅲ：死神永生》，重庆出版社，2016，第 121 页。
　　④ 刘慈欣：《三体Ⅲ：死神永生》，重庆出版社，2016，第 418 页。

"人性"，放弃光速飞船。程心的第二次选择使人类失去了造出光速飞船的机会，而这后来被证明是拯救人类的唯一途径。

　　程心以"爱"和"人性"为名义的两次选择将人类一步步推向毁灭的深渊，而在最后，程心做出了第三次选择。小说结尾部分，程心和关一帆生活在云天明送给他们的"小宇宙"里，但为了责任，程心响应了归还小宇宙质量的"回归运动"，以促成新的宇宙的诞生。然而，在归还小宇宙质量时，程心却留下了 5 公斤的生态球，在这个生态球中，"几只清澈的水球在零重力环境中静静地漂浮着，有一条小鱼从一只水球中蹦出，跃入另一只水球，轻盈地穿游于绿藻之间"。① 程心留下了这个生态球，寓意着留下了生命、希望和人类的爱。然而，大自然的精巧有时超乎想象，正如小说中关一帆所考虑的，也许大宇宙真的会因为相差一个原子的质量而由封闭转为开放。② 刘慈欣并没有在小说中说明"回归运动"是否因这 5 公斤质量而失败，留下了一个开放性的结尾。

　　在已有的《三体》研究中，程心这一人物形象是讨论的重点，也产生了许多研究成果，如纳杨的论述：

　　　　看起来是程心的爱截断了人类继续存在的最后一根稻草。但如果没有了爱，就算能够在宇宙中生存，人类还能算是人类吗？表面上看起来毁灭人类的可能还真是人类的爱，但没有了爱，人类也就不再是人类了。作者塑造程心这一人物的用意应该是在这里：爱不是宇宙中生存的力量，但却是人类存在的意义，是人类文明区别于其他文明的标志。③

　　质言之，论者认为刘慈欣在程心这一人物形象中寄寓了自己的人文主义期望。严锋则认为"刘慈欣并没有简单地把爱、善、责任视为包治百病的灵丹妙药，而是将其视为一个艰难曲折甚至是充满失败的过程。在这条

---

① 刘慈欣：《三体Ⅲ：死神永生》，重庆出版社，2016，第 560 页。
② 刘慈欣：《三体Ⅲ：死神永生》，重庆出版社，2016，第 559 页。
③ 纳杨：《从刘慈欣"地球往事"三部曲谈当代科幻小说的现实意义》，《当代文坛》2012年第 5 期。

道路上，只有经过炼狱的灵魂才能得到真正的拯救，这是人之上升的唯一途径。人性即神性，人是自身的救世主"①。严锋看到了刘慈欣对于"人性"的复杂态度，指出"爱""善""责任"这些人文主义方案并非刘慈欣拯救人类的直接举措，但同时又认为"在漫长的救赎中，程心不仅拯救了自己，也拯救了人类"②，程心的选择是一条"内圣外王"的内在超越之路，通过这种自我超越，"人"最终拯救自己。严锋的论证更为复杂，阐释也更加辩证，但在某种意义上却依然将程心视为刘慈欣给出的"答案"。

较多研究者站在人文主义立场，从程心这个人物中解读出"爱""人性"仍是刘慈欣所恪守的价值观念。就此而言，小说结尾处程心留下的 5 公斤质量便被理解为刘慈欣希望将"爱""希望"和人文价值保留和传承下去。

然而，这种解读与上述刘慈欣"超越自恋"的表述以及"吃人"思想实验中激进的反人文主义立场产生了巨大张力甚至对立。如果我们跳出前述研究者的阐释框架，将程心这一代表人文理想的人物形象视为刘慈欣设置的反思性角色，那么人文价值就不再是解决"三体危机"的"答案"，相反，正是因为在冷酷的宇宙中恪守普遍"人性"，程心才将人类一步步推向深渊。而在最后的"回归运动"中，程心留下了 5 公斤的"希望"和"爱"，却有可能导致比毁灭人类更大的灾难——致使宇宙的"死亡"。在此意义上，刘慈欣在"三体危机"这个极端化的思想实验中质疑并反思着我们习以为常的价值观念。

在刘慈欣看来，"文学成为人学，只描写社会意义上的人与人的关系，其实只是从文艺复兴以后开始的，这一阶段，在时间上只占全部文学史的十分之一左右……科幻给了文学一个机会，可以让文学的视野再次宽阔起来"③。刘慈欣以科幻的方式质疑着"当代文学"的"人性"价值预设，并在极端的思想实验中将其相对化。《三体》中所描绘的"人"是作为种族的人、集体的人和命运共同体的人，这个"人"，不再是"当代文学"

---

① 严锋：《创世与灭寂——刘慈欣的宇宙诗学》，《南方文坛》2011 年第 5 期。
② 严锋：《创世与灭寂——刘慈欣的宇宙诗学》，《南方文坛》2011 年第 5 期。
③ 刘慈欣：《重返伊甸园——科幻创作十年回顾》，《南方文坛》2010 年第 6 期。

中个人主义的"人"，而是真正意义上大写的"人"。正如余亮所言，刘慈欣的《三体》等作品中立足于"事功"的"工程师意识"拓展了人文的内涵，而"恰恰是在追求把事情做成的工作中，人们才能洞察那些通过玄想无法接近的体验，才能拓展想象力和精神维度，形成人文与世界的有益循环，而不是'向内转'式的精神空转"。① 正是在这个意义上，《三体》对于"人性"的理解突破了"当代文学"的价值预设，并对其进行了有益的反思。

三 "东方红""煤油灯"与历史的"伤痕"

上文已经提及，"当代文学"试图从"人的文学"的角度将《三体》纳入既有的阐释框架，而《三体》对于"文革"的伤痕抒写也容易让研究者通过普遍"人性"的解读策略将这部作品与"当代文学"中的"伤痕文学"勾连起来。

作为一部汪洋恣肆的"史诗性"科幻小说，《三体》故事情节展开的前提便是一个"伤痕"的故事：向三体人发送信息暴露地球位置的叶文洁因在"文革"中家破人亡，于是愿意充当"带路党"，希望三体人来拯救地球文明。《三体》第一部在《科幻世界》连载时，便是从"文革"的批斗场面开始讲起，后来在出版单行本时将这段叙述插入后面的情节中。《三体》连载版的叙述顺序更加清楚地表明"伤痕"其实是"三体危机"的起源性事件。正因如此，"许多研究者讨论《三体》，一般喜欢聚焦第一卷，因为第一卷从'文革'开始，比较容易纳入诸如'伤痕文学'等既定叙述中"。② 譬如有评论者谈道，"《三体》的文字更像是一篇纪实文学，在前半段，我甚至完全把《三体》看成是一次对历史的控诉与批判……这个精彩的开篇却加深了小说的道德寓意，乃至于其始终萦绕全篇"。③ 也有

---

① 余亮：《刺破人文星空，谁是〈三体〉的同行者》，《文艺理论与批评》2021 年第 4 期。
② 罗岗：《"当代文学"的"极限"与"边界"》，《文艺争鸣》2021 年第 2 期。
③ 阿中：《文明的忧思——评〈三体〉》，载杜学文、杨占平编《为什么是刘慈欣?》，北岳文艺出版社，2016，第 311~312 页。

论者认为“如果没有发现外星人的情节，小说完全可以看作一部现实主义作品。其中对于那段疯狂的历史及其影响有着深刻的思考，这种深刻思考直接演变为整个故事发端的精神根源”。① 诸多研究者关注《三体》第一部的伤痕抒写，并将其视为整部作品在思想层面的深化。在王静静看来，《三体》中的文革叙事将科幻与中国的现实紧密结合起来，“文革”作为一个事件参与了小说情节的发展和进程，而第二、三部关于爱的主题便是根据“文革”历史的教训和现实的经验总结而来，因此整个《三体》三部曲便是刘慈欣以科幻的形式对“文革”做出的反思。②

在这些解读中，《三体》被视为一部规模庞大的“伤痕文学”作品，因而可以被纳入“当代文学”既有的阐释框架中。然而，“伤痕文学”的解读范式是否可以涵盖《三体》？上述诸种解读是否简化了《三体》，同时也简化了刘慈欣的思想？

在《三体》英文版的后记中，刘慈欣曾谈及自己的历史记忆，其中“人造卫星、饥饿、群星、煤油灯、银河、‘文革’武斗、光年……这些相距甚远的东西混杂纠结在一起，成为我早年的人生，也塑造了我今天的科幻小说”。③ 在刘慈欣关于“革命时代”的记忆中，除了历史的“伤痕”，还有“东方红”等发达的航空航天技术。“东方红”和“煤油灯”的辩证关系构成刘慈欣科幻中的历史张力。

在此意义上，“伤痕文学”的解读范式仅仅捕捉到刘慈欣思想中关于“煤油灯”的记忆，而无法解释红岸基地这一尖端工程。换言之，“伤痕文学”的范式难以解释“煤油灯”与“东方红”在《三体》中制造出的张力，而这一张力才是理解刘慈欣思想的关键所在。

刘慈欣在《三体》中确实讲述了叶文洁的“文革”伤痕，譬如其父亲叶哲泰在“文革”中被批斗，而母亲也背叛和抛弃了他们。这一故事本身并没有

---

① 纳杨：《从刘慈欣“地球往事”三部曲谈当代科幻小说的现实意义》，《当代文坛》2012年第5期。
② 王静静：《论刘慈欣〈三体〉中的文革叙事》，《小说评论》2016年第3期。
③ 刘慈欣：《〈三体〉英文版后记》，载《最糟的宇宙，最好的地球——刘慈欣科幻评论随笔集》，四川科学技术出版社，2015，第304页。

越出"伤痕文学"的范畴，但问题的关键在于刘慈欣怎样理解、反思和续写这个故事。如果说"伤痕文学"在"新时期"之初的勃兴是通过批判"文革"的"非人性"来确立"改革政治"的合法性进而通向"现代化"的未来，那么在《三体》中，"伤痕"带来的"三体危机"以及刘慈欣对这一危机的想象性解决方案又突破了"伤痕文学"对于"未来"的预设。

刘慈欣让叶文洁因"伤痕"充当"带路党"引来三体人，却质疑科技高度发达的社会必然会有更高的文明和道德水准。同样，刘慈欣让叶文洁因感受到人性之"恶"而背叛人类，又让程心以人性之"爱"毁灭了人类。正如上文的解读，虽然在小说的结尾，程心活了下来，将人类的文明传承了下去，但那5公斤的"希望"和"爱"的质量却有可能导致宇宙的"死亡"。在这个意义上，刘慈欣不仅从"伤痕"的角度反思"文革"，同时也在质疑1980年代延续至今的反思"文革"的单向度话语。

如果将"80年代的刘慈欣"与"90年代的刘慈欣"的视角带入我们的讨论，问题或许会更加明晰。以《中国2185》和《超新星纪元》初稿为代表的"80年代的刘慈欣"深受"河殇"思潮的影响，其看待中国社会和西方文明的方式与知识界主流相差无几。将《三体》读作"当代文学"中的"伤痕文学"，事实上便是从"80年代的刘慈欣"的角度来看待这部作品的，强调刘慈欣记忆中的"煤油灯"一面。然而这种解读却忽视了其思想中的"东方红"记忆。随着20世纪八九十年代之交世界局势的剧变，刘慈欣的思想也发生了巨大的转变，而转变的痕迹便体现在《混沌蝴蝶》《光荣与梦想》《全频道阻塞干扰》等科幻小说的创作以及《超新星纪元》的修改过程中。① 在这个意义上，《三体》的"伤痕文学"读法忽视了刘慈欣在1990年代的思考。

在创作《超新星纪元》的1990年代，刘慈欣坦言"对中国的看法发生了很大的变化。我每天与工人们接触，厂外就是山村，而在当时的工作中，我一年有三分之一的时间在北京这样的大都市中度过，我没有去过西

① 参见张泰旗《历史转轨与不断重释的"新纪元"——论刘慈欣科幻小说〈超新星纪元〉的版本演进》，《中国现代文学研究丛刊》2021年第2期。

方，但在俄罗斯待过一段时间，那正是社会主义联盟的旗帜风雨飘摇的时候……这些经历不算丰富，但也足以让我用更理智更科学的眼光观察中国社会"。① 将《三体》中关于"文革"的伤痕抒写纳入"伤痕文学"的阐释框架中便意味着无视刘慈欣对于自己 1980 年代思想的反思。

刘慈欣对于 20 世纪历史的理解和把握有自己独特的方式，其中充满着张力。譬如他在《乡村教师》中坚持启蒙主义的立场，却在《混沌蝴蝶》《光荣与梦想》等作品中沿用"革命话语"反思霸权主义。不同的话语资源在刘慈欣的科幻中不断摩擦并制造着裂隙。刘慈欣并没有提供终极答案，而只是将不同的问题在作品中一一列出，呈现出历史的复杂面貌。正如在《三体》中，刘慈欣再次提及历史的"伤痕"，却质疑 1980 年代提供的"人性"方案。刘慈欣并没有与"历史"和解，只是指明了当下的意识形态话语的虚幻性。然而，正是在这个意义上，《三体》的伤痕抒写突破了"当代文学"关于历史叙述的权力话语，从科幻的角度打开了重新理解 20 世纪的空间。

结　语

无论是从"文学性"的角度质疑《三体》的小说技巧水准不高，还是在普遍"人性"的意义上赞扬《三体》展现了人类之爱和人的光荣奋斗，抑或是将《三体》视为一部科幻版本的"伤痕文学"作品，某种意义上都没有越出"当代文学"既有的阐释框架。然而，《三体》的价值正在于对某些既定规范和价值范畴的反思和突破。在"向内转"的"当代文学"愈加难以回应现实问题的情况下，《三体》这部不讲"文学性"的非"纯文学"作品却以气势磅礴的科幻想象与时代展开着深刻的互动，并真正展现了大写的"人"的精神面貌。同时，《三体》对于"文革"的书写和反思也突破了"当代文学"中"伤痕文学"的范式，打开了理解历史的新空间。这些正是《三体》的独特意义所在。

---

① 刘慈欣：《第一代科幻迷的回忆——写在〈超新星纪元〉出版之际》，载《刘慈欣谈科幻》，湖北科学技术出版社，2014，第 135 页。

斯宾诺莎和反解释学的阿尔都塞：
解释还是干预？

〔美〕沃伦·蒙塔格[1] 著　罗天舟[2] 译

（1. 加利福尼亚西方学院比较文学系；2. 陕西师范大学文学院）

在 20 世纪 60 年代，斯宾诺莎是法国哲学和政治思考（尤其是眼下遭到强烈批判的对那个时代的反人道主义攻势）最重要的参照点之一，尽管如此，他的名字在英裔美国人著作中的缺席却是惊人的和症状性的，这些著作从法国汲取了或者至少声称汲取了灵感。当我们注意到黑格尔、尼采和海德格尔已经证明自己与英裔美国人对法国反人道主义的重建彼此兼容——他们更容易融入它的理论（和政治）课题——的时候，这种缺席就有了更加巨大的意义。当然，斯宾诺莎的独特命运并不令人惊奇：即使是依靠一种过时的、天真的阅读，黑格尔、海德格尔和尼采也已经出现在了英裔美国人的哲学文化中，这种阅读已被"另一个黑格尔""新的尼采"还有最近出现的"法国的海德格尔"所取代。此前并没有这样一种基础的阅读使得对斯宾诺莎的接受成为可能。至少在近一百年里，英裔美国人的哲学发现斯宾诺莎是难解的。甚至批判性思想的近期思潮——它们把自己存在的理由视为对分析哲学的确实性的主张和解构——也对斯宾诺莎无话可说，即使当分析哲学的法国同行在持续不断地谈论斯宾诺莎的时候也是如此。是什么东西使得斯宾诺莎对英裔美国人的思想而言是无法思考的，即使在其思想的分支那里也是如此？

对法国所有 60 年代的哲学家来说，没有一个人比阿尔都塞与斯宾诺莎的联系更紧密。谈论斯宾诺莎对阿尔都塞的影响已经被认为是这两个思想家都拒绝的概念方法。在阿尔都塞的著作中有一个重要的部分，它本身通过某种方式而成为斯宾诺莎主义的，从而构成了一个理论规划（这个规划深深地内在于被斯宾诺莎的著作所划定的概念空间之中），但"影响"这个词并未抓住这种方式。当然，像阿尔都塞自己说的，这种对立场的选择从来不只是个人选择的结果。相反，它是斯宾诺莎的理论斗争中的某种东西（它被17世纪后半叶特有的理论力量关系所改变）在1960年代法国的理论形势中的重复。这种重复，或者被压抑事物的回归，标志着或继续标志着一种需要分析的矛盾的存在。在阿尔都塞已发表的著作里，直接有关斯宾诺莎的，他说得很少，这就使得问题更加复杂了：除了《自我批评材料》里的一个简短章节提到了他的斯宾诺莎式的偏离，他的整个作品对斯宾诺莎再没有其他只言片语。在这些只言片语中，我尤其关注《阅读〈资本论〉》中的一处。

阿尔都塞在那个地方写道："斯宾诺莎是第一个对读，因而对写提出问题的人，他也是世界上第一个同时提出历史理论和直接物的不可知性的哲学的人。他在世界上第一次用想象与真实的差别的理论把阅读的本质同历史的本质联系了起来。"① 首次阅读时，这篇文章似乎显示了一种理论主义，阿尔都塞的批评家们因此责备他，阿尔都塞本人也意识到了他的错误。这种明显把阅读抬高到等同于历史理论或书写的知识，等同于文本，等同于阶级斗争的知识的地位上的做法，似乎标志着抹掉了非话语的或这物质的现实，这些东西被一个没有他者或外部的、无限的、无缝隙的话语性（discursivity）所代替。

然而，如果我们接受了这篇诚然很隐晦的文章并且重建对斯宾诺莎的分析——这种分析构成了这篇文章的可能性和可理解性的条件——我们就会发现完全相反的东西：不是对斯宾诺莎的解释，而是对力量关系的干预支配着他的文本，这种干预支持某些假设来反对其余的假设，将这些假设推向一些极端的结论，从而向着废除某种理论装置（theoretical apparatus）前进——

---

① 路易·阿尔都塞、埃蒂安·巴利巴尔：《阅读〈资本论〉》（*Reading Capital*），本·布鲁斯特（Ben Brewster）译，（London：New Left Books，1967），第16页。（中译文参照《阅读〈资本论〉》，李其庆、冯文光译，中央编译出版社，2001，第5~6页。——译者注）

在这种理论装置中，超越性、非物质性和理念性的概念占据统治地位。这种干预产生了一种彻底的唯物主义，它对于阿尔都塞的批评家们仍是难以辨认和难以想象的，对三百年前斯宾诺莎的批评家们来说也是如此。

让我们现在转向阅读和书写的理论，阿尔都塞发现这在哲学史中是如此富有革命性。它在斯宾诺莎《神学政治论》的第七章"论解释《圣经》"①中得到了陈述。这本著作的一个主要目的就是通过分析去削弱迷信的力量。迷信，这根思想的锁链让"人民既可英勇地为安全而战，也可英勇地为奴隶制度而战"，让人们"为一个暴君的虚荣不惜牺牲性命，不但不以为耻，反倒引为无上的光荣"②。这种迷信建立在违反自然的基础之上，它支持存于自然之上、超越自然或存在于自然背后的东西，并且支持非自然的东西。相反，斯宾诺莎通过排除超自然与超验的事物，力图与迷信战斗。他在《伦理学》中设想了一个世界，这个世界的本质和它的存在完全一致，一个没有潜在力量的真实的世界、一个没有外在于或超出于它自身的世界。正是因为这个原因，"**神即自然**"（*Deus sive Natura*）这个短语使他的时代震惊，并且似乎总结了贝勒所说的"系统的无神论"③。这个短语具有附带说明的性质，从而掩盖了它对于斯宾诺莎及其批评家们的重要性。

在没有求助于先验范畴的情况下，怎样使自然概念化（在自然中人类是一个部分而绝不是一个"国中之国"），这些先验范畴使自然容易受到解释学阅读的影响：这就是阿尔都塞在他的只言片语里提到的"直接物的不可知性"。此外，对这个目标的确认使斯宾诺莎关于《神学政治论》中经文解释方法的第一个命题变为可以理解的："《圣经》全部内容的知识，只能求之于

---

① 本尼迪克特·德·斯宾诺莎：《神学政治论》（*A Theologico-Political Treatise*），埃尔威斯（R. H. M. Elwes）译（New York：Dover，1951），第 98～199 页。这是唯一容易找到的《神学政治论》的译本，但是它通常不可靠。我已经在任何必要的时候对它进行了更改。依据拉丁语原本的标准版，参见斯宾诺莎《遗著》，卡尔·格布哈特（Carl Gebhardt）主编，第 4 卷（Heildelberg：Carl Winter，1925）。

② 本尼迪克特·德·斯宾诺莎：《神学政治论》，埃尔威斯译，第 5～6 页。（中译文请参照《神学政治论》，温锡增译《斯宾诺莎文集》第三卷，商务印书馆，2014，第 3 页。——译者注）

③ 皮埃尔·贝尔（Pierre Bayle），《历史批判词典》（*Historical and Critical Dictionary*）（New York：Bobbs-Merrill，1965）。

《圣经》，正如关于自然的知识是求之于自然一样。"① 越过《圣经》或向
《圣经》背后寻找隐匿的存在是徒劳的，这种隐匿的存在将成为一种必然
会被化约的真实。像自然一样，文本是完全与它的真实存在相一致的，它
是一个没有深度的表面，并未留下解释的余地。② 凡《圣经》都是展示给人
看的。解释学的方法也一样，这方法专为斯宾诺莎力图去揭露的、约定俗成的迷
信而设，这种迷信必须反对《圣经》的真实性，就像反对自然的真实性一样，而
去认同终极目的和神性意图，从而在"应该是什么"和"是什么"之间取得平
衡。迷信以同样的方式给予自然以拟人的投射，这是任何地方都可以找到的。因
此迷信给予《圣经》深刻的神秘性去证明它所支持的专制制度的合法性。

　　斯宾诺莎赋予《圣经》一种等同于自然本身的实在性和物质性。这是
不能被否定或拒绝的。《圣经》不代表或不表现一种更根本的真实。它是
自身完全而不可化约的真实。这种不可化约性必须从一开始就被承认，因
为它是广为人知的。《圣经》不再是一个隐藏真理的寓言外形，而是自然。
它的意义因此摆脱了所有关于反映、表现和参照的概念，只要这些词语暗
示着一种表现与被表现之间的等级关系。同时，"惟信圣经"这个诫
命——它只来源于《圣经》——绝不是取消或者包摄自然的实体性。相
反，用斯宾诺莎在《伦理学》中的话来说，《圣经》与自然是平行的，因
此同样重要。正如斯宾诺莎在《知性改进论》中主张的，名字或观念不能
还原为东西或物体本身："例如，彼得这人是真实的；彼得的真观念就是
彼得的客观本质，本身即是真的东西；而且是与彼得本身完全不相同
的。"③ 斯宾诺莎追加了一句：这就如同三角形不同于圆形一样。

---

① 斯宾诺莎（Spinoza），《神学政治论》（*Treatise*），第100页。（中译文请参照《神学政治论》，温锡增译《斯宾诺莎文集》第三卷，商务印书馆，2014，第104页。——译者注）

② 参见安德烈·托塞尔（Andre Tosel）的《斯宾诺莎与奴役的黄昏》（*Spinoza et le Crépuscule de la servitude*, Paris：Auber, 1984）和让-皮埃尔·奥瑟（Jean-Pierre Oser）的《霍布斯和斯宾诺莎的诠释学》（*L'Hermeneutique de Hobbes et de Spinoza*），《斯宾诺莎研究》（*Studia Spinozana*）卷3，1987。

③ 本尼迪克特·德·斯宾诺莎：《知性改进论》（*Treatise on the Emendation of the Intellect*），收录在《文集》（*Collected Works*）中，埃德温·柯利主编（Princeton：Princeton UP, 1986），第17~18页。（中译文请参照《知性改进论》，贺麟译，商务印书馆，1960，第29~31页。——译者注）

　　《圣经》那客观的、物质的存在首先是由写就它的语言所塑造的，换句话说，是由希伯来语所塑造的。希伯来语精确的特质和属性，甚至它的历史，让《圣经》成为这个样子。为了确立构成那些篇章的每一段和每一词的意义，我们必须放弃所有对于真实的依赖，也就是自然的真实（或者，对斯宾诺莎而言的同样的真实，即上帝），一种文本外部的真实。任何想让《圣经》与外部真实相一致的尝试都会拒绝《圣经》本身的真实，也会放弃那个明确的推断："关于《圣经》的知识只能求之于《圣经》。"①

　　在这一点上，我们也许会提出一个十足的斯宾诺莎式的问题：是什么东西让解释在广为人知的真正客体之外去寻找《圣经》的意义和真实？根据斯宾诺莎式的原则，这个问题的答案的关键不在于《圣经》的历史，而在于解释的历史，这些解释自身拥有独立的存在。因为整个希伯来语的知识都会迫使读者面对一个不可逃避的事实，即《圣经》的存在。它从始至终贯穿着模糊不清、前后不一致和矛盾。希伯来语的知识，远不能消除这些困难，只是让它们显得更加突出。斯宾诺莎举出了源自古希伯来语特质的一个错综复杂的完整序列。元音和标点符号的缺乏使得文本的若干部分变成独立的句子。文本的顺序和连贯性是后代的读者强加上去的，因此这是从一开始就该摒弃的。知识没有因此将我们从无序的外观引向一种隐匿的、原初的简明性和纯粹性，而是把我们引向了对《圣经》自身特有的复杂性的恢复。

　　但是，对于把握叙述本身的无序性，一种专门的希伯来语知识并不是必需的。因为，正如斯宾诺莎所说，在翻译中，这种特有的无序性"对于任何一个集中注意力的人"都同样明显。如果我们现在任意地忽视《摩西五经》的客观存在，我们会看到"这五卷书里所有的历史和箴言，不顾年月的先后，杂乱无章地放在一起；还会看到同一故事如何常常重复地讲，

---

　　①　斯宾诺莎：《神学政治论》（*Treatise*），第 101 页。（中译文请参照《神学政治论》，温锡增译，《斯宾诺莎文集》第三卷，商务印书馆，2014，第 104 页。——译者注）

有时是用不同的形式来讲；看到所有的材料是胡乱地搜集了来堆在一起的"①。正如后代人提供了文本自身缺乏的语法一致性一样，几代评论家都试图使构成《圣经》的这些迥然不同的和互不兼容的叙述材料和谐起来。

另外，斯宾诺莎还发现了《圣经》复杂性的另一种方式，即它的教义本身的复杂性。"至于上帝的性质，上帝如何对待万物，如何供给万物等教理，《圣经》中则没有讲得明白确切。相反，我们已经说过，预言家他们自己对此也无一致意见。所以关于这些问题，我们不可立下一个教义，说是《圣经》所说。"②

因此这个方法假设，文本的不可化约的物质性建构了一个广为人知的客体，这是一个由来自不同时间、不同地点甚至不同语言的叙述材料构成的合成物，它们在单一文本中的真正的共存成了一个需要解释的问题。我们或许也可以看到成为整个《圣经》解释传统之基础的那些主要原则当中的一个原则。它以对《圣经》的客观物质存在的根本否认为基础；它存在的真正理由是通过解释消除那些文本中公开展示的对立和不一致。甚至最伟大的评论家们——就像迈蒙尼德（Maimonides）③ 在《解惑指引》（More Nebuchim）中那样——也犯有这样的过失，他暴露矛盾只是为更好地通过解释去消除它，去恢复文本的和谐，去平息难解事物引起的疑虑。对于《圣经》本身和它可以被任何人阅读这种情况的拒绝，使一种超文本意义（类似于一种由迷信机制加在这个世界上的超自然意义）的生产成为必要，这种生产只能由教会权威机构发起并且受它的保护。

重要的是，斯宾诺莎对《圣经》的解释不同于他在其他著作中所描述的那种操作。他拒绝把《圣经》化约为自然或理性（就像他拒绝把自然化约为《圣经》一样）。就此而言，他所谈论的是一个客体，一个其他人没有、不能或者也不会理解的客观存在。

---

① 斯宾诺莎：《神学政治论》（Treatise），第135页。（中译文请参照《神学政治论》，温锡增译，《斯宾诺莎文集》第三卷，商务印书馆，2014，第142页。——译者注）
② 斯宾诺莎：《神学政治论》（Treatise），第104页。（中译文请参照《神学政治论》，温锡增译，《斯宾诺莎文集》第三卷，商务印书馆，2014，第108页。——译者注）
③ 迈蒙尼德：（1138~1204），中世纪犹太教首屈一指的犹太神学家、哲学家。迈蒙尼德在他的《解惑指引》一书中藐视占星术，他是最有影响的一位犹太哲学家。

但是这个干预本身还需要另一个独立的干预，它对《神学政治论》的重要性还没有被充分地认识到。斯宾诺莎不是第一个假设《圣经》的矛盾不可化约的人。在斯宾诺莎之前将近20年，托马斯·霍布斯把他用来获得自然知识的那个方法——分解－综合法（the resoluto-compositive method）——施加于《圣经》上。因此在《利维坦》的第三十三章，他把《圣经》分成诸要素——正如他愿意把《圣经》分成任何有形的实体——把他的研究分成"《圣经》篇章的数目、年代、范围、根据和注释家"等部分。[1] 霍布斯和斯宾诺莎一样，对他们而言，组成《圣经》的这些词句再也不揭示或隐匿比它们自身更深邃的意义了。相反，它们凝成了可供研究的对象。

霍布斯同样找出了矛盾的论述和不一致的地方。例如，摩西在《申命记》中谈到了他自己的葬礼，这被认为是他写的，却是一件连先知也很难做到的事。[2] 怀疑《圣经》作者的身份，承认《圣经》是由许多双手和许多思想造就的一个人为的合成物，就是怀疑《圣经》的真正的可靠性。

但是（正是这一点把霍布斯与斯宾诺莎区分开了）《圣经》内部的差异最终质疑了它作为一个文本的存在，从而使它无法解释，变成了一个谜。有机统一的根本缺乏使君主的中介作用成为必需。君主将通过英国国教的机构，把文本的冲突和对立纳入一个最终获得（人为的）意义的人为的统一体。霍布斯因此而需要神秘。在这一点上，他必须暂停在《利维坦》中对解释方法的探索，因为朝着《圣经》特有的合理性多迈出一步，都会削弱真正的权威，正是《圣经》的神秘性赋予了它合法性且使它成为必要。

作为神秘的敌人和奴役的反面，斯宾诺莎是不受束缚的，而正是这种束缚阻止霍布斯发展出一种适用于《圣经》的阅读方法。在斯宾诺莎手中，文本的冲突展现为《圣经》作为一种物质的人为产物的构成标志：它的历史性和作者的多样性（《圣经》的汇编问题），还有它作为一个文本所

---

① 托马斯·霍布斯，《利维坦》（Middlesex：Pelican，1968），第415～427页。

② 托马斯·霍布斯，《利维坦》（Middlesex：Pelican，1968），第417页。

经历的转变。

斯宾诺莎引用耶稣的话作为例子，"如果有人打你右边的脸，把你左边的脸也转过去"。这句话废止了摩西的法律，即"以眼还眼"的观念。① 斯宾诺莎不是通过一个解经的程序（把一些附加进文本中的东西宣称为是从文本中发现的）歪曲相互对立的教义使之一致，而是接受了这种不可化约的矛盾，进而通过寻找它的起因去解释它。他发现，尽管摩西"努力去寻找一个秩序井然的国家并作为一个立法者颁布法律"，可耶稣却训诫道："在正义被忽视的地方和受压迫的时候，屈服于伤害是唯一合理的。但这不适用于一个秩序井然的国家。"② 文本既不是一个谜，也不是一个隐喻；既不是不确定的（因而是不可理解的）矛盾，也不是隐匿的（因为是超文本的）统一：因为这些矛盾使文本可以理解，正是矛盾构成了文本的历史的和物质的真实。

从 1677 到 1720 年，斯宾诺莎已经造出了《圣经》的、书写的物质性这一概念，法国和英国的斯宾诺莎批评家们对此非常了解。③ 但这并不意味着其他人——像在他之前的霍布斯和后来的理查德·西蒙（Richard Simon）——不能占据同样的位置去探索它，通过造出新的谜而把它颠倒过来，以更好地维护权威。

现在我们也许明白了为什么阿尔都塞重视斯宾诺莎的阅读理论。在我们的时代，大量的理论已经进入这个领域去反对这个观念，即文学（和哲学的）文本是统一和连贯的。这些理论拒绝否定或者否认文本表面的物质性，就此而言，他们画出了一条把他们与某种确定的文本理想主义分离开的界线。

---

① 斯宾诺莎，《神学政治论》（*Treatise*），第 105 页。（中译文请参照《神学政治论》，温锡增译，《斯宾诺莎文集》第三卷，商务印书馆，2014，第 109 页。——译者注）

② 参见保罗·维尼尔（Paul Vernière）《斯宾诺莎和法国革命前的思想》（*Spinoza et la pensée francaise avant la revolution*，Paris：Presses Universitaires de France，1954）和罗莎莉·L·科利（Rosalie L Colie），《斯宾诺莎在英国，1665~1730》（Spinoza in England，1665 – 1730），《美国哲学学会会刊》（*Proceedings of the American Philosophical Society*）107，3（June 1963），183 – 219。

③ 斯宾诺莎：《神学政治论》。

但是，斗争并没有就此终结；它不过是以一种新的形式再现。当阿尔都塞提出针对马克思的症状阅读这个概念的时候，这个概念强调了理论文本不可避免的矛盾性——不是将它当作可能受到责备的错误，而是把它当作文本的可理解性的真正原则——他的论述同时构成了对两个截然不同的理论对手的干预。阿尔都塞反对的不仅是盲信文本统一性和连贯性的人，无论是寻找文本多义性的解释学读者，还是描绘出一种适合于任何文本的体系的结构主义者；他还画出了一条界线，将自己与那些利用文本的对抗性和冲突性的概念来声称文本不可知、无法合理把握的人区分开来。《阅读〈资本论〉》问世 20 年后，这个倾向变得无限强大。正如那些研究斯宾诺莎的人一样，该倾向的盲信者赞美非物质性和不确定性，以把文学和哲学文本变成无法解释的、不可思议的存在。这虽然刺激着我们去探索，但仍然会必然地走向一无所知。

在《意识形态和意识形态国家机器》里，阿尔都塞是作为一个斯宾诺莎主义者在讲话，他认为质料存在于不同形式之中。这一陈述允许他去假设意识形态的物质存在。反过来，它让我们假设一种书写的物质性，谈论一种语言的物质性。这个概念是我们在普遍意义上获得文学文本和语言形式的知识的真正条件。如果我们在文学生产理论上没有更进一步，这是因为这种特殊的物质性仍待指明和界定。正如阿尔都塞所做的，这样一个课题对我们理解斯宾诺莎离经叛道的学说（即他的理论革命）也许是一个合理的开始。

肯纳与艾尔曼的《乔伊斯传》

吕国庆

（陕西师范大学文学院）

摘　要　肯纳与艾尔曼都是现代主义权威批评家，尤其在研究乔伊斯方面，成就卓著，被乔学家们推尊为乔学中的双峰。但是，两人都不愿意成为对方的同代人，相互的批评理念扞格不入。本文论述了肯纳现代主义学术志业的缘起，并深入剖析了肯纳对艾尔曼《乔伊斯传》的苛责与激赏，最后得出结论：肯纳聚焦"爱尔兰人的事实"，力图清除与艾尔曼《乔伊斯传》相关的学术噪音，精确而逻辑一贯地排演了他的传记即虚构的学术立场。

关键词　肯纳　艾尔曼　《乔伊斯传》　"爱尔兰人的事实"

> 写传记的人都是背叛主的犹大。
>
> ——王尔德

第二次世界大战结束以后，艾尔曼（Richard Ellmann）是最先为现代主义划定版图，并推动现代主义作家成为学院派研究的合法对象的学者之一。[①] 艾尔曼在英文语境持续、雄辩地推介、阐发现代主义文学，编辑现代主义研究文献，撰写现代主义研究论著，被推许为现代主义权威批评家。艾尔曼现代主义研究的重心是乔伊斯。他与梅森（Ellsworth Mason）合编了《乔伊斯批评文集》（*The Critical Writings of James Joyce*，1959），编

[①]　Henry Hart, "Richard Ellman's Oxford Blues", *The Sewanee Review*, Vol. 117, No. 2（Spring, 2009）, p. 268.

辑了《乔伊斯书信》卷2、卷3（1966），以及乔伊斯遗作《贾柯莫·乔伊斯》（*Giacomo Joyce*，1968），并先后出版了《乔伊斯传》（*James Joyce*，1959，1982）、《利菲河上的尤利西斯》（*Ulysses on Liffey*，1972）、《乔伊斯的意识》（*The Consciousness of Joyce*，1977）等研究乔伊斯的著作。

在乔学（Joyce Scholarship）发展史中，艾尔曼的《乔伊斯传》久负盛名，把传主乔伊斯塑造为典范的20世纪现代主义者。自从出版以来，这部传记一直是乔伊斯的拥趸（Joycean）不可或缺的文献。克莫德（Frank Kermode）评说："艾尔曼的《乔伊斯传》，通过800页篇幅让人叹为观止的权威书写，为一代人固定了乔伊斯的形象"[1]，使得"此前的乔伊斯研究"像是"有教养的业余人士的著作"[2]。吉尔伯特（Stuart Gilbert）评说："我们这些乔伊斯的拥趸都坚信，从各个方面审视，艾尔曼教授的《乔伊斯传》都是最可靠的（definitive），是学术客观性和精确研究的杰作，思路清晰地收集和陈列事实，而且海量的细节从未妨碍分析。"[3] 到了1970年代，戴明（Robert Deming）还认为这部传记是"最可靠的"。[4]

如上这些赞誉《乔伊斯传》的溢美之词都是判断，而"哪里有判断，哪里就有噪声"。[5] 在另外一位现代主义权威批评家肯纳（Hugh Kenner）看来，正是这些噪声毁损了《乔伊斯传》的真面目和对待它的正确姿态。

一　肯纳学术志业的缘起

中文语境下，与艾尔曼比起来，肯纳是相对陌生的。然而，他们两人不仅是同代人，前者比后者年长不到五岁，而且都是现代主义权威批评

---

[1] Frank Kermode, *Puzzles and Epiphanies*：*Essays and Reviews*1958 – 1961（New York：Routledge, 2015），p. 86.

[2] Frank Kermode, *Puzzles and Epiphanies*：*Essays and Reviews*1958 – 1961, p. 87.

[3] Stuart Gilbert, "In the Wake of His Life Flowed His Art", *Saturday Review*, 24 October, 1959, p. 43.

[4] Robert Deming ed. , *James Joyce*：*The Critical Heritage*. 2 Vols. （London：Routledge and Kegan Paul, 1970），p. 29.

[5] 〔以色列〕丹尼尔·卡尼曼、〔法〕奥利维耶·西博尼、〔美〕卡斯·R·桑斯坦：《噪声：人类判断的缺陷》，李纾等译，浙江教育出版社，2021，第11页。

家，尤其在研究乔伊斯方面，成就卓著，被乔学家们推尊为乔学中的双峰。我们今天理解的乔伊斯及其著作都带着艾尔曼和肯纳的印记。然而，两人都不肯学习去成为对方的同代人，以至于相互的批评理念扞格不入。布鲁姆称肯纳是区隔艾尔曼在乔学中另辟传统的教皇。①

1923 年，肯纳出生于加拿大安大略省彼得伯勒市，先后于 1945 年和 1946 年在多伦多大学获得学士学位和硕士学位。肯纳原以为，有了英文专业的硕士学位，他的学术未来便有了保障，因为当时多伦多大学英文系授予的最高学位就是文科硕士。硕士毕业后，肯纳结识了刚来多伦多大学执教的剑桥大学博士麦克卢汉。肯纳在与麦克卢汉的交往中打开了眼界，称其为世界性的贤哲（universal sage）。麦克卢汉认为，在战后的世界，如果没有博士学位，肯纳是不会有学术未来的。1948 年仲夏，麦克卢汉带着肯纳开车前往耶鲁大学，拜访刚去那里执教自己的老朋友新批评派布鲁克斯。他们到达纽约的时候，得知布鲁克斯不在纽黑文，三天后才回去。在纽约的一家餐馆就餐时，一位萍水相逢的食客告知他们，庞德可以接待访客了。于是，他们先去位于华盛顿的圣伊丽莎白医院拜访了被囚禁的庞德。当时，两人并不是庞德的拥趸，肯纳只熟悉现代主义作家中的乔伊斯；麦克卢汉还是一个新批评派，相信利维斯的判断，把艾略特当作最伟大的现代主义诗人。

1948 年 6 月 4 日，肯纳第一次见到庞德。此前，他对庞德一无所知。他所就读的多伦多大学，也包括牛津大学，英文课程截止到华兹华斯去世的 1850 年。麦克卢汉在剑桥大学获得博士学位，相对而言，更加熟悉现代主义作家，告知肯纳艾略特和庞德的重要性。1948 年 6 月的某一天，在与庞德两个小时的谈话后，肯纳知道自己正置身于现代主义主导精神的前端。此后，肯纳一直推尊庞德为自己的精神导师。

1948 年秋天，肯纳到耶鲁大学师从布鲁克斯攻读博士学位。但是，新批评派的技术方法还不足以解读庞德和乔伊斯；这两位现代主义者在美国

---

① See Joseph Brooker, *Joyce's Critics*（Madison：The University of Wisconsin Press, 2004），p. 98.

大学里第一代最卓越的读者是肯纳，一个从多伦多闯入耶鲁的局外人，和半疯半痴的天才麦克卢汉亦师亦友。肯纳还在读硕士的时候，多伦多大学的校长，肯纳父亲的同学，对他寄予厚望，善意地提醒他说，你真的打算在乔伊斯的著作中浪费你的天赋吗？肯纳的回答固执而确定，但他必须去别处研读乔伊斯，因为当时多伦多的图书馆只藏有一本《尤利西斯》，借阅条件是要出示两封推荐信：一封来自医生；一封来自教士。肯纳无法得到医生的推荐信，就委托一位神父帮他私运了一本《尤利西斯》。肯纳博士论文的选题就是乔伊斯，最终以《詹姆斯·乔伊斯：进行中的批判》（*James Joyce：Critique in Progress*，1950）为题名获得耶鲁大学博士学位。这篇博士论文经过改写，于 1956 年以《都柏林的乔伊斯》（*Dublin's Joyce*）为题名出版。

　　肯纳是庞德教育的第三代人。庞德指教肯纳说，现代主义文学是指"精简的措辞被安放在自然的秩序中"。① 在庞德诗学的影响下，肯纳的现代主义研究向我们示范了如何阅读庞德和乔伊斯，还有贝克特，以及怎样鉴赏我们的阅读内容。肯纳经常引用庞德一句推重事实的句子：那边那只该死的松鼠就是那只该死的松鼠，并非别的什么东西。这是典型的希腊精神，即把万物按照它们实际所是的样子去理解。庞德与肯纳口头交流时，语言也是有结构的，要用完整的句子，主语和谓语都要说出来，有时甚至用复句。庞德盛赞福特·马多克斯·福特的小说，认为那是有结构的创造。庞德有为别人修改句子的癖好。他试图约简福特小说中的造句，结果无法做到比福特的造句更经济。肯纳传承了庞德作风，盛赞有结构的文本，擅长从文本中精确地拎出事实，并从中发掘连锁这些事实的秩序性结构。从事文学批评的伊始，肯纳就确信，艺术拥有一个智力结构（intelligible structure），等待着智慧的读者批评家去揭示。②

　　庞德教诲肯纳说，拜访我们时代的伟大人物是你接受教育的义务。庞德

---

① Hugh Kenner, *The Elsewhere Community* (Oxford & New York：Oxford University Press, 2000), p. 36.

② William H. Pritchard, "Hugh Kenner's Achievement", in *The Hudson Review*, Vol. 57, No. 3, 2004, p. 387.

给肯纳开列了一些健在的现代主义作家的名单和他们的住址，有艾略特、贝克特、刘易斯（Wyndham Lewis）、威廉斯（William Carlos Williams）、摩尔（Marianne Moore）、海明威、祖科夫斯基（Louis Zukofsky）等。这些伟大人物，除了当时身在古巴的海明威，肯纳一一拜访了，与他们结成了文学姻缘，评估他们著作的文学价值，在他的实际经验中建立了与现代主义直接通联的教育系统。教育系统是肯纳关注的一个重要面向，他会说荷马教育了古希腊人，荷马仍然在教育我们。

1949 年，庞德凭借他的《比萨诗章》（*The Pisan Cantos*）获得柏林根诗歌奖（Bollingen Prize For Poetry）。庞德一度政治不正确地牵连于排犹（anti-Semitism）和墨索里尼的法西斯主义，这使他的获奖迅速在美国酿成一场轩然大波。在给肯纳的信中，艾略特称这场风波所达到的程度"是文人遭受的恐怖"。[1] 时年 26 岁的肯纳被知识界对庞德一轮又一轮的围攻激怒了。肯纳说，如果没有别人站出来为诗人庞德说话，他决定为庞德一辩，反正自己名不见经传，没有什么好顾虑的。[2] 肯纳的这一决断使他彻底走上现代主义文学批评的道路，先后出版了一系列现代主义论著，尤其是他的庞德和乔伊斯研究，包括《庞德的诗》（1951，1985）、《庞德时代》（1971）、《都柏林的乔伊斯》（1956）、《乔伊斯的声音》（1978，2007）、《尤利西斯》（1980，1987）等，为肯纳奠定了现代主义权威批评家的地位。

1979 年，第一届乔伊斯学术研讨会在瑞士的苏黎世召开。弗里茨·塞恩（Fritz Senn）当着与会人员亦庄亦谐地说，在座的恐怕还没有谁没有引用过肯纳；如果肯纳此时拿着一枚饼干罐向大家扔过去（就像《尤利西斯》12 章结尾，大公民拿着饼干罐扔向布鲁姆一样），它准能砸中一个准确无误引用过他的人。乔学家对肯纳的评价是："肯纳敏锐的文本分析、

---

① Hugh Kenner, "Preface to the Boston Book Edition: Retrospect: 1985", *The Poetry of Ezra Pound* (Lincoln & London: University of Nebraska Press, 1985), p. 5.

② Hugh Kenner, "Preface to the Boston Book Edition: Retrospect: 1985", *The Poetry of Ezra Pound*, p. 6.

创造性洞见，以及博学，使得他的写作对乔学产生的重大影响长达 30 多年。"①

二 爱尔兰人的事实

1956 年 11 月，肯纳乘三叉戟，飞抵爱尔兰香农机场。此后，他又去过都柏林十几次，遍访与乔伊斯相关的风物人情。肯纳第一次去都柏林，游历了乔伊斯的出生地都柏林南郊拉斯加（Rathgar）。在和位于拉斯加三位主保圣人教堂（Church of Three Patrons）的一位神父聊天时，肯纳问他是否知道《尤利西斯》中的利奥波德·布鲁姆在与摩莉·布鲁姆结婚前就是在这座教堂受洗的，因为摩莉·布鲁姆赞同很多事情，却唯独不赞同异教通婚。神父回答说，他不知道，但是他用粗哑的嗓音强调说："你知道还有谁是在我们教堂受洗的吗？——詹姆斯·乔伊斯！"② 这位神父提供的口头证据，表面上是说得通的，因为斯蒂芬也是在这座教堂受洗的，给他和布鲁姆施洗的都是查理·马洛尼（Charles Malone）神父；斯蒂芬是乔伊斯美学自传的形象；而且乔伊斯就出生在附近，又是布鲁姆的创造者，他的确应该就在这里受洗。③ 然而，乔伊斯实际上是在位于圆镇（Roundtown）圣约瑟夫的小教堂（Chapel of Ease）受洗的。

第一次去都柏林之前，肯纳收到一位都柏林人写给他的一封信，写信人署名 W. P. 达西（W. P. D'Arcy）。信文的起首用语引起肯纳的注意："我的父亲，已故的巴特尔·达西（Bartell D'Arcy）先生……"肯纳急忙回信致意说，老达西先生出现在乔伊斯最伟大的短篇小说《死者》中。小达西先生又写信给肯纳，信文大意是：他的父亲认识乔伊斯的父亲，两人周末晚上经常一起唱歌；乔伊斯把他的父亲写进了《死者》，说他的嗓子"像

---

① A. Nicholas Fargnoli & Michael Patrick Gillespie, *Critical Companion to James Joyce: A Literary Reference to His Life and Work* (New York: Checkmark Books, 2006), p. 306.

② Hugh Kenner, *A Colder Eye: The Modern Irish Writers* (Baltimore: Johns Hopkins University Press, 1983), p. 3.

③ Hugh Kenner, *A Colder Eye: The Modern Irish Writers*, p. 3.

乌鸦一样粗哑";老达西先生认为这是造他的谣,太粗鄙了,找律师要打官司;律师说,罪名不成立,因为没有案例;老达西先生到处宣讲这桩事,一边宣讲一边酗酒,后来死于肝硬化。①

第一次去都柏林的时候,肯纳和这位小达西先生约定在奥康纳(O'Connell)桥附近见面。那是 1956 年 11 月下午 3 点以后,北纬 53 度的都柏林,当时的天色已近黄昏。小达西先生身材矮小,表情机警,穿着大衣。两人一路向南溜达,小达西先生打开了话匣子,说肯纳有必要知道一个人,叫亨特先生,1904 年之前,他住在都柏林克朗里夫(Clonliffe)路,乔伊斯和斯坦尼斯劳斯都认识他。根据小达西先生的讲述,亨特是犹太人,都柏林人都知道他的妻子和很多男人过从甚密;亨特也知道这些男人,但是由于某种原因他无法控制自己的妻子;他的妻子还有一半西班牙血统。肯纳听到这里,对小达西先生笃定地说,你这是在说摩莉·布鲁姆。小达西先生说,是的。他们走过几个街区,小达西先生一边走一边说:"她那位特别先生,为她组织旅行音乐会的,当然不止组织旅行音乐会,就是博伊兰,实际上,他姓可瑞克(Creech),原来和家父一起在邮局工作。我这里随身带了一张照片,可能对你有帮助。"② 他们走到格莱弗顿(Grafton)街西侧凯普和彼得森(Kapp and Peterson)门店的近前时,小达西先生给肯纳看了那张照片,就是留有大胡子的可瑞克,抱着胳膊端视镜头。小达西先生说:"有一天,亨特先生正走过这条街,我刚好在场,可瑞克从斯蒂芬绿园的灌木丛处走过来。他们两人面对面相遇了。我亲耳听见亨特对可瑞克说,你和你他妈的旅行音乐会。"③

肯纳对小达西先生提供的信息进行了评估:关于亨特先生的妻子及旅行音乐会,或者小达西先生讲述的实有其事,这促使乔伊斯在《尤利西斯》中为摩莉·布鲁姆安排了一位西班牙母亲,及其与旅行音乐会相关的

① Hugh Kenner, "The Impertinence of Being 'Definitive'", in *Mazes* (San Francisco: North Point Press, 1989), p. 102.
② Hugh Kenner, *A Colder Eye: The Modern Irish Writers*, p. 6.
③ Hugh Kenner, *A Colder Eye: The Modern Irish Writers*, p. 6.

细情；或者小达西先生受到了激发，即兴排演了《尤利西斯》中的相关内容。[1] 新近的研究表明，博伊兰的姓氏至少和可瑞克没关系，极有可能来自奥古斯塔·博伊兰（Augustus Boylan, 1872~1963）。这位博伊兰在1904年斐斯考尔（Feis Ceoil）音乐节上和乔伊斯一道参加了歌唱比赛。《死者》中达西先生的原型实际上是巴多罗买·麦卡西（Bartholomew McCarthy, 1840~1926），一位都柏林著名的业余男高音，他和乔伊斯的父亲至少三次同台演唱。[2]

1981年夏天，肯纳去都柏林参加乔伊斯研讨会。与会者先后在都柏林大学学院的多间旧教室相聚。休会期间，肯纳为了自娱，反复问道：《青年艺术家的画像》（下文简称《画像》）第五章斯蒂芬与教务主任谈话时，他们旁边那座壁炉的位置在哪里？无论肯纳在哪间旧教室问起，每一个爱尔兰的信息提供者都回答说，就在那边。《画像》中，都柏林大学学院那座壁炉所在的教室是一间物理课专用的阶梯教室。所以，这些答案，要么全错了，要么只有一个是对的。

肯纳把如上这些貌似可信的口头证词称作爱尔兰人的事实。艾尔曼的《乔伊斯传》1959年版中广泛称引了爱尔兰人的事实，其中关于亨特先生、达西先生，以及博伊兰，是对爱尔兰人的事实的不同组装。1982年，《乔伊斯传》再版的时候，艾尔曼增加了许多新内容，有关小达西先生；他也和艾尔曼通了信，通信的事实被艾尔曼放入1982年版《乔伊斯传》的注脚，[3] 为1959年版的《乔伊斯传》"增添了木料（sticks）"，[4] 却没有提及亨特和可瑞克戏剧性的相遇。

1959年，艾尔曼《乔伊斯传》首版中叙述，乔伊斯于1882年2月2日出生于都柏林南郊拉斯敏斯（Rathmines）的布莱顿广场西路41号。这里是错把拉斯敏斯当成拉斯加了。肯纳是最早看出其中错误的读者之一。

---

[1] Hugh Kenner, "The Impertinence of Being 'Definitive'", in *Mazes*, p. 104.

[2] Sam Slote, et al., *Annotations for James Joyce's Ulysses* (Oxford: Oxford University Press, 2022), p. 288.

[3] Richard Ellmann, *James Joyce*, New and Rev. ed. (Oxford: Oxford University Press, 1982), p. 768. n9.

[4] Hugh Kenner, "The Impertinence of Being 'Definitive'", in *Mazes*, p. 105.

艾尔曼的《乔伊斯传》1959 年版，说乔伊斯于 1882 年 2 月 5 日在特伦纽尔镇（Terenure）圣约瑟夫大教堂（St. Joseph）受洗，而这所教堂直到 1904 年才建成。乔伊斯实际上是在圆镇（Roundtown）圣约瑟夫小教堂（Chapel of Ease）受洗的，已经拆毁了，但是里面的受洗记录迁移到位于特伦纽尔镇的圣约瑟夫大教堂。肯纳批评道，艾尔曼没有考虑空间的异位，就将这两座教堂混为一谈。① 直接征引书写记录倒是方便的，而这些书写记录的保存地不一定就是书写它们的第一现场。就在乔伊斯诞生一百周年之际，艾尔曼《乔伊斯传》出了第二版，订正了如上两处错误。

艾尔曼《乔伊斯传》1959 年版和 1982 年版都描述了乔伊斯父母送他去克朗戈斯伍德学院上学的细节："他的母亲两眼含泪，恳求他不要和粗野的男孩说话；他的父亲则提醒他，他的外曾祖父约翰·奥康纳 50 年前在克朗戈斯向解放者做过一次演讲。他父亲给他两枚五先令银币当零花钱，还要求他绝不给别的男孩打小报告。"② 肯纳认为，这里面提到的四个细节都是从《画像》中提取的，因为它们的见证人在《乔伊斯传》1959 年发表第一版之前早已去世。艾尔曼从《画像》中提取这些细节时也没有完全忠实于原文的语境。对读《乔伊斯传》与《画像》，肯纳发现，《画像》中给解放者做演讲这个细节并不是小主人公的父亲在克朗戈斯伍德学院大门前的回忆；而且《画像》中说的是"舅公"（granduncle），③ 不是"外曾祖父"（great-grandfather）。给六岁儿童"两枚五先令的银币当零花钱"，这一细节是《画像》中的一大特色，契合斯蒂芬的父亲西蒙·迪达勒斯挥霍的中产阶级性格。但这又怎么可能与乔伊斯的实际经验对等呢？依据肯纳的估算，当时一户人家一周的生活费才一英镑，对照物价，两枚五先令的银币相当于 20 世纪 80 年代的 20 英镑。

艾尔曼以平视巨人的姿态认为，乔伊斯没有创造性，没有想象力，所

---

① Hugh Kenner, *Historical Fictions* (Athens & London: The University of Georgia Press, 1995), p. 49.

② Richard Ellmann, *James Joyce*, 1959, pp. 26 – 27; 1982, p. 27.

③ James Joyce, *A Portrait of the Artist as a Young Man* (Oxford: Oxford University Press, 2000), p. 21.

写下的文字很少不是亲见、亲闻的。有了这个判定做前提，凡是被乔伊斯写入虚构文本中的内容几乎可以看作原初的事实了。果真如此，那么艾尔曼就可以自由地从乔伊斯的虚构文本中提取他的传记所需要的细节。艾尔曼甚至把《贾科莫·乔伊斯》（*Giacomo Joyce*）中三分之二的内容写进他的《乔伊斯传》，却不给出提示：那只是一个虚构文本。① 可以看出来，艾尔曼先是权威地断定乔伊斯没有想象力，只能写亲见、亲闻的事实，那么乔伊斯虚构文本中的细节一定实有其事，而把这些细节写进《乔伊斯传》，就证明乔伊斯没有想象力，只能写亲见、亲闻的事实，这是一个循环论证。虽然是循环论证，却没有做到逻辑一贯，不但随心所欲地从虚构文本中提取细节，还随心所欲地对它们进行重新安排，就像爱尔兰人的事实。

三 传记即虚构

20 世纪 70 年代和 80 年代，坊间盛传肯纳在与友人的私密交往中反复攻击艾尔曼的智力与诚实。艾尔曼去苏黎世演讲的时候，弗里茨·塞恩（Fritz Senn）向他探听他与肯纳之间争执的缘由。艾尔曼把它归咎于肯纳的苛责，并耿耿于怀地向塞恩抱怨说："他从未喜欢我所做的任何事。"② 实际上，肯纳对待《乔伊斯传》的姿态是苛责中渗透着激赏。在纪录片《对话中的理查德·艾尔曼与谢默斯·希尼》中，希尼向艾尔曼问道："我认为，人们更愿意把你当作杰出的乔伊斯传记作家。在这部传记中，有什么特别的事情让你津津乐道？"艾尔曼回答说："你肯定懂得，你正在发掘一些事情，它们不仅自身是有趣的，而且如果你不去发掘它们，它们可能永远不会被发现了，因为见证者们正不幸地纷纷离世，这对于传记作家而言是一个大快乐。"艾尔曼如上的表述在肯纳评价《乔伊斯传》的文字中得到了辉映：

① Edward M. Burns, ed., *Questioning Minds: The Letters of Guy Davenport and Hugh Kenner* (Berkley: Counterpoint, 2018), p. 1012.

② Christine O'Neill, ed., *Joycean Murmoirs: Fritz Senn on James Joyce* (Dublin: The Lilliput Press, 2007), p. 178.

（艾尔曼的《乔伊斯传》）是我们可能读到的最好的乔伊斯传。任何人想要重新开始书写乔伊斯传，都是徒劳的，艾尔曼开始他的研究适逢其时，他为我们保全的一切赢得了我们的感激之情。如果读者记得，从高曼的乔伊斯传中提取传主最基本的年表都很艰难，那他就不会低估艾尔曼的贡献。艾尔曼严格地划定了事实的坐标方格：日期、地址、事件的顺序。那些书信，那些局内人的洞见（大多来自乔伊斯老弟斯坦尼斯劳斯）：毫无疑问，这部传记取代了此前全部的乔伊斯传。这是我们有可能读到的最具综合性的传记，就在艾尔曼调研的时候，太多的资源正在消逝。人们死掉了，都柏林和巴黎已经改变了；那些陈年往事的见证者，多亏了艾尔曼，他们的记忆，他们当时最具洞察力的认知，已经成了艾尔曼传记中的内容。①

在肯纳看来，艾尔曼的《乔伊斯传》虽然是"符合标准的传记"，②但是，它并没有做到"使事实精确"，③ 而一些评家却把它判定为最可靠的杰作，这样的评价显然不合时宜。如果艾尔曼的《乔伊斯传》是最可靠的杰作成为学术常识，那么不求甚解的读者就会把艾尔曼所确立的乔伊斯形象等同于乔伊斯的真面目了。经过肯纳从经验到文本的检视，我们发现，艾尔曼的《乔伊斯传》过度倚重那些曾经认识乔伊斯的爱尔兰人向他讲述的好故事，而艾尔曼如果听到的是好故事就不会割舍，不会顾念奥卡姆剃刀原理：如无必要，勿增实体；但是，爱尔兰人的讲述，也就是被肯纳界定为爱尔兰人的事实，它们仅是口头证据，不等于事实本身，通常是当下的意识叠加过往的经验；艾尔曼对这些爱尔兰人的事实缺乏必要的警惕，也没有对它们做出精确的评估；同时，艾尔曼也没有严格地区别实际经验与虚构文本中的经验，直接从虚构文本中提取生活细节，并没有做到实事求是；结构上的安排，是按照时间的顺序切分成章，打上时年标记，就像

---

① Hugh Kenner, *Ulysses* (London: George Allen & Unwin, 1980), p.171.
② Hugh Kenner, *Ulysses*, p.176.
③ Hugh Kenner, "Preface to the Boston Book Edition: Retrospect: 1985", *The Poetry of Ezra Pound*, p.7.

一个个摞起的纸壳箱，使得有关漫长岁月的叙述略显僵硬。

威廉·贝克（Wlliam Baker）在访谈中向艾尔曼提问："乔伊斯有很多不受人待见的品质，比如骄傲、自我中心，也许还有一些轻微的傲慢；他还调情，是一个酒鬼，然而你却在你的《乔伊斯传》1982 年版中说，你对乔伊斯的喜爱复苏了，这怎么可能呢？"艾尔曼回答说："乔伊斯自己提出一个问题：谁是完美的？我们都是有弱点的。我想，乔伊斯让我们更加懂得我们的不完美。这样，我们在乔伊斯身上发现缺点时，我们就不会吃惊，也不会目瞪口呆，因为我们和他是相似的。"① 正像乔伊斯的不完美一样，不完美的艾尔曼的《乔伊斯传》也不是完美的，而评家却给出"最可靠"这样的评价，显然太过粗率了，是对后辈读者的不负责任。依照肯纳的意见，"传记并非科学，不过是小说的一个最质朴的亚文类（sub-genre）"。② 科学中的很多内容都已经被证伪了，新范式取代了旧范式，那不是科学的文类就更不可能"最可靠"了。

结　语

爱尔兰人的事实寄生于所有爱尔兰人的谈话和爱尔兰人书写的回忆录中。它们产生的影响已经渗透到严肃学术的领域。把爱尔兰人的事实从文本中彻底剔除是不可能的。爱尔兰人的生活经常是对文本的模仿，就像王尔德的名言，与其说艺术模仿了生活，不如说生活模仿了艺术。爱尔兰人的事实，用王尔德的话来说，就是"优质的谎言"，"不证自明"，"真正的撒谎者拥有率直无畏的陈述，堂而皇之的不负责任，对所有形式的证据的健康自然的蔑视"。③

肯纳是经验主义的启蒙理性主义者，擅长对个案进行观察剖析，反对

① William Baker, "Richard Ellmann's James Joyce: An Interview Revisited", *James Joyce Quarterly*, Vol. 51, No. 4 (Summer 2014), pp. 673 - 674.
② Hugh Kenner, "The Impertinence of Being 'Definitive'", in *Mazes*, p. 101.
③ 王尔德：《谎言的衰落：王尔德艺术批评文选》，萧易译，江苏教育出版社，2004，第 4 页。

笛卡尔式的认知，认为不证自明的真理也需要被验证，经常需要被揭示。[①]
他把观察重心聚焦于具体的事实，热衷于估量经验的实际，发掘事实之间
自相联属的结构，代表了阅读乔伊斯不可调和的现实主义模式，文体意识
精确；艾尔曼倾向总体性的结构和普遍叙事，痴迷于输出人文主义价值的
宏大姿态，风格大开大合，铺张扬厉。[②] 1960 年 11 月 15 日，在给格拉森
（Adaline Glasheen）的信中，肯纳表明他已经开始警惕艾尔曼在乔学中的
霸权所带来的危险。[③] 1976 年 1 月 20 日，格拉森在给肯纳的信中说，艾尔
曼撰写的有关乔伊斯的著作，使得任何警惕性高的读者都会懂得，凡是与
他的观点相对立的都必然是正确的；艾尔曼以最残酷的方式确保了你（肯
纳）的正确。[④]

　　1984 年，在法兰克福召开的乔伊斯研讨会上，肯纳被授予托马斯·盖
尔金质奖章（Thomas Gear Gold Medal），奖励他为乔学做出的卓越贡献。

[①]　Gerald Bruns, "The Newton of Modernism", *Modernism/modernity*, Vol. 12, Number 3, 2005, pp. 477 – 478.

[②]　Joseph Brooker, *Joyce's Critics*, p. 99.

[③]　Edward M. Burns, ed., *A Passion for Joyce: The Letters of Hugh Kenner & Adaline Glasheen* (Dublin: University College Dublin Press, 2008), p. 75.

[④]　Edward M. Burns, ed., *A Passion for Joyce: The Letters of Hugh Kenner & Adaline Glasheen*, p. 165.

《国语》"其次疾人"考释*

——传世文献文例和出土文献用例双重角度的考察

万 群

（北京第二外国语学院文化与传播学院）

摘 要 《国语·晋语八》中的"其次疾人"大意是其次治疗（有疾病的）人。"疾人"的词义及语法结构歧解纷纭。本文结合传世文献文例和出土文献材料，从语义、语法和文字的角度考证解析"其次疾人"。从各方面证据来看，"疾"是"治愈"义的"知"字之讹的可能性很大。本文从相应的语法、语义特征以及文字角度做详细论证。

关键词 《国语》 疾 疾人 知

　　《国语·晋语八》中医和视晋平公之疾，出来后在和赵文子的对话中，道出一句关于良医之职守的名言："上医医国，其次疾人，固医官也。"《国语》各本无异文。

　　这句话中的"其次疾人"大意是其次治疗（有疾病的）人，但细究"疾人"的词义及语法结构，则歧解纷纭。我们尝试结合传世文献文例和出土文献材料，从语义、语法和文字的角度考证解析"其次疾人"，并分析前贤不同观

---

　　* 本文为国家社科基金后期资助项目"《国语》名动关系研究"（18FYY001）及教育部人文社科基地重大项目"面向上古汉语知识库的出土文献词汇语法研究"（22JJD740003）阶段性成果。本文曾在第五届文献语言学国际学术论坛上宣读，得到与会学者的宝贵意见，此次发表做了部分修改，在此谨致谢忱。

点中存在的问题，希望对相应的文献考证、词汇、语法研究略有裨益。

关于"其次疾人"的解读方式原则上存在以下七种可能性（表1），其中第（1）至（4）种不合上古汉语语义、语法特征，可以排除；第（5）至（7）种解读则需要可靠的证据进一步论证。第（5）种解释代价较高，要求有直接文献证据证明这句话同时有衍、夺，并且"疾"字临时转指患病之人，但目前没有这样的证据。第（6）种解释是文献中的孤例。上古文献中动词"疾"带宾语，所表述的意义最为常见的有：一是"患病"义动词"疾"的宾语是具体疾病名称，这是从甲骨卜辞中就开始出现的用法①。二是"伤害"义动词"疾"加对象，如《韩非子·解老》："鬼祟也疾人之谓鬼伤人。"三是"嫉恨"义动词"疾"加对象，如《左传·成公二年》："齐疾我矣。"文献中没有出现动词"疾"义为"医治疾病"的用例。

我们认为，从各方面证据来看，第（7）种解释最为可靠。"疾"可能是讹字，其本字为"治疗、治愈"义动词，从传世文献和出土文献中"疾""知"的字形和词义来看，"疾"是"治愈"义的"知"字之讹可能性很大。下文从相应的语法、语义特征以及文字角度做详细论证。

表1　"其次疾人"的解读方式

序号	解读内容	存在问题
（1）	"疾"指疾病，"疾"前脱"医"字	不合上古汉语"医"的宾语的特点
（2）	"疾"指疾病，"疾"前承前省略"医"字	不合上古文献"其次"句例
（3）	"疾人"为定中结构，义同"病人"，承前省略"医"字	不合上古文献"其次"句例；上古传世文献中的孤例
（4）	"疾"转指"有疾病之人"，其后衍"人"字，"疾"前承前省略"医"字	不合上古文献"其次"句例
（5）	"疾"转指"有疾病之人"，其后衍"人"字，"疾"前脱"医"字	没有文献证据
（6）	"疾"为动词，"医治"义，"人"为其宾语	传世文献中的孤例，没有证据
（7）	"疾"为讹字（或通假），本字为"医治"或"治愈"义，"人"为其宾语	需要证据

---

① 目前所见卜辞中有3例患病义动词"疾"宾语是"人"或人名的情况，见喻遂生《〈殷墟花园庄东地甲骨〉中的"疾"字》（《兰州学刊》2009年第10期）举例。卜辞中"疾人"表示"（上天）降疾于人（某人）"，是贞问内容。上古文献中没有这类用例。

一 "其次疾人"的语法结构

"其次疾人"的语法结构有三种可能性：第一，"其次"后面承前省略谓语动词"医"，"疾人"为名词性结构，即上文所述第（2）（3）（4）种情况；第二，"其次"后面在文献传抄过程中脱落了谓语动词"医"，"疾人"为名词性结构，即上文所述第（1）（5）种情况；第三，"疾人"是述宾结构，"疾"是谓语动词，"疾"或"疾"的假借字、讹字为"医治"义动词，即上文所述第（6）（7）种情况。

从语法、词汇的角度来看，可以排除上述第一种可能性。

先看"医"字承前省略说存在的问题。吴曾祺的《国语韦解补正》持"医"字省略说："'疾人'，有疾之人也，'疾'上宜有'医'字，古人语简，故不用。"① 东汉王符《潜夫论》引此句，没有明确说是医和之言，"其次"后面增"下医医"三字："上医医国，其次下医医疾。"彭铎《潜夫论笺校正》的注释据此认为《国语》中"医"字承上省略，"人"字为衍文："《晋语》'人'字衍，'医'字蒙上省。"② 《潜夫论》中"其次"后是完备的主谓结构，与上古文例大致相符，但《国语》中"其次"后面若是承前省略谓语动词"医"则与此类"其次"句例不合。

我们调查了包括《国语》《左传》在内的十几部先秦文献，"其次"后面都没有承前省略谓语动词的情况，这是比较规则的句例③。

《国语·鲁语上》：大刑用甲兵，其次用斧钺，中刑用刀锯，其次用钻笮。

《左传·襄公二十四年》：大上有立德，其次有立功，其次有立言。

---

① （清）吴曾祺：《国语韦解补正》，商务印书馆，1933，第72页。
② 彭铎校正《潜夫论笺校正》，中华书局，1985，第78页。
③ 李丹丹《〈国语集解〉献疑》（陕西师范大学硕士学位论文，2008，第11页）"疾人"考辨也考虑到上古"其次"文例，没有归纳规则，做了举例式说明。

《墨子·法仪》：今大者治天下，其次治大国。

由此可见，古人并不一定"语简"，反而在唐宋文献中可以看见承上省略的情况，可以比较《礼记》和《朱子语类》对相似事件的表述：

《礼记·王制》：上农夫食九人，其次食八人，其次食七人，其次食六人，下农夫食五人。

《朱子语类·北宫锜问曰章》：百亩之田可食九人，其次八人、七人，又其次六人、五人。

因此，"其次"后面承前省略谓语动词"医"的可能性可以排除。

我们由上古文献和唐宋文献中"其次"句例的差异可以推论唐宋以后文献中引用医和的名言也许会因当时语法特点而承前省略谓语动词，例如宋代王应麟的《汉艺文志考证》卷十"神仙"条下引《晋语》语作"上医医国，其次疾"，不应据此推断《国语》中"其次"后面一定承前省略"医"。

不仅上文所述东汉《潜夫论》中"其次"后面没有省略谓语动词，元代《群书通要》中也没有承前省略："上医医国，其次医人。"因此，宋代王应麟引文"其次疾"，有可能是中古以后"其次"的文例略有变化，转写医和之言时"其次"后面可以承前省略谓语动词，可能王应麟所见《国语》版本此语已经是"其次疾"或"其次疾人"了。

另外，把"疾人"释为定中结构，与"病人"相同，不符合先秦文献词汇、语法特点。先秦文献中没有指"有疾之人"的定中结构"疾人"。"疾人"指病人最早出现在西汉文献中，见于《史记·扁鹊仓公列传》《说苑》，例如"良医之门多疾人"（《说苑·杂言》）。先秦文献中，指有疾之人，单用"疾"字，如"养老幼，恤孤疾"（《国语·晋语七》）；"归老幼，居疾于虎牢"（《左传·襄公九年》）；"医门多疾"（《庄子·人间世》）。吴曾祺的《国语韦解补正》也指出古籍中罕见"疾人"指"有疾之人"。

根据上古文例，以及后代文例的变化，排除了《国语》原文"其次"后承前省略"医"字的可能性，也排除了《国语》中"疾人"是定中结构，那么再看上述第二、三两种可能性。

关于上述第二种可能性的问题，如上文所说，目前没有直接证据能够证明在文献传抄过程中脱"医"字，要论证同时脱"医"字、衍"人"字比较困难。这里还要说明的是，先秦文献中"医"的宾语可以是"人"，例如："万人食此，若医四五人得利焉，犹谓之非行药也。"（《墨子·非攻中》）但没有见到指称"疾病"的名词做"医"的宾语，疾病名词可以做"治""疗"的宾语。因此，"疾"若是所脱落的"医"的宾语，则可处理为转指"有疾病的人"。东汉以后"医"的宾语可以是"人"和疾病。东汉《潜夫论》"医疾"后文提到"国之病""人之病"，则"疾"是指疾病。唐宋以后，文献中出现转引医和之言兼有"医人""医病"之说，如："古之善为医者，上医医国，中医医人，下医医病。"（孙思邈《千金要方》卷一）

上述第三种可能性包括第（6）（7）两种情况，即"疾"或其讹字为"医治、治愈"义动词，"人"是其宾语。如上文所述，第（6）种情况的问题在于文献中"疾＋宾语"没有表示"医治人"的用例，若把"疾"解释为"医治疾病"的动词意义，则为孤例。

因此，上文所述第（5）（6）两种解释虽然相对于第（1）至（4）种而言可能性略高，但是也不是没有缺陷，我们再看看"疾"有没有可能是某个"医治、治愈"义动词的讹字，即第（7）种情况。

下文结合传世文献和出土文献材料，从语义和文字角度论证"疾"为"治愈"义动词"知"之讹的可能性，并分析前贤相关看法存在的问题。

二 从词义和文字角度解析"疾人"

既有论著中也有持"疾"为讹字观点的。李丹丹《〈国语集解〉献疑》一文认为"疾"是指装弓箭的器具"医"的讹字，"医"和"疾"形近而讹①。该文探索的方向合理，"医"与"迅疾"义的"疾"古文字形

---

① 李丹丹：《〈国语集解〉献疑》，陕西师范大学硕士学位论文，2008，第11页。

略相近，确实可能相讹或相通。王国维《毛公鼎铭考释》也说古文"医""疾"相通。其问题是，"醫"现在简化字为"医"，但在上古，"醫""医"形音义差别很大，"医"是影母支部字，"醫"是影母之部字，文献中盛弓箭的器具"医"和"医生""医治"义的"醫"并不通用。"医""醫"不能相通，即使"疾"可读为"医_{影母支部}"，也不能解释为医治义。

我们看到，词义和字形两方面的证据都指向"疾"为"治愈"义"知"字之讹的可能性很大，下文从这两个方面详细论述。

第一，从语义角度看，"知"为"治愈"义，是地域间的"通语"。《方言》卷三记载："知，愈也。南楚病愈者谓之差，或谓之间，或谓之知。知，通语也。"① 包山简等战国楚简中表示病愈多用"瘥（差）"，出土文献和传世文献中表示"病愈""康复、舒适"也有用"知"的。上古传世文献和出土文献中都有"治愈"义"知"的用例。

先看出土文献的用例。《战国策·赵策四》："少益耆食，和于身也。"文献中"知"与"智"相通。马王堆帛书《战国纵横家书》中"和"作"智"，整理者的注释是"智"通"知"，引《方言》释为"治愈"义的"知"。② 裘锡圭《〈战国策〉触龙说赵太后章中的错字》认为这里的"智"释为"治愈"义的"知"是确凿可信的。③ 许多学者也据此指出《战国策》中"和"为"知"之讹，例如郭在贻的《训诂学》④；也有学者认为《战国策》中的"和"和《战国纵横家书》中的"知"字可并存，都不是讹字，例如王云路、方一新的《中古汉语语词例释》。⑤

马王堆帛书《五十二病方》中也有"知"表示"治愈"义的用例，如："壹用，智（知）；四五用，穜（肿）去。"整理者注："知，奏效。《方言》：'知，愈也。南楚病愈者或谓之知。'《素问·腹中论》：'一剂

---

① （汉）扬雄撰，周祖谟校笺《方言校笺》，中华书局，1993，第24页。
② 马王堆帛书整理组：《战国纵横家书》，文物出版社，1976，第77页。
③ 裘锡圭：《〈战国策〉"触詟说赵太后"章中的错字》，《文史》第15辑，中华书局，1982。
④ 郭在贻：《训诂学》，湖南人民出版社，1986，第25页。
⑤ 王云路、方一新：《中古汉语语词例释》，吉林教育出版社，1992，第179页。

知，二剂已。'"[1]《武威医简》中有多例“治愈”义的“知”，如“服之卅日知愈”。

再看传世文献中的用例。医书《素问》《灵枢》中都有“治愈”义的“知”，例如：“一刺则衰，二刺则知，三刺则已。”（《素问·刺疟》）《墨子·经说下》中有：“且有损而后益智者，若瘧病之之于瘧也。”辛志凤、蒋玉斌《墨子译注》将“智”也解释为“治愈”义“知”。[2] 不过，孙诒让《墨子间诂》怀疑此处“智”为衍文。“益”后面加动词符合上古语法，但是“损”“益”相对，“智”字为衍文的可能性确实很大。

第二，从文字角度看，“疾”字有与“智”“知”古文字形相近的情况，存在相讹的可能。《说文·疒部》“疾”字下收籀文字形“”，段注据《集韵》《类篇》“疾”收古文“廿”而删改《说文》古文字形，称“从廿者，古文疾也。从者，省也”。

“知”“智”的古文字形与《说文》所收的“疾”字籀文字形非常相近。《说文》“智”字下收古文字形“”。金文、简文中“智”字形多为“”。马叙伦《说文解字六书疏证》说《说文》“智”的古文构件“”当是“”之讹。金文、简文“智”省“”的也有不少，如“”（玗鼎）。《古文四声韵》收“知”古文字形有“”“”。出土文献和传世文献中“知”“智”都有相通的情况。“知”“智”是音近义通的同源词。传世文献中一般是“智”写作“知”，偶尔也有“知”作“智”的情况。金文、简文中的“知”字作“智”的情况不少。例如上文所述马王堆帛书中两例“治愈”义的“知”都写作“智”。

《说文》各家对于“疾”与“知”“智”关系的认识有所不同，有省形、省声和假借三说。朱骏声《说文通训定声》和段玉裁意见相同，认为是“从省、从廿会意或廿声”；王筠《说文释例》认为是“从廿而加省声”，宋保《谐声补逸》认为“疾”“知”古韵相通，“知”为声符；马叙伦《说文六书疏证》认为“智”假借为“疾”。读音上“疾”为从母质

---

① 马王堆帛书整理组：《五十二病方》，文物版社，1979，第123页。

② 辛志凤、蒋玉斌：《墨子译注》，黑龙江人民出版社，2003，第316页。

部，"矢"为书母脂部，"知"为知母支部，"疾"与"矢""知"古韵可以通转，声母不同类。根据金文、简文"知""智"字形，比对《说文》"疾"籀文、古文字形，再加上文献中"知（智）"有"病愈"义，互相参证，"疾"与"智（知）"形近，存在相讹的可能性。

此外，"疾""知"还有另一种形近相讹的可能。根据金代韩孝彦、韩道昭编《四声篇海·广部》所载，"知"字有异体作"庝"，见于《四声篇海·广部》引《川篇》："庝，古文知字。"《康熙字典》《字汇补》等字书也有收录。该字形和"疾"字相近。两汉魏晋的碑文"疾"字有写作"庝"，例如《祀三公山碑》（东汉）① 中"民无疾苦"的"疾"，拓片作 庝；又如《魏女尚书冯迎男墓志》（北魏）中"寝疾不愈"的"疾"，拓片作庝。秦汉简帛中有表示疾病的词语字形从"疒"写作从"广"，《武威医简》中"病"字写作从广从丙。② 在传抄的过程中，"知"字写作"庝"就容易被误认为是"疾"字了。不过，"疾"字作"庝"有文献用例，而"知"字作"庝"只见于字书收录，而不见于传世文献与出土文献具体用例，其可靠性暂且存疑，其证据有效性略低于"疾"字籀文字形与"知""智"古文字形。

目前所见的《国语》宋本无异文，只能寄希望于以后能看见宋代以前的本子。"治愈"义的"知"字在传世上古文献中的用例确实少见，没有见到"知人"的用例，《墨子·非攻下》中有一例"治愈"之"愈"主语是"四人"："此譬犹医之药万有余人，而四人愈也，则不可谓良医矣。"因此，一切证据指向"其次疾人"中"人"前面为"治愈"义动词"知"的可能性很大，不过是否确为"知"字，还需要审慎地等待新的相关材料。

---

① 可参见商承祚《石刻篆文编·卷七（二五）》，中华书局，1996，第368页。
② 张显成：《〈武威医简〉异体字初探》，《中国文字研究》第 6 辑，广西教育出版社，2005。

刘绍攽易学卜筮论[*]

刘银昌

（陕西师范大学文学院）

摘　要　清代陕西三原学者刘绍攽精于易学，《周易详说》为其易学方面代表性著作。他将寡过、知来视为学《易》的目的，对知来的卜筮之学深入研究，辨别卜筮，认为以京房为代表的汉儒混卜于筮以致易学芜杂，进而厘清卜法、筮法，纠正朱熹筮法，梳理历代卜筮案例，使卜、筮各得其所，最终提出一种根于《易》辞、辅以易象的纯粹简洁的儒门筮法。

关键词　刘绍攽　《周易详说》　易学　卜筮

刘绍攽（1707～1778），字继贡，号九畹，陕西三原人，清代雍正、乾隆年间关中著名学者。其生平及著述，在《清史列传》和《清儒学案》中均有记载。刘绍攽对韵学、算学、掌故及术数卜算均有涉猎，尤精经学、工诗文、著述颇丰。李华春在《皇清诰授朝议大夫湖南沅州府知府吴松崖先生传略》中称吴松崖"尝与潼关杨子安、三原刘九畹、秦安胡静庵，称为关中四杰"①，可见刘绍攽的文学创作与学术成就，为时人所认可。雍正年间，易学大家李光地高足王兰生出任陕西学政，举荐刘绍攽博

---

*　本文为陕西省社会科学基金古籍整理与研究项目"《周易详说》点校"（项目编号：2018GJ05）的阶段性成果。

① （清）李华春：《皇清诰授朝议大夫湖南沅州府知府吴松崖先生传略》，《四库未收书辑刊》拾辑第 24 册，北京出版社，1997，第 589 页。

学鸿词，刘绍攽因亲老未就。当时王兰生评点关中士人，认为"其刊落浮华，切实用力者，惟绍攽一人而已"。①刘绍攽研学之精进笃实，可见一斑。

在刘绍攽的著述中，《周易详说》尤为翘楚。《续修四库全书总目提要》认为该书"诠释经文，贯通数理，其学派与李安溪为近"，"引朱子、先儒旧说，皆不可废之语，皆能化门户之成见，非墨守一先生之说者所及"②。综观《周易详说》，其内容丰富，说理虽以程颐、朱熹为宗，但能纠程、朱之谬，以象数之学消弭程、朱易学之不足。然而，学界迄今尚无关于《周易详说》的研究成果。本文仅对其卜筮论进行分析，以见其易学之纯粹。

一 辨别卜筮之异

研究《周易》，无法回避卜筮问题。《系辞上》曰："《易》有圣人之道四焉：以言者尚其辞，以动者尚其变，以制器者尚其象，以卜筮者尚其占。"《易传》将卜筮视为四种圣人之道之一。从易学史角度来说，《周易》源于占卜，目前所见存于甲骨、陶器和青铜器上面的数字卦，应为最早的易卦源头。易学研究史上，宋代理学家朱熹也曾指明，"《易》本卜筮之书"。③由于宋代以后程朱理学的影响日益深入，朱熹此说在读书人群体中颇为流行。受理学影响的刘绍攽亦不反对《周易》占筮，他甚至认为，学《易》的目的在于"寡过以立体，知来以致用"。④所谓知来，就是预知未来之吉凶，即《易传》所说"极数知来之谓占"。这自然需要占筮。由此学《易》目的，延伸出刘绍攽对卜筮之学的重视，并借由对卜筮的研究参悟，传递出他独特的易学取向。

---

① 王钟翰点校《清史列传》，中华书局，1987，第5382页。
② 中国科学院图书馆：《续修四库全书总目提要·经部》上册，中华书局，1993，第62页。
③ （宋）黎靖德：《朱子语类》第4册，中华书局，1986，第1622页。
④ （清）刘绍攽：《周易详说》，《四库全书存目丛书》经部第38册，齐鲁书社，1997，第595页。

　　刘绍攽生活于雍正、乾隆年间，此际清代学术，在经学方面的主要问题是区分汉宋。刘绍攽治学虽主程朱，但并未笼统地接受朱子"《易》本卜筮之书"的说法，而是明确区分了卜和筮之间的差异。这种区分，在某种意义上是对《易传》"卜筮"连用的扬弃。

　　根据《说文解字》的解释，卜的本义为"灼剥龟也，象灸龟之形。一曰象龟兆之从横也"。显而易见，卜就是灼龟进行占卜，即流行于殷商时期的龟甲卜。筮指的又是什么呢？《说文解字》曰："筮，《易》卦用蓍也。"段玉裁注曰："《曲礼》曰：'龟为卜，策为筮。'策者，蓍也。《周礼·簭人》注云：'问蓍曰筮，其占易。'"[①] 筮就是用蓍草占卦，属于《易》的占卜方法。《左传·僖公四年》中还有过龟卜与筮占哪个更为灵验的争论，最后的结论是"筮短龟长，不如从长"。由此可见，卜和筮不同，二者不仅借助的占卜工具不同，而且地位、影响也不同。卜、筮所依据的理论，自然也不同。就现有文献和考古资料来说，龟卜视兆，筮占视数，二者应该均有可资参考吉凶的成文。《周礼·春官·太卜》曰："大卜掌三兆之法：一曰玉兆，二曰瓦兆，三曰原兆。其经兆之体皆百有二十，其颂皆千有二百。掌三易之法：一曰《连山》，二曰《归藏》，三曰《周易》。其经卦皆八，其别皆六十有四。"[②] 据此记载，龟卜之后要根据三类兆象、一百二十种兆体判断吉凶，判断的依据是一千二百手颂辞；筮占的判断依据则为《连山》《归藏》《周易》三部易书，每种易书均有六十四卦可供吉凶参考。这些卜、筮之别，和刘绍攽区分卜、筮既有关联，又有不同。

　　首先，刘绍攽认为研习《周易》先要辨明卜筮之别。项樟在为《周易详说》所写序言中总结刘绍攽的主张，"学《易》在先明卜筮，《易》言阴阳，卜言五行"，《周易》阐发的阴阳之道和卜法运用的五行是不同的。事实上，殷商原始龟卜之法，在判断吉凶时是否运用五行之理，据现有材料实难判断。学者多认为五行学说流行于战国时期，其起源应更为久远一些。刘绍攽大概认可大桡作甲子、箕子创五行的说法，认为龟甲卜法利用

---

① （清）段玉裁：《说文解字注》，上海古籍出版社，1988，第 191 页。
② 杨天宇：《周礼译注》，上海古籍出版社，2016，第 464～465 页。

五行理论。但《周易详说》中,刘绍攽所谓的卜,其实是指以京房为代表的汉代易学理论。刘绍攽认为,学习《周易》要把握易学之全貌,同时还要区分其不同。他在《自序》中指出:"读者握其全,得其分,斯善矣。何以全?合汉、宋而一之。宋学俱在,欲通汉学,非谙明卜筮,上溯《左氏》卦案不合也。何以分?汉儒多本京氏,京学在《火珠林》,皆占卜之法,无与于筮,又何与于《易》义乎?此处既明,则险阻皆成坦途。"① 这即是说,宋学之《易》,书籍理论俱在,可以阅读揣摩而得;至于汉学之《易》,需要"谙明卜筮,上溯《左氏》卦案"才可通晓。但是,汉《易》多宗京房一派,属于占卜之法,即坊间《火珠林》所传,不仅与《易》之占筮无关,更不关乎《周易》之义。因此,刘绍攽说的"谙明卜筮",就是要区分以京房为主的汉代易学所倡导的"占卜之法"与真正的《周易》占筮之间的区别。从《京氏易传》和坊本《火珠林》来看,它们都用八卦、干支之五行决断吉凶,但《周易》只讲阴阳,不讲五行。这是刘绍攽辨别卜筮的前提。

其次,刘绍攽认为汉儒混卜于筮。如前所言,刘绍攽所说的汉儒,主要是京房易学一派的学者,其所谓的卜,亦非先秦龟甲卜法,而是京氏易学的一些理论框架。对京房易学,刘绍攽的基本判断是:

> 京房受《易》焦延寿,延寿得之隐者,盖术士之流,而托名问《易》于孟喜,翟牧、白生不肯,曰:"非也。"今考其说,不外纳甲、五行、飞伏,乃占卜之术,于《易》义无涉。②

他认为,京房易学来自术士之流,其理论体系中的纳甲、五行、飞伏等,均为占卜之术,与《周易》之义并无关涉。如对于纳甲之法,刘绍攽举例说明:

---

① (清)刘绍攽:《周易详说》,《四库全书存目丛书》经部第38册,齐鲁书社,1997,第595页。

② (清)刘绍攽:《周易详说》,《四库全书存目丛书》经部第38册,齐鲁书社,1997,第597页。

如《春秋传》陈侯筮《观》之《否》，解者谓"爻属辛未，未为羊，巽为女，羊加女上，乃'姜'字也。故曰'有妫之后，将育于姜'"。此在占法，未免附会，况说《易》乎？虞翻训《塞·彖》谓"坤西南，卦五在坤中，坎为月，月生西南，艮东北卦，月消于艮，丧乙灭癸，故不利东北"。皆非正义。①

无论是前人以纳甲之法解《左传》中的占筮，还是东汉虞翻用纳甲之法解《易》辞，刘绍攽均认为是附会而非正义。至于用五行理论配八卦，刘绍攽认为："汉人以乾、兑为金，震、巽为木，坤、艮为土，坎水离火，分为八宫。此亦京房占卜之法，《易》不如是也。"②尽管"以五行分属八卦，汉唐诸儒皆袭用之"，但刘绍攽坚持认为："此皆承用京房之说，卜家所用，筮不用也。观左氏筮法，无一语及于五行。"③晋人干宝以京氏易学的游魂理论解释《需》卦之所以言饮食曰："《需》为《坤》宫游魂之卦，故曰：坤者妇人之职也，凡百谷、果蓏、禽兽、鱼鳖，皆为所生，而游魂变化，复能烹爨腥实，以为和味之具，是以卦言饮食。"刘绍攽对这种迂回解《易》方式，颇为不屑，认为"夫游魂者，占卜之法也。若其取象支离，则占卜家亦不可用"，④不要说用游魂取象来解释卦爻辞，就是占卜家也不如此取象。

总之，刘绍攽认为卜和筮不同，二者不可混淆。在为李翼兹《易史》所作序言中，刘绍攽又说："不精卜筮，不辨汉晋之芜。夫纳甲诸术，卜也，筮无与焉，况《易》义乎？"⑤只有精通卜、筮之别，才能明白汉晋易学的芜杂琐碎以及汉代纳甲等理论属于卜法，与《周易》之筮法及义理没

---

① （清）刘绍攽：《周易详说》，《四库全书存目丛书》经部第38册，齐鲁书社，1997，第597页。

② （清）刘绍攽：《周易详说》，《四库全书存目丛书》经部第38册，齐鲁书社，1997，第597~598页。

③ （清）刘绍攽：《周易详说》，《四库全书存目丛书》经部第38册，齐鲁书社，1997，第822页。

④ （清）刘绍攽：《周易详说》，《四库全书存目丛书》经部第38册，齐鲁书社，1997，第598页。

⑤ （清）刘绍攽：《九畹古文》，《清代诗文集汇编》第304册，上海古籍出版社，2010，第416页。

有关系。并且，刘绍攽对朱熹不了解京房易学的方技性提出了委婉批评。他在《周易详说》卷十八专门附论卜筮，开篇就说：

> 《性理大全》所编《易学启蒙·考变占》细注云："朱子曰：'《易》中先儒旧说，皆不可废，但互体、五行、纳甲、飞伏之类，未及致思耳。'"按，朱子尝谓程子不看杂书，故不知《未济》三男失位出于《火珠林》。余亦谓朱子不留心方伎，故不知纳甲、五行之无关于《易》。[1]

这自然是对朱熹"不留心方伎"以致不懂纳甲和五行属于卜法而无关于《易》的批评惋惜。可见，研习易学要读杂书，跳出《周易》看《周易》，如此才能正本清源，探究《易》之本义。刘绍攽本人就是这样，他自述"余少年时性僻好奇，每从方外游术数之学，颇能悉其原委"，在了解方技术数之学的基础上，"乃知汉儒混卜于筮，以致占验不灵，讲《易》滋芜"[2]，从而知晓汉儒将卜法混杂于《周易》占筮之中，以致筮占不灵验，释读《周易》文辞也枝蔓芜杂。

二 纠正朱子筮法

朱熹易学重视占筮，其《周易本义》即以占筮解卦爻辞，并附有筮仪程序（亦有学者认为"筮仪"乃后人补入《本义》）；他在《易学启蒙》中又撰"明蓍策"以详揲蓍求卦之法，撰"考变占"以辨占卦之后以何卦爻辞判断吉凶。朱子之法，本是考察《左传》《国语》中筮案所得，属于归纳概括，但由于样本量有限，一些看法只是推测之论。但因朱熹思想学说在明清科举考试中的权威地位，其有关《周易》占筮的理论与方法也在当时的读书人心中根深蒂固，牢不可破。

---

① （清）刘绍攽：《周易详说》，《四库全书存目丛书》经部第38册，齐鲁书社，1997，第819页。
② （清）刘绍攽：《周易详说》，《四库全书存目丛书》经部第38册，齐鲁书社，1997，第819页。

刘绍攽的可贵之处在于，他为学虽以程朱为本，但在易学方面，与朱子之学颇有同异，尤其是《周易详说》"第十六、十七两卷，论《左氏》筮法，谓《启蒙》求爻之法，不尽合于《左氏》"。[1] 对于《易学启蒙》中有关筮法的论述，刘绍攽取其"明蓍策"中的求卦之法，认为后儒对"大衍之数"一章的释读"《启蒙》最善"，故"录于本注"，[2] 可他却不尽苟同"考变占"中的求爻之法。其对朱子"考变占"订正如下。

《易学启蒙》：凡卦六爻皆不变，则占本卦彖辞，而以内卦为贞，外卦为悔。

刘绍攽：六爻不变，则占本卦彖辞，以内卦为贞，外卦为悔。

《易学启蒙》：一爻变，则以本卦变爻辞占。

刘绍攽：一爻变，则以本卦变爻占。

《易学启蒙》：二爻变，则以本卦二变爻辞占，仍以上爻为主。

刘绍攽：二爻变，则以本卦二变爻占，仍以上爻为主。

《易学启蒙》：三爻变，则占本卦及之卦之彖辞，而以本卦为贞，之卦为悔。前十卦主贞，后十卦主悔。

刘绍攽：三爻变，则占本卦及之卦之彖辞，本卦为贞，之卦为悔。按：《启蒙》有前十卦、后十卦之说，经传所无，乃朱子以义起者也。

《易学启蒙》：四爻变，则以之卦二不变爻占，仍以下爻为主。

刘绍攽：四爻变，则占之卦之彖辞，兼占本卦之彖辞。

《易学启蒙》：五爻变，则以之卦不变爻占。

刘绍攽：五爻变，占与四爻变同。

《易学启蒙》：六爻变，则乾坤占二用，多卦占之卦彖辞。[3]

刘绍攽：六爻变，占与五爻变同。[4]

---

① 中国科学院图书馆：《续修四库全书总目提要》经部上册，中华书局，1993，第62页。

② （清）刘绍攽：《周易详说》，《四库全书存目丛书》经部第38册，齐鲁书社，1997，第630页。

③ （宋）朱熹：《易学启蒙》，《朱子全书》第1册，上海古籍出版社、安徽教育出版社，2002，第258～259页。

④ （清）刘绍攽：《周易详说》，《四库全书存目丛书》经部第38册，齐鲁书社，1997，第797～798页。

从以上订正可知，刘绍攽对占筮之中以何卦爻辞为吉凶判断依据，其在六爻不变、一爻变和二爻变时，取例与朱子同。但如果占筮中遇到三爻及其以上变爻时，刘绍攽则否定了朱熹的观点。六十四卦中的任一卦，如果有三爻同时变化，均可变出二十卦，朱熹将这二十卦列出图表，以前十卦为贞，后十卦为悔。刘绍攽认为，不管三爻变后变出哪一卦，均以本卦象辞为贞，之卦象辞为悔。刘绍攽认为"经传所无，乃朱子以义起者"，不符合《周易》经传之旨，这就否定了朱熹前、后十卦之说。如果筮卦遇到四爻变，刘绍攽引用李光地的观点说："朱子谓四爻、五爻变，则以之卦不变爻占，审若是，则卦辞之用有所不周矣。又审若是，则爻之用，半用九、六而半用七、八矣。且考之《春秋内外传》诸书，不论动静及变爻之多少，皆先论卦之体象及其辞以立说，意此其本法也。"① 五爻变时，刘绍攽以《左传》穆姜筮遇艮之随为例，证明当时史官以之卦象辞为占，进而证明"《启蒙》谓占之卦不变爻者，经、传实无其法，惟卜书五爻动、一爻不动谓之独静，即以独静一爻为断"，② 但在《周易》筮法，此法不可从。六爻全变，刘绍攽又引李光地主编之《周易折中》以论朱熹之说为不可取。总之，四爻、五爻乃至六爻全变，刘绍攽均以之卦卦辞作为主要判断依据，兼参考本卦卦辞。相较而言，朱熹《易学启蒙》则繁琐得多。

刘绍攽这种取卦爻辞法则，并非无源之水。其学术思想，承袭王兰生者甚多。王兰生作为一代大儒李光地的高足，于雍正十年任陕西学政，对刘绍攽甚是器重，提携有加。刘绍攽后来回忆受到王兰生的教诲，尝言"少从王信芳（按：王兰生字信芳，一字振声）夫子受《易》，得不传之秘"。③ 王兰生易学又来自李光地，故刘绍攽易学受李光地影响颇大。如卦遇四爻变，刘绍攽所引李光地观点，即出李氏《周易通论》，卦遇六爻全变，则引李氏主编《周易折中》，皆渊源有自，师承井然。李光地在《周

---

① （清）刘绍攽：《周易详说》，《四库全书存目丛书》经部第38册，齐鲁书社，1997，第798页。
② （清）刘绍攽：《周易详说》，《四库全书存目丛书》经部第38册，齐鲁书社，1997，第798页。
③ （清）刘绍攽：《九畹古文》，《清代诗文集汇编》第304册，上海古籍出版社，2010，第416页。

易通论》之"论筮法变卦"中已明确指出："《启蒙》变卦之法备矣，然愚窃有疑焉。"① 这种对朱熹筮法的学术质疑，在《周易通论》中发其端，至刘绍攽收其功。

三 净化《周易》占筮

刘绍攽对《周易》筮法的净化，表现在两个方面。首先是解析历史上的著名占筮案例，区分卜、筮之法并将卜法置于筮法之外。其次是对《周易》占筮中的具体方法进行辨析甄别，在卦象与《易》辞之间，倾向于选择直指吉凶的《易》辞，以符合《易》教"洁静精微"的精神和易学"易简而天下之理得"的原则。

第一个方面，刘绍攽在《周易详说》第十六和十七卷中诠解《左传》《国语》和其他正史、杂著中的历代筮案时，除引用杜预注、孔颖达疏、服虔注以及毛奇龄《春秋占筮书》之外，还自出机杼地从象与辞的角度进行符合"易学逻辑"的分析，彰显了他在占筮方面的精深造诣。如其释《左传·襄公九年》"穆姜薨于东宫，始往而筮之，遇艮之八"这一著名筮案时，首先借鉴李光地的观点，认为"艮之八，五爻变而成随，当占卦辞，卦以八成，故曰'八'"②；然后引孔颖达疏以解释穆姜用随卦卦辞占断的原因。而最能显示刘绍攽占筮造诣的，是他对穆姜反省自己不具备"元亨利贞"四德的易学解析。穆姜说："今我妇人而与于乱，固在下位而有不仁，不可谓元；不靖国家，不可谓亨；作而害身，不可谓利；弃位而姣，不可谓贞。"刘绍攽对此分别解释道："今我不然，东宫本下位，以与乱而居此，有固然者。然东宫主仁，我以妇人而与于淫，一似人之无良，不可谓元。艮为山，主静，五爻变则不靖矣，象成公季、孟二子之扰乱，不可谓亨。作而之震，震又随兑，一举足而蹈泽中，是害身也。姣，淫

---

① （清）李光地：《周易通论》，《榕村全书》第 1 册，福建人民出版社，2013，第 91 页。
② （清）刘绍攽：《周易详说》，《四库全书存目丛书》经部第 38 册，齐鲁书社，1997，第 805 页。

也，随卦长男幼女，颠倒配合，是姣也。"① 这些解释，既有卦象推衍，又有义理阐发，诚能补杜注与孔疏之不足。

刘绍攽解析案例，贵在能区分卜、筮。《左传》闵公元年，毕万筮仕于晋，遇屯之比，辛廖做了详细的占断。刘绍攽引《朱子语类》中朱熹之言曰："如《左氏》所载，则支干纳音配合之意，似亦不废。如云得屯之比，既不用屯之辞，亦不用比之辞，却自别推一法，恐亦不废这理。"若诚如朱熹所言，辛廖的占断"别推一法"，或用干支纳音五行之类，则夹杂卜法，于筮法为不纯粹。刘绍攽以易学占筮之法考察辛廖之占，认为其"全以象变为断，初非别推一法，亦非用支干配合"，属于典型的《左氏》筮法。朱熹之所以判断失误，乃因"朱子盖未留心"②《左氏》筮法。正史所载占筮案例，刘绍攽也能将属于卜法者甄别而出。如对《汉书·王莽传》所载王莽命大司徒、大司空占断女儿纳为后一事，"兆得金水旺相，卦遇父母得位"，刘绍攽驳斥张晏注"以遇父母为泰卦"为非，确定其"必钱卜也"③，即属于京房卜法之类。又如对《明史·方技传》所载仝寅占明英宗北狩还期，刘绍攽分析仝寅断语，认为"此亦钱卜之法"，对《明史》原文"筮得乾之初"这一表述进行辨误，"《传》云筮者，误也"。④

为了说明古代卜筮案例中卜法与筮法的不同，刘绍攽还就《左传》中仅有的一个详言卜法的案例进行分析，指出哀公九年晋国赵鞅卜救赵"遇水适火"为古卜法，其判断"专论五行而已"。借此，刘绍攽提出了他关于卜筮的核心看法：

> 自京房布五行于六爻，别为钱卜之法，汉儒不能窥其源流，但见

---

① （清）刘绍攽：《周易详说》，《四库全书存目丛书》经部第38册，齐鲁书社，1997，第805页。
② （清）刘绍攽：《周易详说》，《四库全书存目丛书》经部第38册，齐鲁书社，1997，第801页。
③ （清）刘绍攽：《周易详说》，《四库全书存目丛书》经部第38册，齐鲁书社，1997，第827页。
④ （清）刘绍攽：《周易详说》，《四库全书存目丛书》经部第38册，齐鲁书社，1997，第827页。

房所言者五行，所用者六爻，遂谓卜筮同法，混而一之，易学自是荒矣。孰知《易》言阴阳而不及五行，卜言五行而不及阴阳哉？犹幸左氏存此一线，庶使好学深思者，得以起而正之。然后卜、筮各得其所，而圣人之精义始著。①

刘绍攽认为，京房借助《周易》六爻结构，将卜法的五行引入其中而别为钱卜之法，从此卜筮混一，易学芜杂；但《易》言阴阳，卜言五行，只有厘清卜筮，使之各得其所，才能发皇《周易》蕴含的圣人精义。

第二个方面，既然卜筮有别，《周易》之占筮就不能混杂卜法，应使用纯粹、简易的筮法判断吉凶。考察古代占筮案例可知，古人在占筮过程中，往往参考卦爻辞及易象以综合判断，而在卦象与《易》辞之间如何取舍定夺，却殊非易事。对此，刘绍攽列举了刘云庄（刘熻）和汪深两种不同的判断思路。

> 刘云庄曰："筮法占卦爻之辞，然其事与辞应者，吉凶固自可见；有不相应者，吉凶何自而决？盖人于辞上会者浅，象上会者深。伏羲教人卜筮，亦有卦而已，随其所遇，求之卦体、卦象、卦变，无不应矣。文王、周公之辞，虽以明卦，然辞之所该，终属有限，故有时而不应。必如《左传》《国语》所载，占卦体、卦象、卦变，又推互卦，始足以济辞之所不及，而为吉凶之前知耳。读《易》者不可不察也。"②

刘熻认为，在占筮过程中，由于所占问之事与《周易》卦爻辞有相应与不相应两种情况，相应者吉凶易断，不相应者则无处下手，以致"辞之所该，终属有限，故有时而不应"，这就暴露出《易》辞的局限性。为了满足占筮吉凶的需要，刘熻倡导利用卦体、卦象、卦变、互卦等象占来弥补《易》辞之不足。因此，可以将刘熻视为《周易》占筮的尚象派。

---

① （清）刘绍攽：《周易详说》，《四库全书存目丛书》经部第38册，齐鲁书社，1997，第826页。

② （清）刘绍攽：《周易详说》，《四库全书存目丛书》经部第38册，齐鲁书社，1997，第799页。

不同于刘熰的尚象轻辞，汪深对《易》辞的占筮功能似乎情有独钟。他说：

> 圣人用《易》以明民，托之卜筮，或所得之辞，阔然不相对者何哉？古人非有大事，不疑不卜也。若诚有两可之疑而合筮之，必诚敬专一，以达于神明，故神明亦以正告之。倘有一毫不诚、不敬、不一，则问此而答彼，实神明之所不至而不告者也。文王于《蒙》，特发"不告"之例。夫揲蓍必成一卦，卦爻必皆有辞，何以言其不告也？盖诚意专一，则神占之词，皆应所问，否则问此而答彼，是则不告也。若是而意度迁就，曲推强取以定吉凶，惑之甚矣。①

和刘熰一样，汪深也承认在占筮时，《易》辞与所占问之事有相应与不相应两种情况，但他不像刘熰那样归咎于《易》辞的局限性，而是认为《易》辞对占筮求问有告与不告两种情况。应与不应是占筮的客观结果，告与不告则为被求问对象的主观意愿。汪深认为，占筮就是求问神明，若要取得神明正告，就要从儒家工夫论的角度对占筮者提出"诚意专一"的要求，做到了诚静专一，则《易》辞皆能与占问相应，若不相应，则是神明不告，就不必再从不相应的《易》辞强推吉凶了。

对于刘、汪两种不同的占筮判断路径，刘绍攽认为，"刘氏之说，乃《左传》占法，汪氏之说，乃朱子占法"。他通过"占决不下百次"的实践证明，"大抵皆以辞应，始信朱子立法占辞之不可易也"，而且"即以《左传》论之，其占卦体、卦象、卦变，亦必合所遇之词而决之，未有舍辞而专论体象者"。这明显是对刘熰观点的反驳。针对刘熰认为的"文王、周公之辞""终属有限"，刘绍攽则提出"盖文、周以后，辞之为用大矣"②的观点，凸显《周易》作为儒家经典的文辞重要性。通过对比刘、汪二人之论，结合自身占筮实践，刘绍攽非刘取汪，最终归于朱熹以辞占

① （清）刘绍攽：《周易详说》，《四库全书存目丛书》经部第38册，齐鲁书社，1997，第799页。

② （清）刘绍攽：《周易详说》，《四库全书存目丛书》经部第38册，齐鲁书社，1997，第799页。

断，形成了纯粹简洁的占筮之法。以《易》辞占断吉凶，既可知来，又可领会《易》辞所蕴含的训诫之义做到寡过，体现了刘绍攽"寡过以立体，知来以致用"的学《易》宗旨，并达到《易传》所说的"神道设教"的目的，可谓典型的儒门占筮。

综上所述，刘绍攽"寡过以立体，知来以致用"的学《易》宗旨，促使他对《周易》占筮进行深入思考和研究，甚至反复进行卜筮实践以了解其知识的内在运用和占断的"逻辑规则"，以便对卜筮问题做出真正属于内部的研究。从《周易详说》可以看出，作为卜筮的实践者兼研究者，刘绍攽对此问题的研究深度超越了一般的儒家学者，触及了卜筮的核心。基于对卜筮的精熟，他敏锐地指出以京房为代表的汉代易学的"混卜于筮"；通过辨析卜筮，他将卜法从《周易》筮法中剔除出来，使卜、筮各得其所；同时，根于《左传》《国语》卜筮案例，刘绍攽纠正朱熹筮法中的取辞谬误，最终倡导一种根于《易》辞、辅以卦象的纯净的儒门《周易》筮法，使"神道设教"的圣人精义落到实处。

西安鄠邑区什王村名考

仝朝晖

（北京建筑大学建筑与城市规划学院）

西安鄠邑区苍游镇的什王村，因为是国家级"非遗"——北乡接城隍民俗的发祥地之一而扬名。民间传说城隍爷（纪信将军）是县北的纪家庄人。纪家庄在哪里？人传该村在今天的什王村东北，今已无存，20世纪50年代前这里还可以看到纪家庄废墟。而城隍婆（纪信夫人）据说就是什王村人。因此当地遗存一个有意思的民俗：北乡接城隍只有轮流到了什王村，城隍婆轿子才走在城隍爷的前面。

什王村的地名，在地方志中有明确记载，如康熙《鄠县志》和乾隆《鄠县新志》均记作"十王村"，在清代道光二十年的真守村《重修关帝庙碑》（见图1）中亦记作"十王村"。为什么如此称呼？这和中国民间的"十王"信仰有关。"十王"通俗说就是"十殿阎罗"，中国佛教所传十个

图1　清代道光二十年真守村《重修关帝庙碑》局部

主管地狱的尊神，即秦广王、初江王、宋帝王、伍官王、阎罗王、变成王、泰山王、平等王、都市王、五道转轮王。后来道教也沿用此说。

什王村有一座久负盛名的胜光寺，民谚说"南有草堂（草堂寺），北有胜光"。据村里老人回忆，过去胜光寺庙宇内供奉的就是地藏王菩萨和十殿阎罗王。因为"十王"信仰混合了民间文化的冥府传说与佛教信仰，在民间社会影响很大，所以这里的"十王村"村名就此形成了。

地藏王菩萨和"十王"又是怎么结合在一起的？这就要说到佛教的"地藏十王"信仰。在汉传佛教中，地藏菩萨作为救济六道众生的菩萨之一，约在隋唐时期逐渐受到人们重视，地藏信仰逐渐兴起。之后，地藏信仰与地狱信仰、"十王"信仰渐趋融合，形成"地藏十王"的思想系统。地藏作为地狱救赎的菩萨而居"十王"之上，成为"幽冥教主"。① 随着地藏信仰的形成，地藏图像开始大量出现于石窟、绘画造像中（见图 2），内容上不断发生演变。

图 2　五代时期，敦煌莫高窟 17 窟，地藏十王图，绢本

---

① 尹文汉：《地藏菩萨图像学研究》，宗教文化出版社，2017，第 23 页。

这方面在敦煌壁画中有大量典型实例。敦煌壁画中的"十王"图共有16铺，除了东千佛洞第5窟的一铺是"十王变"以外，其余都是"十王"和地藏相结合的形式。①

这个结论也解释了另一个问题：胜光寺保存的相传吴道子手笔的图画碑刻（见图3）（落款记：唐吴道子笔，梁栋刊），题材到底是"地藏菩萨云游像"，还是"药师佛画像"？应该是前者。

图3　相传唐代吴道子手笔《地藏菩萨云游像》碑石及局部

而今天的"什王村"村名，较早见诸文献是在民国二十二年的《重修鄠县志》，记作"什王村"。这个命名当为"十王村"流传中的衍化。

什王村胜光寺还有一座明代弘治年间铸造的铁钟（见图4），它和寺院中相传北魏年间的墨玉佛像，相传唐代吴道子手笔的《地藏菩萨云游像》碑石，合称"胜光寺三宝"。铁钟铭文有"鄠县宜善乡孝义里呈王村胜光寺"，这里出现"呈王村"的村名。

围绕"呈王村"命名，有不少猜测。而据民间传说，"什王村"最早叫"成王村"，这一带是周武王姬发儿子周成王姬诵的封地，建有成王宫。

---

① 饶宗颐主编《敦煌吐鲁番研究》第15卷《中国敦煌吐鲁番学会成立三十周年国际学术研讨会专号（下）》，上海古籍出版社，2015，第104页。

图4　明弘治十一年铸造的胜光寺铁钟铭文，局部

　　由于有地下文献的佐证，这个问题可以找到比较合理的说明。在什王村周边曾经出土宋代天圣年间《刘孟坚墓志铭》（见图5），文中记有"葬珍藏乡成王里之原"。1996年在什王村附近的王守村还出土有宋代靖康年

图5　宋代天圣年间《刘孟坚墓志铭》

间《罗直温墓志铭》，也记有"葬公于京兆府鄠县珍藏乡王殊村"①。此即，宋代什王村一带属于鄠县珍藏乡，其下辖有成王里、王殊村（今作王守村）等。北宋初年承袭唐代旧制，县下设乡，乡下有里，里下有村。从"成王里"推论，民间传说"什王村"最早叫"成王村"是比较可信的。

那么，铁钟铭文的"呈王村"会不会是"成王村"之误？胜光寺就建在该村之侧，所以笔误的可能性比较小，而这或许和明代相关历史事件有关联。

明英宗朱祁镇即位，封弟朱祁钰为郕王。因为"土木堡之变"，英宗被瓦剌俘虏，明朝拥立朱祁钰为帝，即明景帝。景泰元年（1450），被俘一年的明英宗归京。景泰八年（1457）正月，英宗发起"夺门之变"复位，废朱祁钰帝号，仍为郕王。天顺元年（1457）二月，朱祁钰去世，英宗赐谥号曰"戾"，以亲王之礼，葬于西山。直到八年之后英宗皇帝驾崩，明宪宗朱见深即位，恢复朱祁钰的皇帝之位。《明史》卷十一记有明宪宗"复郕王帝号制"文，"朕叔郕王践阼，戡难保邦，奠安宗社，殆将八载。弥留之际，奸臣贪功，妄兴谗构，请削帝号。……朕敦念亲亲，用成先志，可仍皇帝之号，其议谥以闻"。② 也就是宪宗肯定了朱祁钰功绩，恢复其帝号，推说赐谥号"戾"是先帝受了奸臣蛊惑，今要重议谥号。

很明显，从朱祁钰的谥号"戾"，可以看出当时皇帝对其"终生为恶，死不悔改"的评价。不仅如此，朱祁钰生前，天顺元年二月朔，英宗皇帝昭告，"（祁钰）不孝不悌，不仁不义，秽德彰闻，神人共愤。上天震威，屡垂明相，祁钰恬不知省，拒谏饰非，造罪愈甚，既绝其子，又殄其身，疾病弥留，朝政遂废，中外危疑，人思正统。……布告天下咸使闻之"。③

由于"郕王"和"成王"很接近，因此也就有可能在这段时期，"成王村"为了回避恶名，改作"呈王村"。

综上所述，今天的什王村在宋代到明代年间许，被称为"成王村"，衍化为"呈王村"；在清代年间许，被称为"十王村"；从清末民国初年至今被称为"什王村"。

---

① 刘兆鹤、吴敏霞编著《户县碑刻》，三秦出版社，2005，第308、322 页。
② （清）张廷玉等：《明史》卷十一《本纪第十一》，中华书局，1974，第150 页。
③ 文冰：《明英宗传》，贵州大学出版社，2017，第361 页。

那一抹别样的学术风景

——读刘跃进先生《从师记》

钟明奇

（上海应用技术大学人文学院）

　　《从师记》是中国社会科学院学部委员、文学研究所研究员刘跃进先生的回忆性散文集，2022 年 5 月由人民文学出版社出版。刘先生曾先后在南开大学、清华大学、杭州大学、中国社会科学院文学研究所学习、工作，在中国古典文学、古典文献学研究方面取得卓越成就，出版《秦汉文学地理与文人分布》《中古文学文献学》等著作；其中，《秦汉文学地理与文人分布》获得有极高学术声誉的"思勉原创奖"。《从师记》一书着重讲述作者四十多年来勇于进取、转益多师、悉心求学问道的学术生涯，成为中国当代学界一抹别样的学术风景。2022 年 6 月，该书入选当月文学好书榜。

一

　　《从师记》之所以是一抹别样的学术风景，首先是因为，该书生动阐释了老师对于一个学者成长的无比重要性。作者在《走向通融》一书中写道："一个学者在其成长过程中，转益多师，方能学有所成。而能遇到一个好老师，往往又会影响到他的一生。"作者出生于"大跃进"年代，从一个在干校与农村生活过的知青一路走来，终成为成就卓著的中国社会科学院学部委员，实为这个时代诸多有着相似人生经历学者获得非凡成功的一个典范。我们自然不否认改革开放、恢复高考所给予的宝贵历史机遇，不否认作者天资聪颖、踔厉奋发的奋斗精神，但若没有诸多老师的启发与诱导，作者要取得今天这样的学术成就，恐怕还要探索更长的时间。作者本科就读于南开大学，本对中国古典文学所知甚少，但词学大家叶嘉莹先生令人如痴如醉的课，给作者打开了一个全新的视野，自此以从事中国古典文学研究为毕生的志业。作者离开南开后的一段时间，因为找不到具体研究学问的门径，曾相当苦闷；所幸不久在杭州大学古籍所师从一代国学宗师、著名楚辞学家姜亮夫先生攻读硕士学位，得到很多高明的指导，特别是从此深刻认识到古典文献学的重要意义。嗣后，作者又在中国社会科学院文学研究所，师从对先秦两汉、中古文学颇有研究的曹道衡与沈玉成先生攻读博士学位。因此，作者能在先秦文学、中古文学研究方面取得杰出成就，绝不是偶然的。

作者在该书"引言"中说："我心目中的老师大体有三种：一是直接授业的老师，二是间接师承的老师，三是衷心私淑的老师。"作者从师无数。一日为师，终生不忘。作者由衷感激那些能够唤醒自己心中美好理想、启迪人生前进方向的人，例如点燃作者文学创作梦想的张云彩老师，坚定作者毕生从事古典文学研究信心的叶嘉莹先生，规划作者治学方向的罗宗强先生；十分感念那些有真才实学、传授具体知识的老师，尤其敬重造次必于是，颠沛必于是，不但学识丰富，更有着远大文化情怀与瑰丽家国情怀的学术前辈，如叶嘉莹先生、姜亮夫等先生；永远铭记那些虽不是自己的私淑弟子，却出于对学生与后辈的爱，能将自己的专业知识、宝贵治学经验等不厌其烦、倾心相授、不求回报的人，如魏隐儒、王继权等先生。总之，使作者所永远不能忘怀的老师，诚如作者在书中同题名的《从师记》一文末所云，是既传道、授业、解惑，又富于坚韧不拔的人格魅力和实事求是的学术品格，成为激励作者不断前行的那些人。我国一向有尊师传统，如《荀子·大略》即谓："国将兴，必贵师而重傅。"作者对不同老师的感怀与尊敬，在新时代犹有其至为宝贵的价值，实应发扬而广大之。

二

其次，作为一部讲述作者求学问道故事的散文集，作者在书中还精辟地总结了诸多学界大家、名家的宝贵治学经验，以及作者自己独特的治学体悟，无不给人以大有裨益的启示。例如，叶嘉莹先生指出文学的力量在于兴发感动。一个文学工作者，对人生、对社会要有丰富的体验、深刻的认识，才能更好地理解诗；姜亮夫先生指导做学问要从目录学入手，熟读《四库全书总目》，打通文史，不要做电线杆式的"专家"；作者自己则认为"凡是在中国文学研究方面真正做出贡献的人，无不在文学观念上有所突破，但是，所有的观念必须建立在坚实的文献基础之上，建立在本民族的文学传统基础之上。如果说文献基础是骨肉的话，那么文学观念就是血液。一个有血有肉的研究才是最高的境界"，并高屋建瓴地归纳出四种研究经典的读书方法：以钱钟书为代表的开卷有得式的研究，以陈寅恪为代表的含而不露式的研究，以陈垣为代表的探源求本式的研究，以严耕望为代表的集腋成裘式的研究。如此等等，皆深造有得之言，诚为读书、治学之圭臬。但本书不限于此，与许多纯谈论治学经验的文章与著作不同，它更有着如同《后汉书》作者范晔所说的"事外远致"。

例如，作者对有关叶嘉莹先生的古典文学研究，就没有简单地从"技"的角度，就文学而论文学，就学术而论学术，而有"道"的视角，有更深一层的体悟、更高境界的把握："叶先生《杜甫秋兴八首集说》，将杜甫的创作放在特定的时间、空间，站在历史的高度给予理解，让我们深刻地体会到杜甫创作成就的取得，离不开时代，离不开人民，更离不开崇高的思想境界"；并进一步指出，近一个世纪以来，叶先生备尝苦难，她"用生命书写出对祖国历史文化的那种真挚、深情的爱，是叶先生传授给我们的最宝贵的精神财富"。姜亮夫先生亦然。他固然有着极为丰富的治学经验，强调治学要有"永久坚强的毅力、自强不息的精神、艰苦卓绝的气概，不作浮夸，不为文痞"，但同时认为"家国的情怀"永远不会过时。

这就是说，是民族爱国思想支配着姜亮夫先生的学术研究。作者因此在书中高度赞赏吴世昌先生"那一代学者，有很多人视学术为生命，把自己一腔的爱国之情，融汇到对祖国文化的深邃探索中"。总而言之，《从师记》不仅仅给读者以具体的可贵的治学方法论的启迪，更推崇一种高尚的情怀，一种坚毅的品格，一种恢弘的境界，由是彰显一种超逸凡庸的治学思想，发人深省，真切感人。

三

作为一部优秀的学者散文集，《从师记》在艺术上有其显著的特色，这就是作者在生动、细腻的叙述中，在字里行间渗透浓浓的真情与深情，相关叙写尤富于诗意与美感。这跟那些文字比较干瘪、客观地讲述治学经验的著述是很不一样的。例如，有感于大家、名家的著作给作者以巨大学术力量，该书中有这么一段感人肺腑的话："他们对于自己所从事的研究工作始终抱有一种敬畏的态度，把学术作为毕生的事业追求，甚至视学术为生命。这是他们的共性，也是最让人感动的地方。其次，他们都有着广阔的学术视野。也许他们所研究的对象可能是一个很小的题目，但是在这课题的背后，你却感受到坚实厚重的学术支撑。更重要的是，他们敏锐而果敢地抓住了他们所处时代提供的前所未有的历史机遇，'用新的眼光，新的时代精神、新的学术思想和治学方法照亮了他们所从事的具体研究对象'（王瑶主编《中国文学研究现代化进程·小引》），为二十世纪的古典文学研究事业开创了全新的局面。我觉得，这些大家、名家，是我们永远取法的榜样，是引领我们献身于学术事业并获得生生不已的力量源泉。"清代通俗文学大家李渔尝云："情到极真文便好。"这一段朴实、清新、自然、真挚的文字，娓娓道来，高山仰止，情不自已，既高度概括了大家、名家非同凡响的治学思想，振聋发聩，同时也诚挚地表达了作者深深的敬畏之情与感激之情，读之不禁令人动容。这样深情绵邈的叙述，时时见于全书。

尤令人感佩的是，作者的相关叙写，不但富于真情、深情，更有一种充满诗意的美感。例如，《记忆中的水木清华》一文，记述姜亮夫先生与作者回忆清华大学。此文结尾作者写道："从姜老的书房出来，正是夕阳西下的时候，落日的余晖映红了西边的天空。时惟早春，寒意未尽，而我内心却温暖如春。西溪旧地，道古桥边，谈话间，一个甲子的风云，好像在指缝间倏忽滑去，留下来的是对水木清华不舍的记忆。"又如《"小室无忧"——记古籍版本学家魏隐儒先生》一文，作者描写魏先生的形象："那天，阳光灿烂，朵朵白云像棉花团一样，似乎触手可及。魏老站在碧蓝的滇池边，清癯的身影、飘散的白发，还有那身不变的蓝咔叽中山装，定格成一幅难忘的画面。"这两段描写，既充满作者对母校清华与魏老的深情怀念，又极富有浓郁的诗意与独特的美感。经典作家散文之写景、抒情与怀人，当也不过如是。

王国维在《人间词话》中说："大家之作，其言情也必沁人心脾，其写景也必豁人耳目。其辞脱口而出，无矫揉装束之态。以其所见者真，所知者深也。"这就是说，出自大家之手的文学作品，必有强烈真挚的情感，新人耳目的景致，自然脱俗的言语，同时拥有追踪蹑迹的真实，蕴藉深刻的思想。《从师记》这一抹别样的学术风景，作为带有强烈自传性的优秀学者散文集，多有思想之美、真情之美、文辞之美，由是能得到社会各界读者的广泛欢迎与高度评价。

从"跃进"到"缓之"：
刘跃进对学术与文学的开创精神

尹玉珊

（四川师范大学文学院）

　　《从师记》发行至今，在学术界内外，影响都非常广泛，体现了作者的学识与才情的巨大魅力。将近 22 万字的《从师记》，不甚厚，内容却很厚重。该书的价值主要体现在学术与文学两个方面。出版社与学术界多看重前者，因为写作者以及写作对象皆为著名学者。该书为有心问学的读者指引了一条"大时代下的问学之路"。即便是普通读者，也可以从书中看到"一个可以触摸的学术境界，一种可以贯通的学术精神"，从而在更广泛的社会层面上拓宽学术的影响力。

　　该书的文学价值，固然离不开学术，却在文章学上，站出了自己的独立姿态。散文笔法的学者文章，将《从师记》领入了学者散文（狭义的学者散文，广义的学者散文仅仅指向作者的学者身份）的历史长河，成为具有"真实、细致、耐读、内敛"的学者散文的代表之一；同时，《从师记》中一系列精彩的学者传记，开创了学者散文的"纪传体"模式，从而成为"非虚构文学"的一个组成部分。

　　对于我来说，最主要的收获也有两点：第一点，个人学术新路的开创。这一点我想细致地谈一谈，因此放在后面再说。我先说说第二点，即文学写作对于文化学者生活实践与人生思考的宣导作用。这些实践与思考或许基于学术思想的积淀，或许与学术无直接关系，但都无法及时、全面地呈现于公开发表的学术成果之中。它们既然在学者的精神世界里孕育，必然需要一个载体转世，学者的文学创作也就应需而生了。

但是，学界对于学者的文学写作，似乎不很认同，常被当成游戏，甚至被看作"不务正业"。就像刘老师在《门阀士族与永明文学·后记》中所说的，似乎只有抛弃了"作家梦"之后，才能真正做好"学者梦"，当然这是老师早年的感受。即使中国历史上曾涌现出那么多优秀的学者与作家的合体，学者的文学写作也都很难被看好，所以作家与学者变成了鱼和熊掌，不可得兼。

读《从师记》之前，鱼和熊掌的矛盾一直在折磨着我。读完之后，我心里的矛盾涣然冰释。虽然，我的写作远不如老师的"硬核"，无论是与学术问题还是与学术之人的关系都不那么切近，但它们的确为我的部分抽象情思赋形，支撑了我精神世界的一只角。假如说，学术研究是"读书得间"的成绩，那么文学写作也算是"学术得间"的成绩。

很多书评，都聚焦师生情谊与学术承传，这也是书中《从师记》一文的核心。但是该书涉及范围颇广，绝不仅限于一个主题。另外，老师对学术新格局的开创，环境与师承或为酝酿，或为铺垫，他的自我追求必然是主导力量。所以，我想要详细谈的问题是，老师在大时代背景下，如何不断形塑"自我"，从而激发对学术新路的开创精神。

老师对学术新路的开创精神，仅从"跃进"到"缓之"的更名，我以为即可见其一斑。"跃进"是时代意志的体现，虽然是借助师长所赋予的。它是先天的，也不一定是顺遂老师心愿的，但老师默默承受了，并学会从中汲取自己成长所需的养料。

但"缓之"是自命的，是顺从老师内心的。老师在《"跃进"时代萌生的文学梦想》一文中自述道："我对自己的名字也有腹诽，觉得激进色彩较重。四十八岁那年，我用陶渊明'众鸟欣有托，吾亦爱吾庐'的诗意，给书斋起名叫'爱吾庐'，是取法自然之意。六十岁以后，自号'缓之'，意思是想让生活节奏慢下来，品味平淡之美。"① "爱吾庐"与"缓

---

① 刘跃进：《从师记》，人民文学出版社，2022，第3页。

之"的意思，的确如老师自道，但我从"更名"这一举动，还看出了老师的潜在意愿，即在时代的、学术的与师长的"大意志"之下，努力找到自己的"小意志"，形成自己的个性与节奏。

黄湖干校时期，虽然年纪尚小，老师也能苦中作乐，向贫苦的生活寻找自己的"小意志"。老师用大头针做鱼钩钓黑鱼，认识了水蛇、花脖子蛇与蝮蛇，这些都算作《诗经》中的"草木虫鱼"；"黄湖农场水多，我们从小练就了较好的水性"[1]，利用自然优势提升自己。老师学会如何对付蚂蟥，还学会了打草，用秫子、柳条编织草筐，用自制的工具摘鸡头米、菱角，逮青蛙、钓鳝鱼。这些既是个体求生的技能，也似乎带有孔夫子少年"多艺"的演练。

密云山区，做回农民，大局几乎不可扭转。但因为学识与梦想的支撑，老师对自我"小意志"的寻觅更加迫切和积极。听到恢复高考的消息，"我借口到县里开会，悄悄地翻墙头，走小路，就像小偷一样，溜回家中寻找复习材料，还抽空拜见了来北京改稿的复旦大学王继权、潘旭澜老师"[2]，白天从事繁重的体力劳动，晚上参加小队批斗，"每天晚上几乎要到十点以后才开始复习，困了就和衣而睡，凌晨三四点用凉水冲冲脸，继续复习"。[3] 每天的睡眠不足三小时。处于大时代的"广阔天地"之中，"自我"是多么渺小，又是多么强大。

南开求学时，文学专业的优秀老师那么多，当时的文化焦点也在当代文学。老师在听完叶嘉莹先生的讲座之后，却开启了对古典文学的求索大门。这难道仅仅是古典诗歌与叶先生的强大魅力，而不是老师寻觅自我"小意志"的水到渠成吗？

另外，老师的问学之路，既是从师之路，也是探索自己的学术新路。"离开南开以后的一段时间里，我就像一个无家可归的孩子，独学无友，孤陋寡闻，徘徊在学术殿堂之外，苦于找不到登堂入室的门径，陷入相当苦闷的境地。雨宵月夕，废寝摊书，在艰苦的摸索中，我逐渐看到了古典

---

① 刘跃进：《从师记》，人民文学出版社，2022，第21页。
② 刘跃进：《从师记》，人民文学出版社，2022，第29页。
③ 刘跃进：《从师记》，人民文学出版社，2022，第29页。

文献学的意义，明白了一个极为浅显的道理：要有自知之明。"① 文中的"苦闷"与"徘徊"，无不在昭示老师对自我"小意志"的打量与把握。

但是，在学术上卓有建树之后，老师想的不仅是追求自我，还有超越自我："改变自己，有时要冒着一定的风险。进入二十一世纪以来，我总在思索着这样一个问题，如何在已有的科研成果基础上推进自己的研究。"② 超越自我，也就是对自我"小意志"的推陈出新。其中自然不乏时代的影响，学术自身求新求变的内核驱动，更是老师内心燃烧着的"小意志"的不懈攀升。

如果说对文献学重要性的特别强调，是老师自己的孤独求索，加上问学路上多位先生（尤其是姜亮夫与曹道衡先生）言传身教的结果，强调文学经典的细读，则主要是老师自我探索的结果。他上溯宋人朱熹，从《朱子语类》中提炼出熟读经典的意义"泛观博取，不若熟读而精思"③，并以"大家"为镜，总结出四种读书法：一是开卷有得式的研究，钱锺书为代表；二是含而不露式的研究，陈寅恪为代表；三是探源求本式的研究，陈垣为代表；四是集腋成裘式的研究，严耕望为代表。④

刘老师说："无论哪一种读书方法，我发现上述大家有一个学术共性，即能在寻常材料中发明新见解，在新见材料中发现新问题，在发明、发现中开辟新境界。"⑤ 这不就是无休止的追新求知吗？在这里，学术研究的"大意志"与老师自己的"小意志"合二为一。

刘老师不仅在学术之路上追求做出自己，教学之路也努力做出自己，而其中的"自己"既是教师的，也是学生的。给清华学生讲古诗，就是这一努力的充分体现。

> 其次要有较高的精神境界，教书育人，应当现身说法。中国人重视诗品，更重视人品。人品不好，诗文写得再好，终究要受到唾弃。

---

① 刘跃进：《从师记》，人民文学出版社，2022，第 148～149 页。
② 刘跃进：《从师记》，人民文学出版社，2022，第 151 页。
③ 刘跃进：《从师记》，人民文学出版社，2022，第 154 页。
④ 刘跃进：《从师记》，人民文学出版社，2022，第 156～159 页。
⑤ 刘跃进：《从师记》，人民文学出版社，2022，第 159 页。

这本身就很值得后人玩味。从诗品、人品讲到人生境界，讲到处世原则，不能摆出一副经师的样子，居高临下，发蒙解惑，而是要把自己与同学摆在平等位置上，不回避自己的观点，不忌讳自身的弱点。只有这样，才会使自己讲课具有较强的感染力和说服力，同学们不仅学到了知识，更重要的是，从听课当中、从前人的境遇之中学会怎样处世，怎样处人，怎样处己。比如在考试题中，我经常出一些类似"我心目中的杜甫"、"我心目中的陶渊明"这样的试题，提示同学们：我们不仅仅是在考文学题，其实也是我们每一个人所面临的人生课题。对此，同学们大都有较深的体会。①

讲课的时候"不回避自己的观点，不忌讳自身的弱点"，就是在做出教师的自己；出题的时候多探求"我心目中的某某"，就是教会学生做出他们自己。同时，无论是教师的"自己"，还是学生的"自己"，都是在古代诗人映照下的，被文学经典洗练过的"自己"。

正如书海无涯一样，学术研究也是无限的。怎样以有限的人生，来面对这一个无限？这个问题既是老问题，也是新问题。从《门阀士族与永明文学》，到《中古文学文献学》，再到《秦汉文学编年》与《秦汉文学地理与文人分布》，刘老师每走一步，都能砌出一段阶梯，劈开一条路径，硬是在无限的学问中做出了"有限"的自己。

《从师记》一书，以散文之笔写学术，既用"山中人"的视角，又兼"山外人"之笔触。刘老师对于学术，看进去，又走出来，将学术与文学锻造成人生的双翼，开拓出人生的更高境界。因此，《从师记》给予读者的启发，在于学术、文学与人生的多方开掘。

2022 年 9 月 11 日改定于寓荞庐

---

① 刘跃进：《从师记》，人民文学出版社，2022，第 71 页。

从师问道，金针度人

——刘跃进先生《从师记》读后

齐清仙

（太原师范学院文学院）

元好问曾有诗云："鸳鸯绣了从教看，莫把金针度与人"（《论诗三首》其三）。近读刘跃进先生新著散文集《从师记》（人民文学出版社，2022年5月出版），则让我们不仅看到了作者游学南北、数从名师，跌宕起伏的学术人生，获得美的享受与精神鼓舞；而且感受到了作者感念师恩、表彰师德的浓重学者情怀，内心不知不觉受到熏陶感染。该书的另一大特色还在于，作者使用大量颇具时代感的私人信件、个人谈话作为史料，毫无保留地再现了各位老师在不同阶段、不同方面对他读书治学方法的指导，求学问道精神的感召，极具史料价值与现实指导意义，十分有益于后学。下面仅拈出数条，与同道共赏。

一 打通文史界限广泛读书

俗话说：行万里路，读万卷书。至于万卷书该怎么读，则见仁见智，各有各的读法。《从师记》以纪实性笔法，详细介绍了作者分别在南开大学读本科、在杭州大学古籍研究所读硕士、在中国社会科学院文学研究所攻读博士学位期间，多位先生教给他的视野博通、打通文史界限的读书方法。跃进先生结合自己的阅读经历，切身体会并论证了这一读书方法的可行性、实用性和有效性。

早在南开大学读书期间，王继权先生就建议他要注意文史兼通。王先生 1978 年 8 月 10 日的来信说：

> 学习现代文学史重点是要有史的概念（不是作家加作品），要掌握史的发展线索，要了解各个时期的文艺思想斗争、社团流派、创作倾向、主要的作家作品，要了解各个时期有些什么新的东西、新的特色。关于作家作品，要放在史中去了解，要放在当时的历史条件下去了解，这些作家作品，当时起过什么作用。（《从师记》，第 241 页）

> 读作品不能用初中里的办法，只看故事情节，要分析，要上升到理论，看后思考一番，再读些评论文章。（第 241~242 页）

王先生信中主要强调三点：①要有史的观念（按：应兼指掌握历史文化背景与学术史动态）；②重点突出，抓主要作家作品展开研究；③理论联系实际，要有深度的理论思考，并辅以一定的写作锻炼。被王先生称为"老生常谈"的这三点注意事项，对于文科学生的学习非常实用。因此，跃进先生称："我后来基本上按照王老师的指点，注意理论、历史以及学术史的学习研究，受益无穷。"（第 244 页）

王先生是复旦大学教现代文学的老师，算是跃进先生"衷心私淑的老师"。①他所提倡的读书法主要针对现代文学，与罗宗强先生所指示的古典文学读书法异曲同工。跃进先生刚到清华大学参加工作不久，心情苦闷，常向罗先生请教，罗先生来信示以两种系统读书法。

> 一是先从古至今，大致读一遍，有个印象，然后再从主攻方向深读。一是一开始就找一段精读。所谓大致读一遍，是指各朝主要作家全集找到粗读一遍，同时读当时史书，明白其活动时代与其创作特点。所谓精读，就是带研究性，一个作家一个作家来，大致做这样几

---

① 按《从师记·引言》曰："我心目中的老师大体有三种：一是直接授业的老师，二是间接师承的老师，三是衷心私淑的老师。"跃进先生没有上过王先生的课，不是他的学生，但机缘巧合，得到过王先生的许多帮助，因此王先生可以算作跃进先生"衷心私淑的老师"。

个工作：版本、辨伪、系年（利用已有之年谱），思考若干问题。（第52页）

罗先生所指示的这两条读书路径，或通读，或精读，因人而异，各有各的好处。他也强调要掌握历史背景，抓住各朝各代的主要作家作品进行有重点的阅读。相较而言，第二种方法带有研究性，强调问题意识，对阅读者要求较高，所以对于刚入门的人来说，显然是第一种方法更适用。在罗、王二位先生打通式阅读方法的引领下，跃进先生借在清华文史教研室和图书馆之间做联络人的便利，饱览群书，为以后的继续深造打下了坚实的基础。

姜亮夫与曹道衡二位先生，分别是跃进先生读硕士和博士期间的业师，二老也倡导这种视野开阔的读书法。1984年，受教育部委托，姜亮夫先生在杭州大学开办首届古籍整理专业研究生班。姜老为此亲拟教学大纲、培养方案，声称其办班目的，就是想使每个学生都能成为普照整个专业与中国全部文化史的通才，而不是电线杆式的"专家"。① 姜老的"通才"计划，在当时的课程设置中得到充分体现，并聘请多位知名学者开办讲座，内容浩繁，如"沈文倬先生讲校勘学；刘操南先生讲《诗经》与天文历算；雪克先生讲《汉书·艺文志》与目录学；郭在贻先生讲《说文解字》与训诂学；张金泉先生讲《广韵》与音韵学"（第60页）；等等，涉及多个学科。这些课程看似杂乱无章，其实暗含姜老想让学生"普照"整个中国文化通史的苦心。②

1988年跃进先生到曹道衡先生门下读博士。严谨认真的曹先生亲拟"先秦两汉文学博士生培养计划"，引导学生进行既有深度，又有广度的读书。"总的要求是在三年之内对先秦两汉文学有通盘了解"（第75页），也是追求"通识"境界，在这个大原则下又对每一年的学习进度进行细分。

---

① 傅杰《姜亮夫先生的"最后最高要求"》：要求每个毕业生能普照整个专业与中国全部文化史——至少是学术史的能力，及各个方面（指学术分类）的独立研究古籍能力，而且有永久坚强的毅力、自强不息的精神、坚苦卓绝的气概（载《文汇学人》2022年5月21日）。

② 《从师记》列有详细清单，显示从1984年9月到1986年4月间，姜亮夫先生外聘学者的公开讲座多达15场。

如要求在第一年内，"先秦至少读完《诗经》《楚辞》《左传》《国策》《孟子》《庄子》《论语》诸书（《诗经》至少阅读《正义》《集传》及马、陈四书。《楚辞》至少读完王逸、朱熹及游师［游国恩先生——作者按］二书），两汉至少读完《史记》及汉代乐府，又《通鉴》卷1~卷184"。（第75页）曹先生所列书单都是文史研究领域的基本典籍、必读书目，属于中华优秀传统文化中的精髓，今天的先秦两汉文学博士生仍可照此执行。

正是这样转益多师，跃进先生在这些名师、大师的方法指引下，有目的、有计划、有重点地系统读书，博通文史，顺利完成了各项学业，开始追逐起他的"学者梦"来。

二 系统整理资料汇编文件

对于学者来说，读书只是叩问学术之门的开端。在读书过程中如何搜集资料、整理资料，如何把散乱的材料与自己的读书所得整理成系统的、有价值的资料库，才是展开学术研究的关键步骤。

跃进先生在《从师记》中屡屡强调系统整理资料的重要性。"如何收集整理资料，不同的学科、不同的时段，自有不同的处理方法，不能一概而论。重要的是要找到一种有效的整理资料的方法。这是我在南开大学、杭州大学和中国社会科学院读书时，老师传授给我的最重要的学术方法"（第79页），有时候"好的工具书或资料长编，本身就是研究成果"（第77页）。在前辈学者中，他十分推崇严耕望先生"集腋成裘式的研究"，①认为严先生的学问有迹可循——论文之前，先编材料。

事实上，刘老师重视汇编资料、系统整理文献的训练也是有迹有循的。如南开大学罗宗强先生在指导学年论文时，即要求他们对研究对象进

---

① 跃进先生比较欣赏的四种读书方法：一是开卷有得式的研究，钱锺书为代表；二是含而不露式的研究，陈寅恪为代表；三是探源求本式的研究，陈垣为代表；四是集腋成裘式的研究，严耕望为代表。"我发现，很多有成就的学者，在从事某项课题研究之前，总是先做好资料长编。"（刘跃进：《从师记》，第156~159页）

行精细的编年考证。尤其是事迹编年，罗先生认为功德无量，因为这样可以把重大历史节点、重要事件、重要人物的事迹汇为一编，研究者就能把许多大事件的来龙去脉看得清楚，把具体人物的地位、处境和心境了然于胸。罗先生的《魏晋南北朝文学思想史》（中华书局，1996 年）、《玄学与魏晋士人心态》（天津教育出版社，2005 年）等著作，就是这种指导思想与扎实文风的具体呈现。

跃进先生在向姜亮夫先生问学时，姜老则以他的老师王国维先生为榜样，强调资料收集与编纂工具书的重要性。"（王国维）先生治学，往往先集资料，而后为之，如《两宋金文著录表》《清代金文著录表》，皆其征也。"这样做的好处，是"不仅能平列资料，以知其然，且能透过资料，而知其所以然"。① 受其启发，姜老在展开学术研究之前，也十分重视前期资料的搜集与整理。如他研究《楚辞》，先编《楚辞书目五种》《屈原列传疏证》；研究敦煌学，先编《瀛涯敦煌韵辑》《莫高窟年表》；研究历史，先编《历代人物年里碑传综表》等，都是十分有用的工具书。他甚至写有《我对辞书的爱好与一些经历》一文（《姜亮夫全集》第 22 册），具体介绍自己在这方面的经历与体会。王、姜二位先生所倡导的这种能"知其所以然"的"工具书"，其实类似建立一个方便检索的个人专题数据库，前期工作虽烦琐，却有极大实用价值，便于随时取用，是开展学术研究的起点，写作学术论文的前提。

另外，中华书局傅璇琮先生治学也主张求真务实，编纂系统实用的工具书，在基础性工作上下功夫。他认为"古典文学研究就像建筑工程一样，可以分为基础设施和上层结构两个部分。基础设施包括基本资料的整理、工具书的编纂等"（第 260 页），而加强文献资料的搜集与整理，正是属于比较实用的基础性工作，有利于后来者居上，"一方面可以省却研究者翻检之劳；另一方面，更为重要的是，为作家作品的研究提供系统的材料"（第 261 页），为后面的研究奠定良好的基础。

跃进先生身体力行实践老师们的研究方法，十分重视材料的编撰，体

---

① 姜亮夫：《姜亮夫全集》第 24 册，云南人民出版社，2003，第 283 页。

现厚重的文献价值。如他研究沈约，先编《沈约年谱》；研究永明文学，以《永明文学系年》作为支撑。研究秦汉文学，则先有《先秦两汉文学史料学》（与曹道衡先生合著，中华书局，2003年），搜集、熟悉相关史料；尔后对其进行"系年"，为《秦汉文学编年史》（商务印书馆，2006年）；再进一步"系地"，为《秦汉文学地理与文人分布》（中国社会科学出版社，2012年）；在此基础上的"综合研究"①，则是《秦汉文学论丛》（凤凰出版社，2008年）。他认为，"只有把作家和作品置于特定的时间和空间中加以考察，才能确定其特有的价值，才不会流于空泛"。② 这样的研究，不仅有坚实的文献基础作为支撑，而且在研究方法上，既遵循传统，又与时俱进，特色鲜明，给人启发。

三　兴发感动鉴赏文学作品

当然，大量搜集材料、系统整理材料并不是学术研究的最终目的，而只是通往目的的一条途径、一种手段。我们的学术研究，更重要的是关注材料背后所折射的思想意识，揭示历史规律等深层问题。而解决这些深层次问题，最要紧的则是应该真正读懂文学作品。在分析鉴赏古典文学作品方面，跃进先生推崇的是叶嘉莹先生的"兴发感动"说。

1979年春，叶嘉莹先生首次回国在南开大学讲学，"白昼谈诗夜讲词，诸生与我共成痴"，盛况空前。叶先生对古典文学的独特解读，融入生命体验，引人求真向善，给人留下极深刻印象。《从师记》两次提道：

> 真正促使我对古典文学产生浓厚兴趣的，应当是著名学者叶嘉莹先生。叶先生点燃了我的古典文学研究梦想，让我们理解了文学的力量在于兴发感动，同时，叶先生的言传身教让我们知道，生命的意义

---

① "所谓'综合研究'绝不是一般意义上的泛泛而论的大视角，而是对各种文体、各门学科作通盘的研究，包括资料的系统化和检索的科学化，更包括对狭隘文学观念的突破。"（刘跃进：《秦汉文学编年史·导论》，商务印书馆，2006，第10页）

② 刘跃进：《秦汉文学论丛》，凤凰出版社，2008，第596页。

在于生生不息之追求。（第 147 页，第 44 页）

对于叶先生的影响，跃进先生使用的是"点燃"一词，既形象生动，也非常符合他的求学经历与学术志趣的转向。在时代洪流中，跃进先生的求学经历并非一帆风顺，他的学术志趣也几经转变。"经历了从文学青年到青年学人，从现代文学到古典文学，从古典文学到古典文献，从文献研究到理论思考，从文学阅读到经典研讨的不同阶段。"（第 147 页）叶先生的这次讲学，给他打开了全新的视野，改变了以前对古代文学课程的刻板印象，并由此发现了古典文学的醇厚之美，最终由现代文学而进入古典文学研究领域，由此看，跃进先生对古典文学的研究热情，确是被叶先生"点燃"的。

"点燃"的关键，则是叶先生在解读中国古典诗词作品时所倡导的"兴发感动"说。叶先生认为：

> 人生天地之间，心物相接，感受频繁，真情激动于中，而言词表达于外，又借助于辞采、意象以兴发读者，使其能得相同之感受，如饮醇醪，不觉自醉，是之谓诗。故诗之最重要之质素即在其兴发感动之作用。①

叶先生以独特的女性视角，在中国传统诗教观的基础上，强调对诗歌伦理价值的系统阐发，注重作者与读者的情感共鸣，"使其能得相同之感受"，走出解读鉴赏中国古典文学作品守正创新、引人向上的一路。这样的解读方式，正如跃进先生所说，"不仅仅向我们传授中国古典诗词的知识，更是向我们传递一种人生哲理和向上的力量"（第 45 页）。

在叶先生"兴发感动"方法的启迪下，跃进先生对文学作品的鉴赏常融入自身的情感体验，施以理解之同情，往往胜意纷呈。如他结合自己的亲身经历讲解汉乐府名篇《悲歌》就很独到。

> 二十多年前一个寒冷的冬天，春节刚刚过后，正是农闲的时候……

---

① 叶嘉莹：《迦陵论词丛稿·题记》，河北教育出版社，1997，第 2 页。

（我）便和几个小伙伴到野外撒风。隐隐约约的，伴随着刺骨寒风传来一阵阵令人毛骨悚然的呜咽声。走到近处才发现，原来是一个头发花白的老妇人跑在一座新坟前低声吟唱。……老妇人的哭声不大，没有眼泪，如泣如诉……①

阅读《从师记》，我们知道老妇人哭诉的新坟里埋葬的是作家吴小武，笔名萧也牧。他因小说《我们夫妇之间》成为 1949 年后第一个遭到大规模批判的作家，含冤而死。跃进先生得知这一情形后，心里很受震动，再读《悲歌》，就很自然地联系到这段经历，产生了强烈的情感共鸣。《乐府诗集·杂曲歌辞·悲歌》云："悲歌可以当泣，远望可以当归。思念故乡，郁郁累累。欲归家无人，欲渡河无船。心思不能言，肠中车轮转。"② 诗中主人公表达的感情与老妇人一样，正因"心思不能言"而悲歌当哭、远望当归，他们都是在用一种不可能的方式寄托极度的哀思，给读者巨大的心灵震撼。跃进先生说："悲哀而有眼泪，则人之情，此时尚有感、有觉，这可以称之为悲剧的第一层内含；如果悲哀而无泪，反作为笑，那就不能常情来解说了。其实那才是最彻底的悲剧，是悲剧的极致，悲剧的最深层意蕴。"③ 可以看到，跃进先生讲解《悲歌》，正是在对人生、对社会有了丰富体认以后，"兴发感动"解读作品，走进主人公的内心，这样才真正读懂了作品，领略到了悲剧的力量、文学的力量，也让我们看到了这种解诗方法的真谛。

近年来，跃进先生解读中国古典文学作品，在"兴发感动"说基础上又有所拓展延伸，提倡有历史感和崇高感的综合研究。如他读屈原，读出了屈原在中华民族精神构造方面的积极意义；读扬雄，读出了扬雄的圣人情结、学者特质、诗人本色和安贫乐道的精神④；读杜甫，则读出了杜甫

---

① 跃进：《悲歌当泣 远望当归》，《名作欣赏》1996 年第 3 期；后收入《赋到沧桑》，略有删减。
② 郭茂倩：《乐府诗集》第 4 册，中华书局，2017，第 1297 页。
③ 跃进：《悲歌当泣 远望当归》，《名作欣赏》1996 年第 3 期；后收入《赋到沧桑》，略有删减。
④ 刘跃进：《西道孔子 世纪鸿儒》，《中华文化论坛》2019 年第 4 期。

的人民性、时代感和崇高美。① 这些研究，皆是站在历史的高度，对中国文学发展大势的精准把握，对在构建中国文化谱系中做出过重大贡献的名家大家的历史审视，融汇古今、无问西东。跃进先生用他的研究实践向人们证明，"文学艺术是一种情感的表达、交际的方式。作者把自己体验过的真善美的情感传达给别人，让人温暖，使人忧伤，在悲欢离合中品鉴人性之美，体验崇高之感"。（第110页）"文学不仅是表现人情人性的文字载体，也是展示国情世情的重要窗口，更是反映时代变迁的广阔平台。"由此看，文学联系社会、历史与人生，文学的内容广大无边，关乎世道人心，实有无用之大用。

四　高尚的品格榜样的力量

以上，择要论列了跃进先生在不同阶段，不同老师教给他的读书问学的方法，发蒙解惑，有益后学。除了这些具体的方法，老师们身上所共同具有的高尚人格魅力，则更加令人印象深刻，感佩不已。

如严谨认真的治学态度，以罗宗强先生上的第一课最为生动。当年，罗先生指导跃进先生写作学年论文。没有论文写作经验的跃进先生想把现代文学作品与古代文学理论相联系，试图用鲁迅小说《幸福的家庭》去论述《文心雕龙·神思》中的创作构思问题。结果初稿即遭罗先生当头棒喝，提出三点批评意见：第一，态度不认真，字迹潦草，要求认真誊抄，一丝不苟；第二，对古代经典作品，一定要认真研读，准确理解，再发表自己的意见；第三，写文章不能随心所欲，一定要有明确的主题、严密的逻辑（第47页）。这些意见，"良药苦口"，戳中了许多初学者的软肋，又一针见血，一语中的，初尝有些苦涩，事后回味，有如仙人指路，句句在理。之后，跃进先生六易其稿，终在罗先生的严格教导下，完成了人生第一篇学术论文，并在首届学生学术论文研讨会上获得二等奖。宋代严羽《沧浪诗话·诗辨》说："入门须正，立志须高。"跃进先生后来在学术路

---

① 刘跃进：《文学史为什么选择杜甫》，《杜甫研究学刊》2018年第1期。

上的成长进步，与罗先生的入门鞭策与指导分不开。罗先生明确强调，"从事学术论文的写作，最重要的是认真的态度、严谨的精神"（第48页），对于问学之人来说，这是基本要求，也是基本素养，非常必要。

无私奉献的师者情怀，以王继权、魏隐儒先生为代表。按理说，王、魏二位不是跃进先生的老师，他们之间没有师承关系，但无论王先生，还是魏先生，都在跃进先生的成长之路上，伸出过无私的援助之手，表现出老一辈学人不计个人得失、甘于奉献的高尚品格。1977年高考前夕，跃进先生因复习备考认识了复旦大学的王继权先生，从此二人书信往还20多通，"来谕惓惓，亲如促叙"交往20余年。从高考到考研、考博，从知青到讲师、教授，王先生一直关注跃进先生的成长，给予其许多实质性帮助。用跃进先生的话说，"他（按：指王继权先生）就像辛勤的园丁，在不同时期，针对不同情况，默默在为我补给养分"。而王先生之所以这样做，别无他求，"只是出于一个老师的本能。他希望把自己的所知所得，毫无保留地告诉后学，让他茁壮成长"（第255页）。这样的高风亮节，令人感佩。魏隐儒先生也是这样，毫无门户之见，积极奖掖提携后学。跃进先生通过书信认识魏先生的时候，魏先生已是国内著名的古籍版本鉴定专家，但他丝毫不计较年龄、辈分的差别，对渴求上进的跃进先生勉励有加，称自己"绝不保守，愿将所知'竹筒倒豆子'，与同道共同研讨，共同进步"（第221页）。他不仅是这么说的，也是这么做的。在之后的岁月里，跃进先生得以有机会跟着魏先生"观风望气"，学到许多古籍版本知识，对他以后在古典文献学领域的深耕细作助益颇深。

了解跃进先生的人都知道，他的书斋名叫"爱吾庐"。我们一般以为，书斋主人这是巧妙借用陶渊明的诗句"众鸟欣有托，吾亦爱吾庐"（《读山海经》），以表达他转益多师、众鸟相托、薪火相传的心迹。而通过《从师记》，我们才知，原来这里典中有典。1985年，魏先生在杭州大学讲学期间，曾送给跃进先生两幅画，其中一幅即为"众鸟欣有托，吾亦爱吾庐"（第226页），画面温馨，意味深长，跃进先生珍藏至今，由此可见魏先生的影响，以及跃进先生感怀魏先生的心情。

在《从师记》中，除了以上几位，我们还能看到许多老师的人格风采。如讲课讲到动情处，眼里常含泪水的王双启先生；言传身教，用生命书写爱国情怀的叶嘉莹先生；对母校清华抱有拳拳深情的姜亮夫先生；精诚合作，文人相"重"，成就一段学林佳话的曹道衡与沈玉成先生；以及"对前辈极为尊重，对平辈倾心相交，于后学则提携不倦"（第257页）的傅璇琮先生，等等，真可谓"学为人师，行为世范"（启功先生题北京师范大学校训），先生之风，山高水长。

　　跃进先生很幸运，在学术成长之路上得遇这么多良师、名师、大师，为他指点迷津，树立榜样。而今，他通过《从师记》，把老师们宝贵的治学经验、研究方法点滴记录下来，把老师们高尚的人格魅力、学术品格叙写表彰出来，启人心智，度人金针，必将在我国的学术史、文化史上留下一抹温暖光辉的记忆。

《从师记》——文学的另一种读法

王　艳

（西北民族大学新闻传播学院）

迎来《从师记》，是我们后学之辈的幸运。这本跨越半个世纪的传记再现了新中国成立以来的"文学场"，勾勒出中国精英知识分子的精神情感世界。当我们捧读此书，中国文学史中熟悉的名字不断闪现时，觉得这不仅仅是一个学者的传记，也是研究中国古典文学的宝贵资料，更是一代学者的群像史诗。"那一代学者留给后人的肃穆清风的处世态度、修辞立诚的为人风范、严谨求实的学术精神，都值得我们感念不忘，更需要我们发扬光大。"① 该书的作者刘跃进先生是中国社会科学院学部委员，文哲学部副主任，文学研究所原所长，中华文学史料学学会会长……在这些耀眼的头衔、光环之下，在他儒雅、博学、严谨的学者形象背后有着不为人知的另一面——一个梦想着成为作家的"文青"。一个在农村广阔天地中上山下乡的"知青"，是如何转变为一个走上学术之巅的学者？

《从师记》分为两部分，上编以作者的成长经历为线索，讲述了其黄湖农场"小五七战士"的童年记忆、独自在北京上学的寂寞苦闷、上山下乡的知青岁月、七七级中文系的求学记忆、清华大学"高校青椒"的任教经历和文学所的故事。下编九篇则是对前辈学者的追忆和感念，包括俞平伯、汪慰林、魏隐儒、王继全、傅璇琮，王伯祥、吴世昌、吴晓铃、裴斐

---

① 刘跃进：《从师记》，人民文学出版社，2022，第202页。

9 位先生，聚焦他们的生平、人格，以细腻的笔触书写前辈学者的风范和学术业绩。作者以自己从"作家梦"到"学者梦"的追梦之旅串联起各个阶段的老师们，如果我们把这些故事放置在历史时空当中，与中国文学史平行对读，会形成交相辉映的画面，成为我们阅读文学史的另一面。

一

"我们那个时代，激情澎湃，如同我的名字，一直在'跃进'中。我的文学梦想之树，也在一天天长大。"①

不同寻常的开场，注定这是一本具有时代感和使命感的传记。马尔克斯在《活着为了讲述》一书中说："生活不是我们活过的日子，而是我们记住的日子，我们为了讲述而在记忆中重现的日子。"②《从师记》的上半部分以"文学梦"为叙事线索，追忆了作者在时代的激流中披荆斩棘，从一个"知青"到"文青"，最后蜕变成当代著名学者的成长历程。在"文学梦"显性的叙事进程下还隐藏着另外一条线索——每一个求学阶段遇到的老师是造梦者，影响、改变、实现了他的文学梦。

"我开始做起了文学梦。"③

时间行至 1972 年，著名作家柳青到北京修改《创业史》，成了先生的邻居。中国青年出版社的宿舍大楼还接待过《红岩》的作者之一杨益言、《红旗谱》的作者梁斌、《李自成》的作者姚雪垠、《小鲤鱼跳龙门》的作者金近，《我们夫妻之间》的作者萧也牧是中国青年出版社的编辑，也住在这幢楼里。这些日常生活中的"文学碎片"在先生的心里埋下了文学的种子，他被"文学"包围着，楼上楼下著名的作家、出版社进进出出的编辑、近水楼台先得"阅"的中外名著，文学变得触手可及，可又如何让梦想照进现实呢？柳青在回陕西之前是《中国青年报》副刊主编、文艺部主任，为了创作《创业史》，主动要求离开北京去陕西省长安县工作，在黄

---

① 刘跃进：《从师记》，人民文学出版社，2022，第 3 页。
② 加西亚·马尔克斯：《活着为了讲述》，南海出版公司，2016。
③ 刘跃进：《从师记》，人民文学出版社，2022，第 6 页。

甫村一住就是十四年，写出了史诗般的作品。任何一个成功的作家都必须要有现实关怀，扎根于人民之中。梦想像灯塔一样指引着先生前进的方向，"到农村去，磨炼一手老茧，写出漂亮文章，像'白卷英雄'张铁生那样，通过推荐上大学，当工农兵学员，实现自己的梦想。"①

"我的文学梦想被点燃了。"②

上初中的时候，语文老师张彩云含着泪花诵读《吊灯岭的灯光》《西去列车的窗口》的声音和画面点燃了先生的文学梦想。梦想一旦被点燃，文学的种子开始发芽。先生开始模仿写小说，写散文，写各类官样文章，在学校的板报上，"向阳楼"的黑板上尽情书写自己的梦想。以梦为马，学习目标也更加明确："练好文笔，多写文章，准备到农村去施展才能。"③这样的浪漫主义情怀在动荡不安的年代野蛮生长。那个时候，读了《剑河浪》《分界线》《艳阳天》《喜鹊登枝》等这些乡土气息很浓的小说，对小说中描写的"广阔天地"无限向往，"上山下乡"成为他人生第一个奋斗目标。

"1976 年底，我年满十八岁，在文学梦想中结束了中小学生活。"④

"文化大革命"时期，知识青年上山下乡，接受贫下中农再教育几乎是每一个人的宿命。1977 年 3 月 24 日，先生到北京远郊的密云山区插队，在广阔天地中追寻自己的梦想。第一天到知青点，睡在大炕上，全身爬满虱子，瘙痒难耐，没有睡踏实。第二天就开始下地干活，起圈、撒肥、春耕、播种、间苗、除草，这些城里的学生都受不了的活，先生因为怀揣梦想，干劲儿十足。窝头、青菜加咸菜，夏天"龙口夺粮"，群殴争地盘，通宵干活儿，因为怀揣着梦想，也不曾退缩。"在严酷的现实生活面前，理想啊，抱负啊，其实都不如待在家里吃一顿好饭。"⑤ 对农村的浪漫主义想象在现实中被碾碎，梦想与现实就像鱼和熊掌一样不可兼得。

---

① 刘跃进：《从师记》，人民文学出版社，2022，第 7 页。
② 刘跃进：《从师记》，人民文学出版社，2022，第 10 页。
③ 刘跃进：《从师记》，人民文学出版社，2022，第 11 页。
④ 刘跃进：《从师记》，人民文学出版社，2022，第 14 页。
⑤ 刘跃进：《从师记》，人民文学出版社，2022，第 27 页。

　　"经过'三夏'的磨炼，我唯一的愿望就是好好劳动改造，争取到工农兵学员资格。至于文学的梦想，早已像天边的游云，渐渐散去。"①

　　1977年12月10日，刘跃进在北京密云参加高考。《似水年华》记录下了1978年的第一个镜头，旁白为："1978年的春节，京城有个叫刘跃进的人，在焦虑地等待着高考结果。"这一年，刘跃进结束了"上山下乡"的知青岁月，离开了年少时梦寐以求的"广阔天地"，成为南开大学中文系七七级的大学生，沉睡已久的作家梦又一次被唤醒。老系主任李何林先生在新生见面会上说："大学不是培养作家的地方，如果想当作家，就要到广阔天地去。"②先生的作家梦凉了半截，刚从农村回城，再也不想回去了。在最接近梦想的地方，刚被唤醒的"作家梦"又一次幻灭了。

　　"走进校园，远离社会生活，自然作家梦难以实现，我又做起了学者梦，想做现当代文学研究。"③

　　恢复高考后的第一届大学生大多来自农村、兵营、工厂，这是一个特殊的知识分子群体，他们在懵懵懂懂中度过了自己的少年时代。"然而，正是这一代人在走出1970年代之后，不但长大成人，而且成为20世纪末以来中国社会中最有活力，最有能量，也是至今还引起很多争议，其走向和命运一直为人特别关注的知识群体。"④在南开大学听王双启先生讲陶渊明、郝世峰先生讲杜甫，罗宗强先生在他家开小灶讲授《文心雕龙》……1979年，叶嘉莹先生回国讲学，第一讲以"书生报国何以计，难忘诗骚李杜魂"开场，后面的日子"白昼谈诗夜讲词，诸生与我共成痴"。⑤一个好的老师可以影响学生的世界观、人生观和价值观，在叶先生言传身教下，先生成了"叶粉"。"叶先生点燃了我的古典文学研究梦想。"⑥在叶先生的课堂上，先生感受到的不仅是中国古典诗词之美，还有古典文学中蕴含

---

① 刘跃进：《从师记》，人民文学出版社，2022，第28页。
② 刘跃进：《从师记》，人民文学出版社，2022，第113页。
③ 刘跃进：《从师记》，人民文学出版社，2022，第40页。
④ 李陀、北岛编《七十年代》，生活·读书·新知三联书店，2009，第8页。
⑤ 刘跃进：《从师记》，人民文学出版社，2022，第43页。
⑥ 刘跃进：《从师记》，人民文学出版社，2022，第147页。

着的中华文化独一无二的志趣、神韵和精神。

<h1 style="text-align:center">二</h1>

先生在序言中写道："我心目中的老师大体有三种：一是直接授业的老师，二是间接师承的老师，三是衷心私淑的老师。"① 杜甫在《戏为六绝句》中说："别裁伪体亲风雅，转益多师是汝师。"《从师记》在上篇追忆了与叶嘉莹、罗宗强、姜亮夫、曹道衡、沈玉成等直接授业的老师之间交往的点点滴滴，情感真挚；下篇彰显了俞平伯、汪蔚林、魏隐儒、王继全、傅璇琮、王伯祥、吴世昌、吴晓铃、裴斐 9 位间接师承和衷心私淑老师的博雅与博学。

"毕业之际，我便开始全力以赴地编织起自己的学者梦来。"②

大学毕业后，先生被分配到清华大学党委宣传部下属的文史教研组工作。当时的清华大学是工科大学，他讲授的"古典诗歌研究与欣赏"是学生最喜爱的课之一。据清华大学孙明君教授回忆说："刘老师讲课是一门艺术，这门课选课的学生很多，上课的教室能容纳 800 人，每次上课都座无虚席，甚至还有学生坐在后排太远了，拿着望远镜来上课。"③ 他要像叶先生一样把古典诗词撒播在每一个学生的心田，把中国传统文化的精粹传递给每一个学生。进入清华园，站在讲台上，仿佛已经实现了我们眼里的学者梦，但是对于一个拥有好奇心和求知欲的人来说，这是一个起点而不是终点。清华大学的图书馆不仅有丰富的古籍收藏，还有刘半农的藏书，陶梦和的捐书，在古籍图书借阅卡上，常常能看见闻一多、朱自清、吴晗、钱锺书、余冠英、范宁等名家的手迹。在与布满尘土的古籍为伴，与大师"隔空对话"的日子里，先生对古典文学的热爱变成一种信仰。

"我给自己的人生定位是做一个纯粹的学者，在清华大学教大学语文，实在心有不甘。在我看来，实现自己的学术理想，考上研究生，继续深

---

① 刘跃进：《从师记》，人民文学出版社，2022，第 1 页。
② 刘跃进：《从师记》，人民文学出版社，2022，第 148 页。
③ 孙明君在"《从师记》新书发布会"上的发言，人民文学出版社，2022 年 6 月 27 日。

造，自是不二选择。"①

《沧浪诗话》说，学诗者"入门须正，立志须高"。1984 年，先生考入杭州大学（后来并入浙江大学）姜亮夫先生门下读古典文献学。姜先生是清华四大导师之一王国维先生的学生，他培养学生的方式延续了清华的人文传统，"从艰苦卓绝中建立笃实光辉的学风"。姜先生以自己的人脉，邀请国内众多专家讲授专业课程，如郭在贻先生讲"训诂学"、《说文解字》，王伯敏讲"古代艺术"，魏隐儒讲"古籍版本鉴定"，蒋礼鸿讲"目录学"……堪称"豪华教师团"。在杭州大学古籍所求学的日子改变了先生的读书观念，先生感受到了一种超脱的宁静与学术的坚守。

1988 年，先生考入中国社会科学院文学研究所曹道衡、沈玉成先生门下攻读文学博士学位。中国社会科学院对博士生的培养一直都是"师徒制"，就是师傅带徒弟的方法，熏陶感染。文学所群星璀璨，有一次我去文学所旁听"重读《宋诗选注》——钱锺书先生 110 周年诞辰纪念"的会议，会议室墙上从左到右挂着文学所前辈吴世昌、蔡仪、陈荒煤、钱锺书、郑振铎、何其芳、俞平伯、沙汀、余冠英、唐弢的画像，一种肃穆、神圣的感觉油然而生。我屏住呼吸，垫着脚尖，贴着墙边走到会议室一角，感觉自己像一个虔诚的宗教徒一样，置身万神殿之中。我们后学之辈已经无缘聆听这些大师们的声音，但是他们的言行与精神将在《从师记》中定格，永存。

"我的作家梦已经永远地留在了贫瘠的山乡，但愿我的学者梦能在清贫的学苑里继续做下去。"②

先生笔下的老师们，在近代中国中西学交融的时代，一面赓续了深厚的国学功底，一面游走于多元文化之中，满腹经纶，学贯中西。在"数千年未有之巨变"中，那一代学者把自己的名字镌刻进中国文学史中，他们的背影却消失在时间的长河中，我们在教科书中看到的是文学史的 A 面，在《从师记》中看到了文学史的 B 面。先生在《用散文笔法叙写学术的艰

---

① 刘跃进：《从师记》，人民文学出版社，2022，第 51 页。
② 刘跃进：《从师记》，人民文学出版社，2022，第 66 页。

辛快乐》中说道:"我曾和他们促膝而谈,握手而别,目送着他们步入岁
月深处。按理说,既往之事,宜其两忘。而在我,那些平淡无奇的日子,
还有那些微不足道的琐事,总是无法淡忘,久而久之,在记忆中成为我生
命中的诗——美丽、真切、感动。"① 这些记忆经过时间的淘洗,慢慢升
华,变成一代精英知识分子的群像,他们的人格与风格将在这本充满爱意
的回忆录中,闪烁着永恒的光芒。

三

我相信像我一样的"高校青椒"看完《从师记》之后,仿佛找到了进
入学术殿堂的钥匙。我们在本、硕、博求学阶段,学习过文学史、文学理
论、文学作品赏析等各种各样的文学课程,却没有一门课教我们如何读
书,如何治学? 这些方法没有教科书,只能靠老师言传身教,耳濡目染,
学生日积月累,点滴参悟。《从师记》不仅总结了古典文学的治学和学习
方法,还从细节入手,以真实的历史叙述记录了前辈学者为人、为师的人
格与品格,为我们研究中华文化的思想前驱提供了丰富的资源。

读书治学的首要工作就是:"辨章学术,考镜源流。"姜亮夫先生强调
编工具书的重要性。他研究《楚辞》,编有《楚辞书目五种》;研究敦煌
学,编有《瀛涯敦煌韵辑》《莫高窟年表》;研究历史,编有《历代人物
年里碑传综表》。这种方法承自王国维先生,他每研究一种学问,一定先
编工具书,研究宋元戏曲编了《曲录》,《宋元戏曲史》已成为经典。王国
维"不仅能平列资料,以知其然,且能透过资料,而知其所以然"②,整理
资料要竭泽而渔,而后才能在历史细节中找到线索。书海无涯,读书也要
学会选择,如王伯祥先生所说:"读书不知要领,劳而无功;知某书宜读,
而不得其精校精注本,事半功倍。"③

---

① 刘跃进:《用散文笔法叙写学术的艰辛快乐》,《人民日报》(海外版),2022 年 7 月
　　14 日。
② 刘跃进:《从师记》,人民文学出版社,2022,第 93 页。
③ 刘跃进:《从师记》,人民文学出版社,2022,第 279 页。

近年来，先生一直倡导回归经典，并总结出研究经典的四种读书方法：一是开卷有得式的研究；二是含而不露式的研究；三是探源求本式的研究；四是集腋成裘式的研究。① 先生回顾自己几十年的读书心得："发现以前读书往往贪多求全，虽努力扩大视野，增加知识储量，但对于历代经典，尤其是文学经典，还缺乏深入细密的理解。"② 有一次，先生问我："新学期的读书计划是什么？"我拿出中国国家图书馆的借书卡和中国社会科学院的借书卡说："我不喜欢读电子书，打算无问东西（国家图书馆在西城区，中国社会科学院的图书馆在东城区），先把本专业的书过一遍，查漏补缺。"他微笑着说："那你要做好坐冷板凳的心理准备了。我最近在读《资治通鉴》，以前的版本老旧，我又入手了一套新的，一个字儿一个字儿地读，很慢，但是收获很大。"现在回想起来，先生是在委婉地告诉我，读书不要贪多求全，正如朱熹所言："泛观博取，不若熟读而精思"！

其实让我受益匪浅的不只是读书治学的方法，还有治学的态度。韩愈《师说》曰："师者，传道、授业、解惑也。"老师应是为人与为学的典范。先生的第一篇论文《陶钧文思，贵在虚静——读〈文心雕龙·神思〉篇札记》是在罗宗强老师的指导下完成的，并获得了第一届学生学术论文讨论会二等奖。罗老师认真严谨、不厌其烦地逐字逐句前后六次修改学生论文，让人感动不已。先生毕业后在清华大学工作，独学无友，深感前途渺茫。罗老师一直书信不断，鼓励他继续读书，将精读与泛读结合起来，理论和文献齐头并进。读书是一种修行，不能有太强的功利心和目的性。王国维先生认为："大抵学问常不悬目的而自生目的，有大志者未必成功，而慢慢努力者反有意外之收获。"③ 陈寅恪也说："士之读书治学，盖将以脱心志于俗谛之桎梏，真理因得发扬。"这正是清华大学的老师们留给学生的精神遗产。

马克斯·韦伯在其著名的演说《以学术为志业》中说："学术生涯是一场鲁莽的赌博。"黄侃说："凡古今名人学术之成，皆由辛苦，鲜由天

---

① 刘跃进：《从师记》，人民文学出版社，2022，第 156 ~ 159 页。

② 刘跃进：《从师记》，人民文学出版社，2022，第 153 页。

③ 刘跃进：《从师记》，人民文学出版社，2022，第 96 页。

才。"钱锺书在自述中多次讲到自己孤独处世的风格，这是一种"孤独的境界"，"这是一种自觉的、崇高的孤独，是文化人或曰知识分子千方百计所追求的一种理想境界，一种高蹈自在的精神状态"。① 魏隐儒先生说："名家都是苦功夫熬出来的，没有捷径可走。"② 对于每一个以学术为志业的人来说，不断的挫败和平庸感中斗争，在寂寞的书堆中煎熬，在看清了真相之后依然选择孤独是一种境界。

四

司马迁的《史记》开创了传记文学之先河。鲁迅言其"史家之绝唱，无韵之离骚"！（《汉文学史纲要》）《四库全书总目》曰："传记者，总名也。类而别之，则叙一人之始末者，为传之属；叙一事之始末者，为记之属。"③ 自此之后，人物传记都延续了《史记》的文学传统。《史记》里描写的人物，如屈原、贾谊、荆轲、聂政，寥寥数笔，却风骨丰沛。胡适当年深感中国传记文学之缺失，劝说他的师友写日记，给史家做材料，给文学开生路。1914 年，他在给董康的日记《书舶庸谭》所作序跋中写道："日志属于传记文学，最重在能描写作者的巧情人格，故日志愈具体琐细，愈有史料的价值。"④ 据先生说，他写这本书时，所设定的读者不是专业学者，而是一般读者。所以写起来比较兴奋，可以算是对"作家梦"的初体验。

《从师记》的独到之处在于无法忽略的历史在场，先生有写日记的习惯，他的日记已有五百多万字，记录每天的所见所闻，所思所感。我们在书中看到的大量的档案、文献、史料、书信和手稿，甚至是配图都极具史料价值，如曹道衡先生拟定的《先秦两汉文学博士生培养计划》，姜亮夫

① 陆文虎：《对钱锺书学术境界的一种理解》，丁志伟主编《钱锺书先生百年诞辰纪念文集》，生活·读书·新知三联书店，2010，第 9 页。
② 刘跃进：《从师记》，人民文学出版社，2022，第 222 页。
③ 永瑢：《四库全书总目》，中华书局，1997。
④ 董康：《书舶庸谭》，辽宁教育出版社，1998。

先生拟定的教学大纲、北京大学古文献专业的试题、古代文学批评的书单，魏隐儒先生、王继全先生、傅璇琮先生的书信，这些材料静躺在某个角落，等待着被召唤、被编码，重新获得新的生命。

《从师记》是"文以载道"的学者散文，隽永温润。《从师记》不是要追求散文的艺术，而是用散文来表达先生对老师们的感念和感恩，兼具史实性和文学性。在遵循传记真实性的同时，先生以深厚的文学素养和传神的文学修辞赋予"老师们"鲜活的形象和表情。如回忆魏隐儒先生："魏老站在碧蓝的滇池边，清癯的身影、飘散的白发，还有那身不变的蓝咔叽中山装，定格成一幅难忘的画面。"[①] 细腻、生动、传神的肖像描写呈现给读者一个栩栩如生的素描画像。细节是文学生命的细胞，先生善于捕捉日常生活中的细节，并进行深度细致的心理雕刻，如回忆自己高考当天早上的情形："不远处是连绵起伏的燕山山脉，那样孤寂；还有那条白练似的水库大坝，有些凄冷。辽阔的麦田里，麦苗在寒风中战栗着。就像临战前的寂静，远处不时传来几声寒鸦的啼叫，也会叫你莫名惊悚。在空旷的原野，我大声地背诵着备考的题目，寒风不时地把我噎得喘不上气来。"[②] 读完之后，仿佛跟着先生回到了 1977 年密云山区，看到一个少年孤独而坚强的身影，听见他期待又害怕的心跳，感受到他波澜壮阔的情感。成功的传记应该是非虚构的文学作品，先生一直记录日常生活中与人交往的轶事，文笔清新可读，是重新发现"老师们"的一次精神之旅。

先生说自己一直在"跃进"中。的确，他的《门阀士族与永明文学》《门阀士族与文学总集》是魏晋南北朝文学研究的扛鼎之作，《秦汉文学地理与文人分布》在秦汉文学研究领域取得非常高的成就。到了花甲之年，先生自号"缓之"，意为想让生活节奏慢下来，品味平淡之美。2021 年，刘老师主动请辞文学研究所所长和文学院院长的行政职务，我们几个学生去他的新办公室祝贺他"乔迁之喜"，他很陶渊明式地笑着说"久在樊笼里，复得返自然"（陶渊明《归田园居》）。新办公室一如既往地干净整

---

① 刘跃进：《从师记》，人民文学出版社，2022，第 218 页。
② 刘跃进：《从师记》，人民文学出版社，2022，第 23 页。

洁，一尘不染，只是在办公桌一角摆着一束鲜花，办公椅的后面挂着一幅孔子的画像，旁边是一张中国地图，茶几上放着一套青如天、温如玉的茶具，颇有文人士子品茗、焚香、插花、挂画生活四艺的意境。不禁让人想到，周作人在《吃茶》中说："喝养当于瓦屋纸窗下，清泉绿茶，用素雅的陶瓷茶具，同二三人共饮得半日之闲，可抵十年尘梦。"我想先生想要的"自然"是"北窗高卧闲读书"的惬意，"偷得浮生半日闲"与二三人饮茶的悠闲。看完《从师记》之后，我对"自然"又有了新的体悟，"复得返自然"是回归本真的状态，重拾年少时的"作家梦"，给生命留有更多余地。

《国语》《左传》语言比较研究的一部力作

——《〈左传〉〈国语〉文献关系考辨研究》读后

郭万青

（唐山师范学院文学院）

中国元典产生时期保留下来的典籍中，没有哪一部典籍能够像《国语》和《左传》这样重合度如此之高。白寿彝曾经做过统计，《国语》196条，"计同于《左传》者104条，为《左传》所无者92条"（白寿彝《〈国语〉散论》，《人民日报》1962年10月16日）。假如用查重系统进行检测的话，估计两书的标红之处远远高于30%，但两书性质、功能又截然不同。职是之故，自汉代以来的学者，研讨《左传》者多通《国语》，研治《国语》者必以《左传》作为参照。在中国典籍研究史上，似乎没有哪两部典籍像《国语》《左传》这样，彼此牵连，相互印证、补充。而两部典籍的比较研究成果之丰富、范围之广博、探讨之深入，也是其他典籍研究所无法企及的。

近七十年来，学者们从《左传》《国语》两书关系角度着眼，主要还是接续清代民国时期两书关系的讨论。从语法、词汇、篇章、叙事到史实，多种方法交叉使用，使得对问题的认识进一步深化。而《国语》《左传》文学比较主要印证前此学者得出的《国语》记言、国别以及《左传》记事、编年等特征，兼而对前此《国语》特征总结进行补充。当然，在此基础上，我们对《国语》文学叙事、人物描写以及语言风格有了更为清晰的认识。虽然高本汉、冯沅君等人在探讨《国语》与《左传》关系时，已经运用语言比较的方式方法，但《国语》《左传》语言比较研究的专门论文直到 1986 年才出现，即洪成玉之《〈左传〉〈国语〉的语言比较》（张志公主编《语文论集》第二辑，外语教学与研究出版社，1986）。何永清《〈国语〉语法研究》对《国语》《左传》语法进行了比较分析，但非专门之作。白兆麟《〈国语〉与〈左传〉之假设句比较》（《淮北煤炭师范学院学报》2000 年第 1 期）对《国语》《左传》假设句进行了比较。整体而言，《国语》《左传》语言比较研究成果相对较少。

21 世纪以来，《国语》《左传》两书语言比较研究主要体现在虚词方面，如北京师范大学 2008 年就有刘永会《〈左传〉〈国语〉介词比较研究》、贺丽《〈左传〉〈国语〉助词比较研究》、周广干《〈左传〉〈国语〉副词比较研究》等三篇硕士学位论文。此外，尚有朱婧《〈国语〉〈左传〉语气词比较研究》（华东师范大学硕士学位论文，2020）。陕西师范大学副教授周广干博士在《国语》《左传》两书语言比较方面着力最多，尤其体现在两书的虚词比较。其博士学位论文《从〈左传〉和〈国语〉虚词的比较看两书的文献关系》（北京师范大学博士学位论文，2011）以及后来发表在期刊的论文《〈左传〉〈国语〉否定副词比较研究》（《山西大同大学学报》2011 年第 1 期）、《〈左传〉〈国语〉程度副词比较研究》（《南阳师范学院学报》2011 年第 11 期）、《〈左传〉和〈国语〉结构助词"所""者"比较研究》（《南昌工程学院学报》2012 年第 5 期）、《〈左传〉〈国语〉连词"若"的比较》（《广西民族学院学报》2012 年第 4 期）、《上古语气词"乎"构式分析——从〈左传〉〈国语〉语气词"乎"谈起》（《广播电视大学学报》2013 年第 1 期）、《〈左传〉〈国语〉时间副词比较研究》（《西南交通大学学报》2015 年第 4 期）、《先秦汉语提宾助词的使用特点——基于〈左传〉〈国语〉的比较》（《西南交通大学学报》2017 年第 4 期）、《从"两文"的比较看〈国语〉〈左传〉的语言差异》（《汉语史研究集刊》2019 年第 1 期），是其《左传》《国语》虚词比较研究以及相关成果的体现。

周广干副教授的博士学位论文在硕士学位论文的基础上，由副词比较扩展到《国语》《左传》其他虚词比较研究，对两书的每一个虚词的语义语法功能都进行了全面而详尽的考察、描写和分析。一方面归纳和建构起两书的虚词系统，另一方面通过两书虚词的比较去审视和考辨它们之间存在的文献关系。全文分七部分，绪论对《国语》和《左传》已有的研究成果进行了总结。第二章至第五章分别对两书的介词、连词、语气词和助词四类虚词进行了全然性统计、比较和分析。第六章选取了《左传》《国语》39 组 175 项异文近 300 个具体虚词，进行了具体的比较分析，同时对两书虚词在使用过程中表现出的个性和明显差异的原因进行了探讨。广干博士又历十年之功，对博士论文进行了修订，最终成果汇为《〈左传〉〈国语〉文献关系考辨研究：以虚词比较为中心》（以下简称《考辨》）一书，于 2021 年 3 月由社会科学文献出版社出版。检读之下，发现该书有如下几个特点。

一　首次对《国语》《左传》两书的虚词进行了全面系统的比较研究

《国语》《左传》两书比较研究中，文学比较、关系比较、史实比较等成果相对较为丰富，语言比较成果相对较少。从近代学科化的角度来看，《国语》《左传》的比较研究实际上是从语言比较开始的。高本汉《左传真伪考》首次采取历史比较法对《国语》《左传》的虚词进行了对比，为《国语》《左传》两书的关系、左丘明作者的身份等相关问题进行了建设性探讨和方法的确立。此后学者，虽然对高本汉的结论的精准性和方法的可靠性都进行过各种研讨，但对其为典籍研究所带来的科学的方法的引领和开拓都无异议。此后，冯沅君、卫聚贤等一批学者继续沿着语言比较的路数对《国语》《左传》关系等问题进行了有益的探索。在周广干博士学位论文之前，所有的《左传》《国语》语言比较研究都有些单薄，或者针对某一个词、某一个惯用法，或者针对某一类词，尤其在两书的虚词比较研究方面，以单类词或单个词比较研究为多见，如前文所举各家，往往比较研究单个虚词或某一类虚词。周广干博士的《考辨》在充分梳理总结两书虚词的基础上，详细比较了两书的介词、连词、语气词、助词和副词等，是比较全面的。

二 描写细密，举例丰富，数据井然

专书语言研究，无论词汇、文字还是语法，都比较注重描写。周广干博士在《考辨》中也相当注重这一方面工作。不管高频词、低频词还是单频词，无不详列例句，之后加以分析说明。凡所胪列，先以《左传》若干例，次以《国语》若干例。如连词部分对两书"且"字的比较，先列表格，直观展示两书"且"字各类用法以及频次，之后对图表进行补充说明，甚至《国语》中仅见 1 例假设连词的用例，在分析细微的基础上，也为读者指出。说明之后，按照递进连词、并列连词、转折连词、假设连词的顺序，依次对两书中"且"的相应用法进行比较。统计出《左传》递进连词用例 137 个，《国语》用例 46 个，先选取《左传》《国语》各 6 例进行比较说明，又选取《左传》1 例进行补充说明，最后得出结论性意见。又统计出《左传》并列连词 118 例，《国语》34 例，并分别选取《左传》《国语》7 例进行比较说明。统计出用作转折连词的"且"字，《左传》6例，《国语》4 例，分别选取《左传》2 例、《国语》3 例进行比较分析。最后对《国语》中出现的 1 例假设连词用法的"且"字进行了较为详细的分析。最后对《左传》《国语》两书"且"字的四种连词用法进行总结。对于胪列的每一个例句都进行了较详细的语法分析，为读者阅读两书提供了便利。在进行两书整体比较的同时，也注重两书各自内部的细致描写，如研讨"所"字的固定结构"所谓"时，不仅揭出《国语》用例，且进一步指出这 4 例"所谓""全部在《楚语下》"（《考辨》第 357 页），为进一步探讨《国语》各语的关系奠定了基础。

三 全书列有众多表格，直观展现了《左传》
《国语》 两书虚词的不同特点

图表是最为直观简洁展示信息的方式。周广干博士的《考辨》一书列有大量的表格，分别对《左传》《国语》研究状况、《左传》《国语》具体虚词数量及用法等进行了胪列，为读者快速便捷获取信息提供了方便。如绪论部分就列有"古汉语虚词研究的论文数量统计""古汉语常用虚词研究状况统计""有关《左传》《国语》的研究状况统计""《左传》《国语》虚词使用数量及频率"等4个表格，既是作者对此前研究成果的总结，也是作者对《左传》《国语》虚词研究的总体呈现。介词部分比较中，在"以"字下列有"'以'字各词类见次及所占比重""两书介词'以'与其他词语组成的固定格式见次""《左传》《国语》介词'以'各项语法功能见次、比重对比"等3个表格。而两书副词比较部分胪列的五个表格更为细密详尽，方便读者进行直观对比。

四 语言比较为探讨《左传》《国语》关系以及产生前后服务

正如书名所体现的，该书是以《左传》《国语》的虚词比较为手段和方式，以研讨两书的文献关系为最终目的，故而在全书的很多地方，不仅对两书的虚词运用规律进行了总结，而且进一步探讨了两书的成书或相关问题。如在对《左传》《国语》引进动作行为的时间用法的"于"字进行了对比分析之后，作者发现《国语》"蒐于农隙"之"于"用法比较特殊，并进一步推断："《国语》中此功能的'于'所占比重较《左传》为高，疑当为《国语》引用更早的古籍所致。"（《考辨》第52页）在与《左传》介词"于"字比较之外，又把《国语》"于""於"介词和其他先秦典籍进行了对比，发现："《国语》与《左传》中'于''於'用例之比与《礼记》《史记》比较接近，而与其他典籍相差都较大，这一点值得注意。"（《考辨》第56页）作者通过对《左传》《国语》两书副词的整体比较，对两书副词使用差异原因进行了探讨，除了体量不同外，"两书的性质及编纂目的不同，《左传》经过润色加工较多，整体上虚词使用较为灵活"（《考辨》第382页），侧面上认同了一直以来认为《国语》是汇编资料的观点。作者最后得出结论："从虚词的比较入手，我们认为《左传》和《国语》如果不是出自同一批人或同一派人之手，两书的虚词绝不可能表现出如此惊人的吻合。"（《考辨》第444页）最终认定："《左传》和

《国语》两书是具有同一方言基础的，两书所用的语言应当同属齐鲁方言；
《左传》《国语》的成书应当早于《论语》《晏子春秋》和《孟子》。"
（《考辨》第445页）

五　同内容语段对读，是两书语言对比研究的最直观展现

除了两书的虚词分类比较外，该书在余论第二节，对两书内容相同的
39个语段进行了虚词对比。以《国语》做统计，包括《楚语上》《楚语
下》各1篇，《周语上》《周语下》《鲁语下》《晋语三》《晋语九》各2
篇，《周语中》《晋语五》《晋语七》《晋语八》各3篇，《鲁语上》7篇，
《晋语四》8篇。分两栏胪列《国语》《左传》文本，在两书正文中标识注
释符号，然后逐条进行比对说明，共比较了175条异文300个具体虚词用
例（《考辨》第432页）。这种对比方式，为两书的语言比较、注释提供了
更为详细的材料和佐证，对两书的研究是有价值的。

六　以语法分析为主，同时注重训诂成果的利用和辨析

无论从书名还是从全书的主体研究上看，该书是以语法分析为主要手
段的。和传统虚词研究本来就是训诂学的一部分一样，新式专书语法研究
仍然要建立在传统训诂研究的基础上。周广干博士《考辨》多处运用到训
诂成果，主要体现在以下两点。一是有的例句直接引录相关注释作为参
照。如对两书的词尾"然"进行比较分析的时候，《左传》例句后面直接
引录了杨伯峻先生的注，《国语》例句后面直接引录了韦昭注，甚至引
《周语中》一例还运用了徐元诰《国语集解》的条目，徐元诰在保留韦昭
解的基础上，又引述了吴曾祺的说法。这样，就不仅提供给读者两书的基
本例句，而且提供了语义参照。二是在具体虚词例句分析中，该书也会利
用训诂成果，或对训诂成果进行相应分析，如分析《晋语四》"吾不能行
也咫"时，作者引述了王引之的意见之后，根据韦昭注"咫，咫尺间"的
解释推断韦注的"用意在于表示'少'的概念，与下文的'闻则多矣'

之'多'相对照，重点在于强调'悁'和'多'的关系，所以中间有'也'字表示提顿，'悁'用作核心谓词成分，与后一分句的核心谓词成分'多'正好对应"（《考辨》第 319 页），通过参照韦注，对该文进行了细致的分析之后，否定了王引之以"悁"为句末语气词的说法。另如该书在探讨"于"字的引介功能时，对《晋语一》"蒸于武公"分析时，征引王引之《经义述闻》之说以为参照（《考辨》第 49 页）。对"其与能几何"进行分析时，征引韦昭、汪远孙、徐元诰等人的成果作为参照（《考辨》第 317 页）。此外，作者还对一些用例中虚词的具体意义和用法进行了研讨，如在进行转折连词"且"的比较时，引录《周语中》"实应且憎"一例，结合《晋语八》的用例，从上下文语境角度，认同张以仁教授"'且'表转折，为转接连词"的观点（《考辨》第 192 页）。等等。

《左传》《国语》的关系问题是历代学者的重点关注点。自 20 世纪初期，高本汉以历史语言比较法对两书的关系进行研究之后，学者多有从语言角度进行分析者，如张以仁教授、洪成玉教授等前辈学者，但其研究多为样本选取，没有进行过全然性分析。周广干博士对《左传》《国语》两书关系的推断是建立在两书虚词全面比较之上的，因而所得结论要比高本汉、冯沅君、张以仁、洪成玉等前辈学者以抽样比较所得结论更为稳妥和可靠。《考辨》之外，周广干博士《从"两文"的比较看〈国语〉〈左传〉的语言差异》（《汉语史研究集刊》第 26 辑，2019）也是两书语言比较的一篇力作。该文对两书 40 多组异文语料，从用词、用字、语法等角度进行了比较分析。该文通过比较认为：（1）在常用词及词组方面，《左传》使用的多为先秦汉语中的常用词或词汇的常用义；《国语》使用的词义多为非常用义。《左传》中的多数用词较《国语》更易于理解、更接近该时期词汇的原貌。（2）在用字方面，两书用字呈现此有彼无的互补倾向。《国语》多用分化字，《左传》多用古字；《国语》使用该时期较少见的异体字形，《左传》则使用较常见的字形；《国语》用本字，《左传》用通假字。（3）在句法方面，《左传》句式富于变化，相对灵活，《国语》相对保守。作者进而推测："《国语》应该大量保留了原始史料，很少经过改写，较少或者没有经过润色加工，反映的应该是早于《国语》成书时期的语言；《左传》则是经过较多的修饰和润色加工，从而在用词、用字和句法方面反映了这一时期的语言面貌，较灵活多变。"其同样为《左传》《国语》文献关系研究提供了很好的视角，其结论值得重视。

当然，研究工作是在探索中前进，所以总会存在着不够完美的地方。周广干博士的《考辨》《从"两文"的比较看〈国语〉〈左传〉的语言差异》也同样存在有待改善的地方。其一，《左传》《国语》等先秦文献经常会引用《诗经》《尚书》等文献，这些引用内容虽然在文献典籍中已成为其有机组成部分，但在语料分析的时候，是否也要对这部分语料进行分析，进行分析的时候，如何进行界定，值得进一步思考。该书运用了一两条这样的语料，似乎未进行相应区分。其二，作者选取《国语》版本用黄刊明道本，但该本和公序本存在一定的文字差异，有些文字差异如果体现在语料统计上的话，会为语料的数据统计带来一定程度偏差。如《从"两文"的比较看〈国语〉〈左传〉的语言差异》一文的用字分析是以黄刊明道本作为语料的，但是《国语》公序本用字和明道本有诸多不同。如其所举《国语·晋语九》"属餍而已"之"餍"，公序本作"厌"。其论文中统计出的 5 例"餍"字，公序本《国语》除了《晋语八》作"餍"字之外，其他 4 处字皆作"厌"。《鲁语上》"弊邑之野"及统计出的 9 例"弊邑"、1 例"敝邑"，公序本《国语》中除了《吴语》2 例用"弊邑"、《越语上》存在"弊邑""敝邑"的异文外，其他 7 例皆用"敝"字。另如明道本"卹"字，公序本绝大多数作"恤"。有的学者认为《国语》公序本用古字当是据《左传》而改，不排除这种可能性，但无法排除公序本用字更符合《国语》原本的可能性。故而用字、用词比较，一旦联系到该书的版本异文，似乎就不能那么简单统计，需要全面考虑。其三，两书具体字数的问题。《左传》一书，历代学者多有统计，但数据颇有出入，后来张猛统计为 178621 个（见《左传谓语动词研究》，语文出版社，2003，第 1 页），周广干博士谓《左传》"接近 20 万字"（《考辨》第 26 页），这是接近事实的。但该书谓"《国语》的语料接近 9 万字"（《考辨》第 26 页）则与事实不符。前辈学者多有揭出《国语》全书 7 万余字者。当年读硕士研究生的时候，跟从王志瑛老师读书，王老师命我们详校上海古籍出版社点校本《国语》文本，在此基础上我们曾经统计《国语》字数为 70399 字，后来检得日本学者吉本道雅统计上古点校本《国语》全书 70396 字，和我们的统计相差三字。虽然上古点校本是一个杂合本子，即便加上公序本、明道本的异文多字，恐怕《国语》全书字数也仅在 70400 左右，不会超过 71000 字。数据的误差，会影响具体语言现象定量分析的有效性。其四，行文以及标点上存在前后不一致的情况。如该书对专称"不穀"，用"穀"字而未简化，而于"年谷时熟"（《考辨》第 154 页）之"谷"则用简化字，似可一律简化。该书第 128 页"'方'的比较"下引述《成公》《晋语六》两例，两例内容、句式基本相同，而"君子也"下一施句号，一施逗号。另，同类型的句子，有的加了分号，有的加了句号，似皆宜划一。

当然，这些问题相对于该书的学术价值而言，可谓大醇之小疵，微疵无碍于其鸿美。整体而言，《考辨》一书是《左传》《国语》语言比较方面的一部力作，该书全面比较了两书的介词、连词、语气词、助词、副词，对涉及的虚词进行了二级分类或三级分类，分别进行数量统计，在参照前此研究成果的基础上，对所引例句进行了逐句辨析，还对两书的 39 个语段进行了虚词解析，对具体虚词、具体语句以及前人具体的研究成果都进行了辨析。其研究方法、研究结论，对进一步推动两书的语言研究以及两书的文献关系研究，甚至对推动先秦专书语言研究，都具有重要意义。

图书在版编目（CIP）数据

长安学术 . 第十八辑 / 苏仲乐主编 . -- 北京：社
会科学文献出版社，2022.12
ISBN 978 - 7 - 5228 - 1047 - 8

Ⅰ.①长… Ⅱ.①苏… Ⅲ.①长安（历史地名）- 文化
史 - 文集 Ⅳ.①K294. 11 - 53

中国版本图书馆 CIP 数据核字（2022）第 214130 号

长安学术（第十八辑）

主 编 / 苏仲乐

出 版 人 / 王利民
责任编辑 / 李建廷 卫 羚
责任印制 / 王京美

出 版 / 社会科学文献出版社
　　　　地址：北京市北三环中路甲 29 号院华龙大厦 邮编：100029
　　　　网址：www. ssap. com. cn
发 行 / 社会科学文献出版社（010）59367028
印 装 / 三河市龙林印务有限公司

规 格 / 开 本：787mm × 1092mm 1/16
　　　　印 张：14.75 字 数：227 千字
版 次 / 2022 年 12 月第 1 版 2022 年 12 月第 1 次印刷
书 号 / ISBN 978 - 7 - 5228 - 1047 - 8
定 价 / 89.00 元

读者服务电话：4008918866